潮片 CHEERS

与最聪明的人共同进化

HERE COMES EVERYBODY

行为
改造大脑

[美]芭芭拉·特沃斯基　著
Barbara Tversky

刘杨　郑琛　译

Mind
in Motion

四川科学技术出版社

Barbara Tversky

芭芭拉·特沃斯基

美国艺术与科学院院士
美国心理科学协会前会长
斯坦福大学心理学荣誉退休教授
哥伦比亚大学心理学与教育学教授

美国艺术与科学院院士
美国心理科学协会前会长
斯坦福大学心理学荣誉退休教授
哥伦比亚大学心理学与教育学教授

1963 年，芭芭拉·特沃斯基获得密歇根大学心理学学士学位，1965 年获得密歇根大学心理学硕士学位，1969 年获得密歇根大学心理学博士学位。之后芭芭拉·特沃斯基在斯坦福大学做博士后研究，并开始了在斯坦福大学长达 30 年的任教与研究工作。2005 年，芭芭拉·特沃斯基开始担任哥伦比亚大学心理学与教育学教授。除此之外，她还曾在以色列希伯来大学、瑞典马拉达伦大学、巴黎高等社会科学研究院担任助理教授与客座教授。

芭芭拉·特沃斯基还曾担任包括《心理学研究》(*Psychological Research*)、《实验心理学杂志：学习、记忆与认知》(*Journal of Experimental Psychology: Learning, Memory and Cognition*)、《认知心理学》(*Cognitive Psychology*) 等多个心理学领域著名学术期刊的编委。曾发表 200 多篇学术论文，经常被邀请参加世界各地的跨学科研讨会，研讨会涉及心理学、人工智能、建筑设计等多个领域，并曾担任美国心理科学协会 (Association for Psychological Science，简称 APS) 会长。

2013 年，芭芭拉·特沃斯基当选为美国艺术与科学院院士。

芭芭拉·特沃斯基与阿莫斯·特沃斯基于 1963 年结婚，育有三个孩子。

阿莫斯·特沃斯基是著名的心理学家、行为经济学领域的奠基人，诺贝尔经济学奖得主丹尼尔·卡尼曼多年的学术搭档，主要研究人类的认知偏差与决策。

1996 年，阿莫斯·特沃斯基因病去世。2002 年，丹尼尔·卡尼曼因把心理学与经济学研究相结合，研究不确定状况下的决策而获得了诺贝尔经济学奖。卡尼曼认为，阿莫斯·特沃斯基应该与他一起分享这个荣誉。

认知心理学家
空间思维研究领域权威

芭芭拉·特沃斯基是视觉空间推理与合作认知领域的研究专家，主要的研究方向包括语言、行为、记忆等，以及对认知过程进行建模，并对人类居住和创造的空间进行探索。她在认知心理学的记忆、空间认知、时间感知等领域做出了开创性的贡献。

长久以来，人们认为语言是思考的基础。但是芭芭拉·特沃斯基研究发现，其实行为才是思考的基础。当我们在心中思考路线、下棋、构思房间的家具摆放时，我们都是在做一件很特别的事情：进行抽象思考。特沃斯基认为，所有生物都必须在空间中"运动"，如果运动停止了，生命也就随之终结。我们的学习、思考、沟通、合作以及竞争，都必须依赖于行动，依赖于始于空间的思考。

芭芭拉·特沃斯基的研究成果被语言学家、哲学家、艺术家、设计师、建筑师、生物学家、化学家、地理学家、教育家、计算机科学家、漫画家、数据科学家广泛引用。

作者演讲洽谈，请联系
BD@cheerspublishing.com

更多相关资讯，请关注

湛庐文化微信订阅号

湛庐 CHEERS 特别制作

献给
心永远在动的阿莫斯

9 大认知定律

认知第一定律：**没有代价就没有收益。**

认知第二定律：**行为塑造感知。**

认知第三定律：**感觉先行。**

认知第四定律：**思维能超越感知。**

认知第五定律：**认知反映感知。**

认知第六定律：**空间思维是抽象思维的基础。**

认知第七定律：**大脑会填补缺失的信息。**

认知第八定律：**思维超出大脑的负荷时，就会将思维转移到世界中去。**

认知第九定律：**用在大脑中组织事物的方式组织世界。**

你了解行为如何塑造了我们的大脑吗？

扫码鉴别正版图书
获取您的专属福利

扫码获取全部测试题及答案，
测一测你了解行为如何塑造
了我们的大脑吗

- 世间万物都处在运动之中，我们的思维也处在运动之中。这是真的吗？（ ）
  A. 真
  B. 假

- 功能上更为重要的身体部位更容易被人们识别吗？（ ）
  A. 是
  B. 假

- 面部识别能力与遗传无关，是可以被训练的。这是真的吗？（ ）
  A. 真
  B. 假

扫描左侧二维码查看本书更多测试题

空间思维，所有思考的根基

一个生物不会为了移动而思考，它只是单纯地移动。通过移动，它发现了世界，由此形成了它的思想。

——拉丽萨·麦克法夸尔（Larissa Macfarquhar）[①]

世间万物皆在运动之中。物理学家告诉我们，如果构成书桌的所有分子在同一频率上震动，那么这张书桌就能从地板上跳起来。即使是看起来静止的植物也会生长、摆动、追逐阳光、（花朵）绽放或闭合。如果完全静止，植物就会凋零。宇宙给运动制定了两条基本规律，这两条规律也同样适用于我们的思维：距离——近处的事物比远处的更易获取；重力——向上运动比向下要花费更多力气。

与有形的事物一样，无形的思维也时刻处于运动之中，有些时候甚至令人难以捉摸。虽然诸多想法在我们脑中无序闪过，但其实质并不会变化。要想捕捉到它们，唯一的途径就是将动态的想法凝固，使抽象的想法具体。人、事、物、地点，我们从永不停歇的时空流动中将它们提取出来，把动态转为静态，从而使我们能够思考这些转化成词语和概念的想法。

[①] 出自《安迪·克拉克的思维拓展》（The mind-expanding ideas of Andy Clark），选自《纽约客》。

古往今来，宇宙中的一切都处于永恒的运动之中，这自然也是人类思维的根本所在。在空间中，行为先于语言发生，正如思维基于行为。

我们在空间中的行为不断改变着空间，也改变着我们自身及他人。我们的行为创造了那些在空间中改变自身及他人的事物，而这些事物反过来又影响着自身与他人的思维。就像你正在阅读的这些文字，虽然只是安静地印在纸上，却能影响那些未曾谋面的陌生人。

我们也不是简单地将时空流动中的事物转化成词语和概念，而是凭借我们的身体及身体的行为与反应，在这个世界和不断发生的事件中，通过每天使用的语言，去拆解这些概念的形式与结构，格其物而穷其理。通过探究事物中各部分与整体之间的关系，得以了解事物的功能及我们能用其做什么。我们探寻样式、线条、圆形、外形、分支。在行为、谈话、社群、科学，以及各类艺术（绘画、雕塑、影视、舞蹈、诗歌、戏剧、歌剧、音乐、纪实与虚构文学）中，我们也创造着概念的结构。结构将离散的部分黏合为一体，如果没有结构作为支撑，整体便会分崩离析。然而有些时候我们却故意去破坏、拆解、动摇这些结构，以期发现新的结构。比如小到传统的挑棍游戏，将一把细木棍撒到地上互相构架，大家轮流挑起木棍，同时不能触动其他的木棍，否则就要将剩下的木棍重新撒，重构新的局面。再如重新布置家具，甚至重新改组公司。又如从随机数表中抽取样本，或是以任意顺序玩跳房子游戏。

散文是线性的，一个词语接着一个词语。记叙文与议论文也都具有线性结构，记叙文多以时间为轴，议论文则由逻辑驱动。但是，法国先锋小说家乔治·佩雷克（Georges Perec）的《人生拼图版》（*Life: A User's Manual*），将地点、公寓楼和谜题，而非时间，作为结构框架。散文的线性特征也没有禁锢住读者，人们仍然可以前后反复跳跃着阅读。同样，说话是线性的，一个词语接着一个词语，但是这也不会阻止说者或听者被自身各自飞散的思绪打断。我们的思维也是如此，很少有直来直往的表述，甚至会在同一时刻向许多方向发散。音乐虽然从时间上看是线性的，但从空间上看，却是许多乐器在不同的时刻参与进来，踩着不同的节奏，演奏不同的音符。绘画艺术不是线性的，一直以来都存在一种中心与外围的创作结构，直到美国抽象表现主义画家杰克逊·波洛克（Jackson Pollock）和马克·罗斯科（Mark Rothko）的出现。结构是很复杂的，我们不断地建立、毁掉和重建它。

戏剧、竞选演讲，这些表达方式就如音乐一样，在世俗与崇高，理性与感性之间摇摆不定，成了夹杂着信息的寓言。它们也有丰富的情绪表达：活泼的、不祥的、伤感的，或是快乐的。它们还会改变节奏，缓慢和沉重，快速和轻盈。叙事也是如此。

典型的西式园林以完美对称的方式建造，在花床和修剪过的树木之间有条显眼的笔直小路。一切都清晰而明确，谁也别想另辟蹊径。中式园林则完全不同，讲究的是曲径通幽、错落有致、移步换景。没有什么是完全确定的，也许某个时刻你迷路了，却能在下一个路口豁然开朗。

写书会促使你我思考结构。一本书有它的结构，但这并不意味着一定要按照既有的路径展开它。你可以像游览中式园林一样去探索它，而无须像参观西式园林般规规矩矩地沿着笔直的路径前行。我们是如何思考空间的以及我们是如何利用空间思考的，这就是这本书对于读者的两个重要意义。这里存在着一个大胆的前提：空间思维，根植于对空间的感知和在空间中的行为，是人们所有思维的基础。请注意，只是基础，而不是整座思维宫殿。试试描述一位朋友的面孔，一个你喜欢的地方，或者一件对你而言有意义的事。记忆和图像可能是生动的，但文字却难以捕捉它们。想想如何重新安排客厅里的家具，或如何折叠毛衣。回忆一下你童年时期的家中有多少扇窗户，或键盘上的 X 键在什么位置。你可能会感觉到自己的眼睛在移动或身体在扭动，然而言语本身并不会产生这些动作。

本书所讨论的内容聚焦在空间、行为和思维上，这就意味着有大量优秀的研究成果无法包括在内，这让我感到遗憾。本书的目的是吸引更多不同的群体。心理学家、计算机科学家、语言学家、神经科学家、生物学家、化学家、设计师、工程师、艺术家、艺术教育家、博物馆教育家、科学教育家，还有其他一些人。出于对空间思维的兴趣，我有幸与这些群体共事。就像在中式园林里散步，有些人可能想从头走到尾，一处景色也不落下；有些人则可能会走来走去，浏览一些景致而跳过另外一些；而你，也不必去欣赏每一棵树和每一朵花。

如果你对空间思维还有特别的兴趣，那么请阅读下面这份指南。

关于最基本的内容，即感知和行为如何塑造我们对居住空间的思考，关于身体自身的空间，详见第 1 章。关于身体周围的空间，详见第 2 章。关于导航时探索的空间，详见第 3 章。关于空间思维与空间能力的变化与转换，详见第 4 章。关于手势如何反映与影响思维，详见第 5 章。关于空间和其他一切相关事物的讨论和思考，详见第 5 章、第 6 章和第 7 章。关于设计和使用认知工具、地图、图表、符号、图形、可视化、解释、漫画、草图、设计和艺术这些话题，详见第 8 章、第 9 章和第 10 章。

我认识并钦佩的艺术家吉迪恩·鲁宾（Gideon Rubin）说，他总是将自己的画作保持在未完成的状态。如此，便能借观众的双眼去完成它。他的艺术根植于怀旧老照片，那种你可能在祖父母的相册中找到的照片，其乐融融的环境里，孩子和年轻人笑盈盈地看向照相机。你会发现自己明明只是看着，但实际上却能感受到照片中人物的身体姿态，从而意识到你从这些肢体、服饰和背景中了解到了多少。当看着鲁宾画中的背景和衣服时，你才会意识到，原来往常看照片时经常错过这些信息，因为关注点常在人的脸上。看着鲁宾的画时，还可以用自己祖母或表姐妹的脸来脑补那些空荡荡的脸，然后意识到你其实已经忘记了她们年轻时的样子。很多观众都一心一意地去脑补那些空白面孔，确信自己真的看到了一张脸。

在科学、历史、政治等领域，没有所谓已经完成的工作，这一点甚至可能比在艺术领域更加明显。我想说的是，与其说这本书写完了，不如说我决定放手，就写到这里。

没有经费的支持，研究几乎是不可能做成的。我有幸获得来自美国国家卫生基金会、美国海军研究局、美国国家精神健康研究所、美国空军科学研究局等的支持。我收到许多学生、朋友和同事的祝福，多年来，我直接或间接地借鉴了他们的思想。他们中的大多数人都不知道这本书的问世，也未曾读过。我向那些我忘记的人道歉，向那些我无意中歪曲或未能再现其思想的人道歉。我想感谢的人还有很多，只把他们简化成一个按英文姓氏首字母排序的列表，这让我感到很无奈。每个人都给了我独特的东西，每个人都具有出色的洞察力，都独一无二、不可替代。

马尼什·阿格拉沃尔（Maneesh Agrawala）、杰玛·安德森（Gemma Anderson）、米丽尔·贝特兰考特（Mireille Betrancourt）、戈登·鲍尔（Gordon Bower）、乔纳森·布雷斯曼（Jonathan Bresman）、杰里·布鲁纳（Jerry Bruner）、戴维·布赖恩特（David Bryant）、斯图·卡德（Stu Card）、丹尼尔·卡萨桑托（Daniel Casasanto）、罗伯托·卡萨蒂（Roberto

Casati）、朱丽叶·周（Juliet Chou）、伊芙·克拉克（Eve Clark）、赫布·克拉克（Herb Clark）、托尼·科恩（Tony Cohn）、米歇尔·丹尼斯（Michel Denis）、苏珊·爱泼斯坦（Susan Epstein）、伊冯娜·埃里克森（Yvonne Eriksson）、史蒂夫·费纳（Steve Feiner）、费利斯·弗兰克尔（Felice Frankel）、南希·富兰克林（Nancy Franklin）、克里斯蒂安·弗雷克萨（Christian Freksa）、兰迪·加利斯特（Randy Gallistel）、罗谢尔·格尔曼（Rochel Gelman），戴德雷·金特纳（Dedre Gentner）、约翰·杰罗（John Gero）、瓦莱里娅·贾尔迪诺（Valeria Giardino）、苏珊·戈尔丁－梅多（Susan Goldin-Meadow）、帕特·汉拉恩（Pat Hanrahan）、埃里克·亨尼（Eric Henney）、布里奇特·马丁·哈德（Bridgette Martin Hard）、朱莉·海泽（Julie Heiser）、凯西·海明威（Kathy Hemenway）、阿扎德·贾马里安（Azadeh Jamalian）、丹尼尔·卡尼曼（Daniel Kahneman）[①]、安德烈亚·坎特罗威茨（Andrea Kantrowitz）、T.J. 凯莱赫（T.J.Kelleher）、戴维·基尔希（David Kirsh）、斯蒂芬·科斯林（Stephen Kosslyn）、皮姆·利文特（Pim Levelt）、史蒂夫·莱文森（Steve Levinson）、伊丽莎白·马什（Elizabeth Marsh）、卡廷卡·马聪（Katinka Matson）、丽贝卡·麦金尼斯（Rebecca McGinnis）、朱莉·莫里森（Julie Morrison），莫里斯·莫斯科维奇（Morris Moscovitch）、林恩·纳德尔（Lynn Nadel）、简·尼塞尔森（Jane Nisselson）、史蒂芬·平克（Steven Pinker）[②]、丹·沙克特（Dan Schacter）、罗杰·谢泼德（Roger Shepard）、本·什内德曼

---

① 丹尼尔·卡尼曼是诺贝尔经济学奖得主、行为经济学之父。其著作《噪声》是继畅销书《思考，快与慢》之后的里程碑式巨作，行为科学领域的又一重大发现。该书的中文简体字版由湛庐策划，由浙江教育出版社于 2021 年出版。——编者注

② 史蒂芬·平克是著名的认知心理学家和科普作家、世界超级语言学家。其著作《当下的启蒙》对当前世界进行了全景式的评述，用数据和事实揭示出世界的真相。该书的中文简体字版由湛庐引进，由浙江人民出版社于 2018 年出版。——编者注

（Ben Shneiderman）、埃德·史密斯（Ed Smith）、马斯科·萨维（Masaki Suwa）、霍莉·泰勒（Holly Taylor）、赫布·特勒斯（Herb Terrace）、安东尼·瓦格纳（Anthony Wagner）、马克·温－戴维（Mark Wing-Davey）、杰夫·扎克斯（Jeff Zacks）。

谢谢你们的帮助！

没过几年，阿莫斯就出现了，他的声音一直伴随着我。孩子们是我的第二大粉丝，我能听到孩子们都在呼应他，喊着"走吧，妈妈"，就像我在看足球比赛时喊他们那样。

第二部分　世界中的思维

第 8 章　我们创造的空间：
地图、图示、草图、说明、漫画　　　　207

Mind
in Motion

第一部分
思维中的世界

Mind
in Motion

第 1 章

身体的空间，
以行为为导向的空间

本章将展示，我们看待身体时所使用
的是一种由自身行为和知觉所塑造的内部
视角，这与我们看待世上其他事物时所使
用的外部视角有所区别，后者是由事物外
表所塑造的。镜像神经元将他人的身体映
射到我们自己的身体上，让我们通过自己
的身体来理解他人的身体，并协调我们与
他人的行为。

让我们从皮肤开始，那柔软的"薄膜"包裹着身体，把身体和其他一切分开，是一道非常重要的边界。我们的所有行为都发生在自己皮肤之外的空间，而我们的生活依赖于这些行为。正如任何一位母亲都会高兴地告知你那样，在孩子出生前，他们的身体就开始活动了。谁知道为什么那些尚在腹中的好奇小生物总是"踢"来"踢"去？是为了找到一个更舒适的姿势吗？为什么他们在母亲被不断追问时显得那么活跃？我的一个孩子在我博士论文答辩时就异常活跃，以至于我的裙子都随着他的动作起伏。

好在身体能做到的远比"踢"这个动作多得多。随着人的成长，身体也得以完成一系列令人震惊的活动。这些不同行为背后的协调，有赖于将来自许多感官的动态信息流与数十块肌肉所控制的精确动作进行持续整合。尽管皮肤将我们的身体与周围的世界分隔开来，但完成这些活动需要与世界进行无数次的互动，我们不可能真的与周围的世界分隔。正是这些互动构成了我们有关自己身体概念的认识基础。

从外部视角观察，身体就像其他我们所熟悉的物体（桌子、椅子、苹果、树、狗或汽车）一样。我们熟练地快速识别这些常见的物体，主要是根据其线条、轮廓及原型指向这些线索。物体的轮廓则是由构成主体的各部分的形状决定的：桌子的桌腿与桌面，狗的躯干与四肢，树木的树干和树冠。这种识别物体的技能，占据了大脑中的许多空间。关于人脸的识别在一个区域，关于身体的识别在另一个区域，关于场景的识别又在其他的区域。当我们观察特定的事物时，大脑的相应区域就会被"点亮"，并变得活跃起来。

观察物体（和人脸）时，某些角度会优于其他角度。倒立的桌子或树比正立的桌子或树更难识别；狗的背视图或自行车的顶视图都比其侧视图更难识别。对我们而言，易于识别的视角往往是能够充分显示被观察对象独特特征的视角。一只狗有四条腿（桌子同理），一个瘦长的水平管状物作为身体，连着一个五官对称的头，有眼睛、鼻子、嘴巴以及从两侧突出的耳朵。最佳视角会显示出这些特征。那些在恰当布局中呈现更多特征的视角，是我们能够最快识别的视角，也是我们认为能够更好地表现该事物的视角。对于许多物体来说，如狗或桌子，最好的视角自然是正立的、旋转四分之三的或侧面的视角。在许多情况下，好的视角仅凭轮廓或剪影，就足以让我们对物体进行快速识别。

对身体及各个部位的认知

如同观察物体一样，当从外部视角观察身体时，标准的方向上呈现的轮廓对我们识别身体也特别有效。但奇特的是，对于身体，我们还有一个内部视角。这种亲密的内部视角会带来许多额外的信息，让我们知道自己的身体能做到什么，以及会有怎样的感觉。然而，对于椅子、虫子（作家卡夫卡① 除外）、狗或黑猩猩，我们却无法用类似的内部视角以获得额外信息。我们知道站得高或坐得低、爬楼梯和爬树、跳来跳去、扣扣子与系鞋带、竖起大拇指或做一个"OK"的手势、哭来笑去时都是什么感觉。我们不但知道做这些动作时是什么感觉，更重要的是，我们还知道这些伸展或下坠、哭泣或大笑的动作意味着什么。不仅如此，我们还可以把他人身体的行为映射到自己身上。这意味着我们不仅是通过识别，更是通过内化这些行为来理解他人的身体。

在那之前，让我们先把身体映射到大脑上，映射到"感官小矮人"上，即从左耳延伸，过大脑顶骨，直至右耳的大脑皮质（见图 1-1）。大脑皮质是铺展在大脑中较为老化的部分上的一层厚厚的、凹凸不平的组织。从外部看，大脑像一个巨大的核桃。而且就像核桃一样，大脑被分成不完全对称的两半，或称左右半球。在大多数情况下，右半球控制并处理从身体左侧输入的信息，左半球的情况则正好相反。每一个半球被分成几个"高原"（脑叶），由"山谷"（脑沟）隔开。当谈论大脑皮质时，我们很难不使用这种地理学的视角。毫无疑问，脑叶与脑沟的形成和高原与山谷的形成具有相似之处。这些褶皱形成了更大的表面积，对于大脑和陆地来说都非常重要。来自各个感官系统的信息输入被分类引导到大脑皮质的各个脑叶，例如，图像被引导到大脑后部的枕叶，而声音则被引导到耳朵上方的颞叶。然而，每一片脑叶都非常复杂，包含着许多区域、层次、连接、多种类型的细胞和功能。值得注意的是，即使是单个神经元也可以承担专门的任务，用于识别特定的面部视图或跟踪在屏幕后面移动的对象。在人类的大脑里有几百亿个这样的神经元，最近估算得出的数字是860 亿。

---

① 卡夫卡，奥地利小说家，代表作《变形记》中主角由人变为甲虫，故事以甲虫的视角展开叙述。——编者注

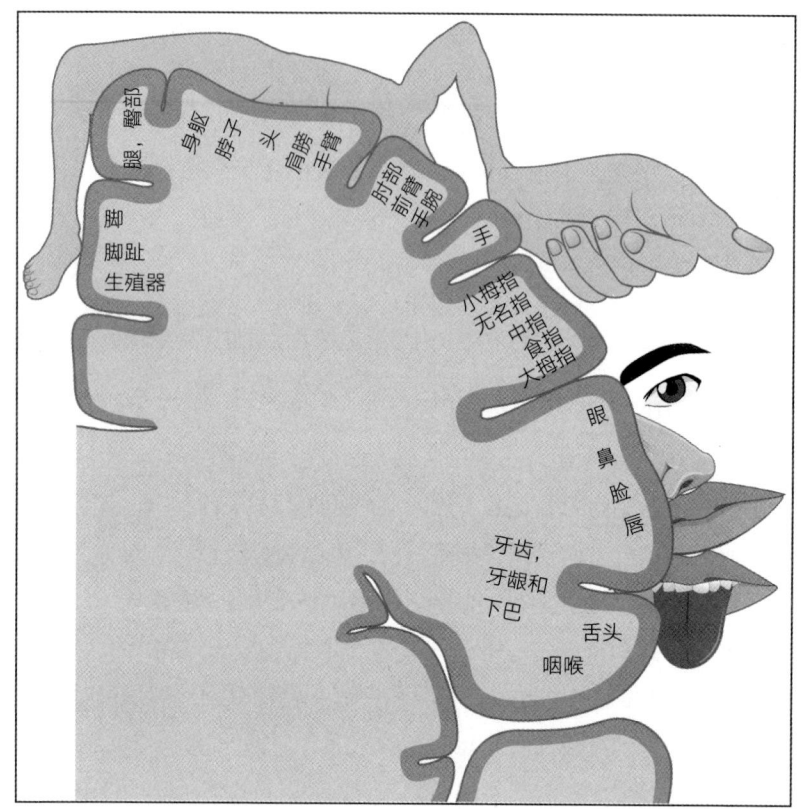

图 1-1 感官小矮人

事实上，有两组小矮人沿着中央沟展开：一组映射身体的感觉输入，另一组映射身体的运动输出。大脑左侧的一组绘制身体右侧的地图，大脑右侧的一组绘制身体左侧的地图。负责感觉和负责运动的小矮人彼此相对。运动小矮人位于靠近大脑前面的位置［专业术语：前部（anterior）或额面（frontal）］，朝向眼睛和鼻子，控制输出，指示肌肉如何运动。感官小矮人位于大脑后面的位置［专业术语：后部（posterior）或背部（dorsal），来自拉丁语中的 tail（尾巴）］，负责输入身体对位置、疼痛、压力、温度等产生的各种感觉。运动小矮人和感官小矮人都长得很奇怪，他们有着超大的脑袋，巨大的舌头，巨大的手，瘦骨嶙峋的躯干和四肢。

　　你一定注意到了，身体部位映射到大脑皮质中所占面积的比例与实际身体各部位的比例相差甚远。身体部位映射到大脑皮质中的面积与其实际的大小无关，而与能追溯到该大脑皮质区域或从此处传递出去的神经元数量成正比。也就是说，头和手的占比虽小，却控制着更多的大脑皮质神经元，而躯干和四肢虽然占比更大，却关联着较少的大脑皮质神经元。更多的神经连接意味着感觉敏感性更高，动作精细度也更高。一想到面部、舌头和手必须执行的众多精细动作，以及调节其动作所需的感官反应，大脑皮质的不成比例的分配就非常有意义了。一方面，我们的舌头参与了饮食、吮吸、吞咽、说话、叹息和唱歌所必需的复杂的协调动作，还有许多其他活动留给你自己去想象；我们的嘴参与微笑，还会吹泡泡、吹口哨、亲吻；我们的双手会打字和弹钢琴，会投球和接球，会编织，会给婴儿挠痒痒，也会抚摸小狗。而另一方面，我们的脚趾却不幸地没有被充分利用，没有精细动作能力，也从不被关注，直到脚趾断裂后我们才会意识到它的功能。对于身体各个部分功能重要程度的排序，其实始终刻在我们内心深处，或者更确切地说，刻在我们的大脑中。

　　对身体各部分的不同重视程度，不仅存在于大脑中，也存在于谈话和思考中。我们从实验室的研究中见证了这一点。首先，收集在不同语言中都被提及得更频繁的身体部位名称。齐普夫定律告诉我们，一个词语被使用得越多，那么这个词语就会被简化得越短，如 TV（电视）和 NBA（美国职业篮球联赛）。假设一个身体部位的命名是跨语言的，那么它可能在不同的文化中都非常重要。最常出现的身体部位名称，前七名分别是头、手、脚、手臂、腿、前胸、后背，所有的名称都很短。事实上，即使与其他对我而言很有用的部位相比，比如肘或前臂，这七个部位也是更重要的。我们请一组学生按重要性对这些身体部位进行排序，请另一组学生按大小将它们进行排序。结果正如预期的那样，与大脑中的小矮人相似，意义和大小并不总是一一对应的。身体部位的重要程度反映了其映射到大脑皮质区域的大小，而不是该部位实际的大小。人们认为头和手非常重要，尽管它们不是特别大，后背和腿虽然很大，但重要性是较低的。

接下来探究哪些身体部位更容易被人们识别，是较大的部位，还是功能上更为重要的部位？我们进行了两项实验。在一项实验中，人们看到了若干组身体图片，每组各有两张图片，每一张图片中身体的姿势都不同，并各标记一个身体部位，即图片－图片组合。你可能认为人们自然会更快地找到较大的身体部位。为了使目标部位的大小不影响人们的判断，我们在该部位中间用圆点标记以便识别。在另一项实验中，人们首先看到一个身体部位的名称，然后再看到一张身体图片，其中一个身体部位被标记出来，即名称－图片组合。在这两项实验中，标记了相同身体部位的组合占总量的一半，另一半则标记了不同的身体部位。实验要求参与者尽可能快地回答每组标记出的身体部位是"相同"还是"不同"。这是一项简单的任务，几乎没有人出错。我们的兴趣在于参与者的反应时间。人们会对重要的身体部位还是大的身体部位做出更快的反应？你可能已经猜到了，人们对重要的身体部位的反应更快。

当快速识别身体部位时，身体部位的重要性比身体部位的大小更有优势，这在名称－图片组合中更加明显。名称是一串字符，它们不像图片那样具有大小、形状等直观的具象特征。同时，名称比图像更为抽象。与此类似，事物与名称的关联比事物与图像之间的关联更为抽象。事物的名称可以唤起人们对事物抽象特征的认知，如功能和重要性；而事物的图像则只能唤起对事物具象可感知特征的认知。

第一个值得记住的事实：事物与名称的关联比事物与图像的关联更抽象。

请记住，实验中所谓重要的身体部位，是相对于日常人们熟悉但不那么重要的部位而言的，如肩膀或脚踝。值得注意的是，我们在研究中所使用的头、手、脚、手臂、腿、前胸和后背等词语，每个都有许多扩展的含义与用法。这些用法非常常见，以至于我们常常忽视了在这些用法中词语源自身体部位。这里只举几个例子：国家元首（head of the nation），失去理智（lost his head）；得力助手（right-hand person），一方面（on the one hand），轻而易举（hands down）；山脚下（foot of the mountains），全力（all feet）；椅子扶手（arm of a chair），政府机构（arm of the government）；想法站不住脚（the idea doesn't have legs），快一点儿（shake a leg），祝好运（break a leg）；预先（up front），傀儡组织（front organization）；后援不足（not enough backing），在背后（behind the back）。请注意，这些形象的比喻中，有些是在身体部位的外观上做文章，比如"椅子扶手"和"椅腿"；另一些则撷取了身体部位的功能，如"国家元首"和"想法站不住脚"。当然，许多其他的身体部位也有比喻性的延伸含义：某人可能是一个笑话的笑柄（someone might be the butt of a joke），或是多管闲事（have their fingers into everything）。另外，还有各种声称是世界中心（the navel of the world）的地方，要把所有这些地方游览一遍能花上几个月的时间。肚脐（navel）是我们肚子上那个奇怪的小坑，那个曾经连接我们和母亲的生命线残迹。一旦我们开始注意到这些比喻的用法，就会到处看到和听到它们。

就像对空间的认知一样，我们对自己身体的认知也来自多种感官。我们可以看到自己和别人的身体；可以听到自己的脚步声、拍手声、关节的脆响，还有嘴发出的说话声；可以感受到温度、纹理、压力、愉悦和痛苦；能从皮肤表面和本体感受，了解四肢的位置，感受到来自身体内部的知觉。我们不用眼睛看也能找到自己的胳膊和腿。在失去平衡或即将失去平衡的那一刻，我们也可以感觉得到。一想到只是站立和行走都需要这么多感官系统微妙而精确的协调，身体的神奇就足以令人惊叹，更不用说投篮或是侧手翻这种更高难度的动作了，毕竟我们不是生来就会做这些事的。

婴儿有很多东西要学，幸运的是他们学得非常快。婴儿的大脑每秒产生数百万个突触，即神经元之间的连接。但同时，他们的大脑也在修剪这些突触。若不加以修剪，大脑就会变得混乱不堪。每个事件都与其他事件有关，产生无数的可能性，无法将重点集中，分清主次；无法加强重要的联系，削弱无关的联系；也无法在所有这些可能性中做出选择，从而组织资源采取行动。除此之外，修剪突触可以让人快速识别物体，迅速接住坠落的茶杯，而不是选择在这种紧急情况下去点燃火柴。但这个修剪的过程是有代价的：我们会误把郊狼当成狗，或是把一块重石看成皮球。

这就引出了**认知第一定律：没有代价就没有收益**。在各种可能性中寻找最佳方案是费时费力的。通常情况下，我们没有足够的时间和精力去寻找和考虑所有的可能性。是朋友还是陌生人？是狗还是狼？当球被抛过来时，我们需要迅速伸出双手准备接住，但当石头飞过来时，则需要迅速躲开。撇开其他的不谈，生活本身就是一系列的权衡。这里的权衡是指综合考虑一件事的可能性，行动的有效性和高效性。正如心理学中的所有定律一样，认知第一定律被过度简单化了，而这一句简单的描述具备常见的注意事项。尽管如此，这条定律是如此基础，所以我们将一次又一次地谈到它。

行为塑造感知

现在再去看 5 个月大婴儿的行为就很让人迷惑。婴儿被平躺着放在床上，正如这个年龄的孩子应该被放置的那样，然后突然间，他看到了自己的手，一下子就被迷住了。他目不转睛地盯着自己的手，好像这是世界上最有趣的东西似的。他似乎并不明白，此刻他倾注了全部注意力所观察的对象正是自己的手。他可能会在无意中移动手，然后盯着移动着的手，却意识不到其实是自己造成了手的移动。如果你把你的一根手指或一个拨浪鼓放到婴儿的手上，他会去抓住它，因为抓握是一种条件反射。但如果手和拨浪鼓从视线中消失了，婴儿却不会去追踪它们。视觉、感觉和动作逐渐整合，在身体上呈现自上而下的顺序，手会先动起来。几周后，当婴儿完成了用手去抓握的动作后，他可能会不小心抓住自己的脚。这些身体柔软、长着两条短粗小腿的婴儿们，有时候可能会把脚伸到嘴里。婴儿会把手里抓着的任何东西放进嘴里，这是一种很自然的行为。但事实上，婴儿一开始似乎没有意识到放进嘴里的其实是自己的脚。

婴儿的视觉、感觉与行为一开始是割裂的。他不会把看到的和所做的与感受到的事物联系起来，也不会把身体的各个部位联系起来。我们认为将看到和感受到的事物联系起来是理所当然的，但是这种认知并不是人类与生俱来的，而是出生后经过几个月的学习慢慢形成的。最终，使感官信息统合的最重要的要素是行为。也就是说，行为作为输出的结果，在一个反馈回路中理解并统一整合了由感官输入的信息。感官信息统合不仅依赖于行为：做、看、感觉，同时还要感受到来自"做"的反馈。

不仅婴儿会通过行为来校准感知，成年人也会这么做。比如，在要求参与者戴上会将影像上下颠倒或扭曲的棱镜眼镜的实验中，这一点就体现得非常明显。19 世纪末，加州大学伯克利分校心理学系的创始人乔治·斯特拉顿（George Stratton）在读研究生时做了目前已知的第一个此类实验。实验显示，参与者表现出了对扭曲视觉镜片的适应能力。斯特拉顿设计了几种扭曲视觉镜片，并亲自试用、佩戴了几周时间。起初，斯特拉顿感到头晕、恶心，行动上也变得笨拙。但是，渐渐地，他适应了，一周之后，颠倒的世界看起来变得正常，他的行为也回归常态。事实上，当摘下镜片，他又一次经历了头晕、恶心并且笨拙地跌倒。从那时起，用棱镜眼镜进行的扭曲世界图像的实验重复验证了很多次这种现象。你可以在许多科学博物馆试用或在网上购买这种特别的眼镜。斯坦福大学一位颇具魅力的教师教授心理学入门课程时，曾经带着一位橄榄球明星球员来上课，并交给他一副会扭曲视觉的眼镜，然后这位老师扔给了球员一个橄榄球。当然，戴着眼镜的明星球员失手了，大家看得很开心。这是个相当有说服力的演示。这种被干扰后产生的行为以及在接触或行走时产生的错误，是对是否适应棱镜世界的一种测量方式。

令人惊讶的发现是：在没有行动的情况下单纯观看并不能改变人们的感知。人们如果坐在椅子上被推来推去，需要的东西都会被递到手中，即既不需要走动，也不需要伸手抓取，那么就不会去适应棱镜镜片。并且当镜片被移除时，这些单纯坐在椅子上没有其他行动的人，其表现也是正常的，不会变得笨手笨脚，也不会感到头晕。

既然行为会改变感知，那么行为能够改变大脑也就不足为奇了。在猴子和人类身上，这一点已经在很多方面得到证明。基本的研究范式为：首先给动物或人充足的机会，让其接触一种工具并获得足够的使用经验；然后检查大脑中负责身体感知的区域，看看该区域感知的范围现在是否延伸到身体的外部，将熟练使用的工具也包括进来。例如，猴子可以很快学会用耙子把够不着的东西拉向自己，尤其是零食。在他们能熟练使用耙子后，那些追踪手部移动的大脑区域会将耙子的移动也纳入追踪范围。这些发现是如此令人兴奋，以至于在许多物种的不同实验版本中被重复验证了很多次。一般的发现是：大量使用工具扩大了我们有意识的身体意象（body image）和很大程度上无意识的身体图式（body schema）。

这种广泛使用的工具放大了我们的身体意象，将工具纳入身体意象，为那些开玩笑般宣称手机或电脑是我们身体的一部分的人提供了证据。但这也让你抱有希望：那个背着硕大背包在转身时重击你而不自知的人已充分感受到他的背包，因为背包已经成为其身体图式的一部分。很可惜人们没有像使用手中的工具那样充分使用背包。

关于行为的证据足以引出**认知第二定律：行为塑造感知**。有些人走得更远，宣称感知是为了行为。是的，感知服务于行为，但感知服务的远远不只是行为。拥抱我们爱的人，听喜欢的音乐，欣赏使我们升华的艺术，这些都是纯粹的快乐。我们经常给感受到的、看到的和听到的东西赋予更多的意义：被遗忘的玩具，祖父母的声音，或者，对于法国小说家马塞尔·普鲁斯特（Marcel Proust）来说，是一个玛德琳小蛋糕的味道[①]。因此，我们只说行为塑造了感知，这样就够了。

前文中提到，皮肤包裹着我们的身体，把身体和世界上其他的东西分隔开。这并不是那么简单（永远不要忘记我的注意事项以及关于注意事项的注意事项）。事实证明，我们很容易被欺骗，虽然有点儿难以置信，但是我们真的会误把橡胶手当成自己的手。

在一个典型的实验中，参与者坐在桌子旁，把左臂放在桌子下面，使自己看不见手臂。桌子上有一只非常逼真的橡胶手臂，位于参与者的真实手臂会自然放置的位置。参与者看着实验员用一支细毛画笔轻轻地拂过橡胶手臂。同

[①] 在小说《追忆似水年华》中，作者普鲁斯特多次加入了对玛德琳小蛋糕的描写。自此，普鲁斯特的玛德琳小蛋糕成为一种隐喻，象征着我们努力想要寻回的记忆，以及仅存于记忆中的那些人和事。——编者注

时，实验员用同样的画笔以同样的节奏轻拂参与者真实但不可见的手臂。令人惊讶的是，大多数参与者开始认为他们能看到的那只橡胶手臂，是自己的真实手臂，报告说他们看到的就是他们感受到的。行为本身并不参与创造这种错觉，但本体感觉反馈似乎是至关重要的。参与者的真实手臂和橡胶手臂都是不动的。在背后驱动这种错觉的也许是感官信息的统合，即同一时刻所见信息与所感信息的统合。

如果人们认为橡胶手臂是自己的真实手臂，那么当他们看到橡胶手臂受到威胁时，就应该会感到害怕。这在随后的实验中确实发生了。和前一实验一样，参与者先是经历了对真实手臂与橡胶手臂足够久的轻抚，将橡胶手臂当成了自己身体的一部分。然后实验员用一根锋利的针威胁并刺向橡胶手臂。与此同时，实验员测量了参与者对预期疼痛、共情疼痛和焦虑做出反应的大脑区域的活跃程度。那些报告对橡胶手臂拥有感越强的人，在受到威胁期间，虽然伤害没有真正发生，但反应预期疼痛的大脑区域（左侧岛叶、左侧前扣带回皮质）的活跃程度却越高。

对于人们的身体图式能够扩大到包括工具，却没有扩大到包括背包这件事，橡胶手臂的实验似乎提供了另一种解释。人们对橡胶手臂的拥有感取决于同时看到和感受到，即看到橡胶手臂被抚摸的同时，感受到从真实手臂上传来的轻抚。我们看不到自己的背包，无论我们有什么感觉，都是后背和肩膀上的压力或重量，这对于了解产生压力的背包的宽度毫无帮助。

理解他人的身体

现在我们讨论对他人身体的理解。事实证明，我们对他人身体的感知和理解，与我们对自己身体的行为和感知有着深刻的联系。更重要的是，我们的身体与他人的身体是由大脑和神经系统的结构作为中介联系在一起的。让我们再次从婴幼儿开始谈起，以 1 岁的婴儿为例，这个年龄的婴儿已经开始理解他人行为的目的和意图，至少可以理解伸手抓取这样的简单的动作。你可能会疑惑我们怎么知道婴儿在想什么，毕竟他们还不能说出来（不是说我们所理解的婴儿的想法一定是可靠的）。我们知道婴儿在想什么，就像我们知道成年人在想什么一样：从他们在看什么去判断。有时候行为比言语更能揭示真相。

研究人员推断婴儿想法最常见的方式是通过一种被称为"习惯性观察"（habituation of looking）的方式。这一方式以两个观点为基础：第一，人们，特别是婴儿，会注视他们正在思考的东西；第二，新事物会吸引人们的注意力并引发思考。在一个典型的任务中，研究人员给婴儿展示一个视频，视频展示某人伸手去抓取一个物体的事件，同时监测婴儿观看事件的专注程度。接着研究人员再次展示这一事件，并再次观察婴儿的反应。研究人员一遍又一遍地展示，直到婴儿失去兴趣，看向别处，即直到婴儿习惯了这个事件。在婴儿习惯了之后，研究人员展示了一个新的事件，通过以下任意一种方式对先前的事件做出改变：通过改变抓取的物体来改变行动的目标，或者通过改变抓取的方式来改变达到目标的手段。研究人员所关心的是，婴儿会更多地关注目标发生变化的事件，还是达到目标的手段发生变化的事件。

如果婴儿能够明白，重要的是目标本身，而不是达到目标的手段，那么婴儿应该在目标改变时，而不是在达到目标的手段改变时给予更多关注的目光。10 个月大时，婴儿对这些变化并不关心，认为两者没有区别。这两个事件都是新的，婴儿并不认为目标的改变比达到目标的手段的改变更有意思。但是两个月后，情况就变了。对于 12 个月大的婴儿来说，目标的改变比达到目标的手段的改变更能够引起他们的重视。在这两个月中，婴儿实现了对目标导向行为理解的飞跃。

　　1 岁的婴儿能够理解行为与目标之间的联系，这一观点也得到了更多的支持，根据婴儿观察某人伸手时跟踪婴儿的眼动而得出。值得注意的是，1 岁婴儿的眼动在手还没有达到目标之前就跳到了行为的目标上，这表明他们已经预判到了目标。

　　也许更令人印象深刻的是那些在婴儿 3 个月大以前发生的事情。在那个时候，如果婴儿体验过类似的行为，他们就更有可能理解他人行为的目标。3 个月大的婴儿还不能很好地控制自己的身体，他们还够不到、抓不稳，手也不停地晃来晃去。但是聪明的实验者给婴儿戴上带有魔术贴的手套，把玩具放在婴儿面前。这样一来，婴儿的双手只要有足够的摆动，魔术贴手套就会粘住玩具，即小手"抓"住玩具。以这种方式练习"抓取"物体的婴儿，相比没有练习抓取的婴儿，更能准确地预判即将见到的他人伸手和抓取的动作。

　　这是婴儿能够理解他人行为背后意图的显著证据。当然，婴儿并不能理解所有的意图和动作，但伸手够向一个物体是其中重要且常见的一项，毫无疑问，也还有婴儿能够理解的其他的意图和动作。理解他人的意图，一部分是因为我们有过由类似意图引发的类似行为。此外，正如我们接下来将要看到的那样，很明显，人类大脑的结构本身就是通过镜像神经元系统来理解观察到的行为的。

镜像神经元，理解模拟的基础

　　20 世纪 80 年代末，意大利帕尔马大学的神经科学家团队在神经生理学家贾科莫·里佐拉蒂（Giacomo Rizzolatti）的带领下，获得了一个惊人的发现。他们在猕猴的前运动皮质的单个神经元中植入了微型电极，以记录动物在正常活动时单个神经元的活动。他们发现，当猕猴做一个特定的动作时，比如抓或者扔，会有单个神经元放电。值得注意的是，当猕猴看到他者做同样的动作时，该神经元也会被激活，在这个例子中，他者是一个人类。神经科学家将这些奇异的神经元称为"镜像神经元"。镜像神经元把"做"和"看"结合起来，以执行特定的动作。这一非凡的发现意味着：动作和知觉是由特定的个体神经元自动连接起来的，而无须任何中介。不同的动作由不同的神经元编码，对猕猴来说，就是抓、扔、撕。你可以在观看这些动作的同时听到相应神经元的放电。从更为普遍的意义上来说，这一发现说明，行为镜像（action mirroring）［有时也被称为运动共振（motor resonance）］是我们理解各类行为的基础。"看"被映射到"做"，"做"被映射到"看"。我能够明白你在做什么，是因为我自己的行为系统与你的行为产生了共振。当然，这只是一次共振，实际上我并没有做我看到的事情，这一设定十分重要，否则我们将陷入无休止的模仿循环。镜像神经元是我们理解和模仿的基础，而不是将之付诸行动的基础。

上述发现如今已经被重复验证了很多次，结果也很令人振奋。当然，对这些惊人发现的过度解读也是不可避免的：镜像神经元有可能是模仿、学习和记忆的基础吗？为此，帕尔马大学的研究团队花了很多力气去解释："看"不是"模仿"，"理解"也不意味着"行动"。如果事情真的这么简单，我们就都可以成为钢琴家、篮球运动员或杂技演员了。然而，运动共振确实是真实存在的。也就是说，你所看到的动作会引发大脑相关运动区域甚至相关肌肉的激活。

虽然我们在灵长类动物身上成功发现了镜像神经元，但是却不能在人类身上进行这些实验，毕竟我们不能随便在人类大脑的神经元上植入电极。然而，在某些情况下，对处于警戒状态的人脑中的单个细胞进行记录，对于人类的健康和福祉而言，是至关重要的，例如对于有顽固性癫痫的患者。癫痫通常可以通过破坏可能引起癫痫发作的脑组织来加以控制，但神经外科医生首先要确定即将切除的脑组织的位置，并确保其与语言等核心功能无关。发现镜像神经元的办法是在可能引发癫痫的大脑区域植入电极，有时也可能在电极不会造成损害的其他大脑区域植入。研究者从这些患者的单个细胞记录中，发现了人类大脑多个部位具有镜像神经元的证据，例如，当人们观察或做出动作时，以及当人们看到或表现面部情绪时，个体神经元会做出反应。

身体的动作与其他物体的动作在性质上是不同的。一个关键的区别是：我们为自己的身体提供动力，这意味着身体可以进行对抗重力的动作，比如向上跳跃，这是棒球和树叶这些物体无法完成的壮举。即使是儿童也能轻易分辨出一个运动路径是来自生命体还是非生命体。当然，儿童也明白，分辨物体是否有生命，不只是通过其运动的路径。然而，重要的一点是，成年人和儿童都可以根据一个容易感知的运动路径，很好地猜测出某个移动的物体是不是有生命的。是否有生命，这样的深层次本质特征能够从非常表面的感知特征中显露出来，实在是一件令人惊讶的事情。前文中我们也讨论过，仅仅通过轮廓就可以对物体进行识别，后面我们还会谈到其他类似的例子。

运动共振，通过对动作的理解获取意义

成年人和婴儿一样，如果自己做过某个动作，则会更好地理解观察到的相同动作。我们执行特定动作的经验会调节我们对他人执行相同动作的感知。在一项引发了微笑、兴奋甚至争议的实验中，卡波埃拉（Capoeira）①专家、芭蕾舞专家和普通观众观看卡波埃拉和芭蕾舞标准动作的视频时，扫描仪在检测他们的大脑活动。当他们观看自己擅长的动作时，镜像系统（mirror system，前运动皮质、顶叶内沟、右顶叶上叶和左后颞上沟）网络中的大脑活动显得更加活跃。

① 巴西的一种介于武术与舞蹈之间的运动。——译者注

由运动共振这一概念引出的更宽泛的解读已经不陌生了：我们通过用身体去模拟和感知来理解所看到的动作。这一解读又引出了拥有相似含义的多个名词，如动作模拟、具身化等。

现在，动作模拟的含义已经不仅仅是对行为的理解，它还影响着我们对行为的预测和期望，例如抛出的篮球能否投中篮筐。在一项研究中，研究人员邀请职业篮球运动员、体育记者和职业篮球教练预测罚球是否能得分。职业篮球教练和体育记者都拥有大量的局外人视角，即观看篮球比赛的经验，而且是从很多不同的角度来观看的。职业篮球运动员自身不仅有这种视觉经验，而且有局内人视角。他们清楚投篮的感觉，而且他们很有可能已经形成了很好的直觉，知道自己哪些球能够落入篮筐。职业篮球运动员在投篮方面极其熟练，以至于他们经常被称为投篮机器。

你可能已经猜到结果了。职业篮球教练、体育记者和职业篮球运动员这三类人都非常擅长预测哪些球会落在篮筐里。尽管如此，职业篮球运动员的表现还是更胜一筹。丰富的局内人知识使职业篮球运动员比职业篮球教练或体育记者能更准确地预测投篮结果。从球员做出投球动作开始，到球距离篮筐很近为止，研究人员在不同的时间点暂停视频。令人惊叹的是，在球离开视频中球员的手之前，职业篮球运动员预测投篮是否成功的准确度就已经相当高了！这表明职业篮球运动员对投篮中的身体运动学有着局内人视角的理解，这种理解使他们能够更好地预测动作的结果。职业篮球运动员比职业篮球教练和体育记者有更多的运动经验，从而能更准确地预测运动的结果。越来越多的证据也在支持这一发现，它表明我们能够将看到的动作映射到自己身体的动作系统中。动作的感知通过对动作的理解获得意义。因此，那些熟悉运动系统知识的专家，能够在他们所看到的东西中感知到更多的意义。

20 世纪 70 年代，瑞典心理学家冈纳·约翰森（Gunnar Johansson）找来一些人，给他们穿上了黑色的衣服，同时在他们的主要身体部位和关节，比如头、肩、肘、手腕、臀等处安装了小灯。然后，他拍摄了参与者做出的一系列日常动作，包括走路、跑步和跳舞。从那以后，这种使用点光源录制视频的形式，已经被采用、改编、模拟了很多次，你可以在网上找到许多吸引眼球的例子。这些点光源在静态的图像中很难识别，它们看起来就像是一堆随机点。但一旦这一组光点开始运动，马上就能看出这是一个人体，知道这个人体是在走路、跑步还是跳舞，还能根据肩膀与臀部的宽度比，分辨出这个人体是男是女、是快乐还是悲伤、是精力充沛还是疲惫、是沉重还是轻盈。

一组研究人员利用这一方式，探索我们如何能从点光源视频中识别出个体。他们把成对的朋友带进实验室，给他们穿上黑色的衣服，在他们的头和关节上系上灯，拍摄他们跳舞、跑步、拳击、散步、打乒乓球等一共 10 种不同的活动。几个月后，参与者都被邀请回实验室观看录制的所有视频。观看每一段视频时，参与者都需要识别出具体的移动中的对象。不出所料，人们都很善于从移动的对象中识别出他们的朋友，但却很难识别出陌生人。研究人员还发现，从相对剧烈的活动（如跳舞、跳跃和打乒乓球）视频中识别个体，要比从显示行走和跑步的视频中识别个体容易得多。接下来的发现更令人惊讶，参与者最擅长识别的竟然是自己！我们大多数人，当然也包括这个实验的参与者，不会花太多时间通过镜子观察自己的动作，除非我们是舞者、模特或瑜伽练习者。那么我们是如何做到更擅长识别运动中的自己的？我们几乎没有或者很少有机会观看自己打乒乓球或者跳跃的样子，但是却有很多观察朋友运动的经验。对于这个问题，正如前文所述，镜像系统、运动共振似乎是这种令人印象深刻的能力的基础，这个理论的逻辑链条是，当参与者观看他人运动的视频时，其镜像系统与所看到的动作产生共振，就像在尝试调整这些动作。当参与者观看自己动作的视频时，观看到的与脑内尝试的动作完美契合，感觉很正确、自然，就像是自己在做一样。

协调的动作，复杂的互动行为

鸟群、鱼群、行进的部队，采蜜的蜜蜂、筑巢的蚂蚁，篮球场上配合默契的队员、擂台上的拳击手、舞台上的即兴表演者；纽约中央车站里每一条通道上行色匆匆的通勤者。虽然拥挤，但大多数情况下他们不会发生碰撞，也没有人指挥交通。有机体之间有很多种与其他个体快速协调行为的方式，协调的原因也有很多。比如其他人只要出现在周围就会影响我们的行为，无须刻意协调。当你一个人坐在候车室或火车的座位上，或者排队买票时，一个完全陌生的人走过来，坐在过道对面或站在你身后排队。除非你完全被智能手机吸引了注意力，只关注自己指尖的动作或耳边的声音，否则你不可能意识不到对方的存在，而这种存在会影响你的行为。

在这样的情况下，排队、坐在候车室里或火车内，你和陌生人在同一个空间里同时做着同样的动作。假如你们每个人都有足够的空间，你们的行为就不必互相协调；但如果火车或候车室里很拥挤，你可能需要调整自己，为彼此和彼此的物品腾出空间。走在几乎空无一人的街道上，不需要与他人多加协调；观看的表演结束时，也不需要与他人一起鼓掌。然而，奇特的是，行人步伐往往会趋于同步，演出结束时观众也会一起鼓掌。

也许正如鸟儿成群结队地飞翔一样，群体内的同步行为组织并弱化了个体的行为。因为当我步行或拍手时是和别人同步的，这样就可以对自己的行为少操点儿心。像我们前面所列举的，完全陌生的人都能够陷入同步的节奏。节奏深深地融入我们的身心、呼吸、大脑、动作（行走、交谈、思考、跳舞、就寝、醒来……）以及昼夜交替中。我们的节奏组织和同步着我们的身体，并进一步组织和同步着我们和他人的身体。

我们和婴儿玩的游戏当中，有一些正是练习了这些联合行为的技能，尽管这可能不是我们陪孩子玩这些游戏的初衷。比如，当婴儿说"啊"，我们也回以"啊"，婴儿又再次以"啊"回应。我们轮流做着同样的事情。然后我们对回复稍做改变，当他们说"啊"的时候，我们回答"啊啊啊"。我们把球滚给婴儿，婴儿再把球滚回我们身边。我们一起鼓掌或轮流鼓掌。我们在游戏中无意识地训练着婴儿联合行为的要素：同步、轮流、模仿、诱导、共同注意、共同理解。在这个过程中，我们以为自己和孩子只是单纯地享受着游戏。当然，我们也的确享受了这个过程。在一起同步地做一些事情是很令人满足的。

与动物不同，人类个体间的简单协调很快就变成了合作。早在 14 个月大时，当一名幼儿看到成年人试图去拿一件离自己很近的东西时，他就会把这个东西交给成年人。社会理解和社会行为都是显而易见的，尤其当不需要语言或任何明确的人际协调时更是如此。其他灵长类动物，比如猴子和类人猿，可以被诱导一起工作以实现共同的目标。在这类研究中，标准的实验室任务是需要两只动物同时拉动各自手里的绳子，把容器中的坚果或香蕉带到手边。和狗一样，大象和海豚也经常和人类合作。事实上，美国发展心理学家迈克尔·托马塞洛（Michael Tomasello）实验室的研究表明，合作是道德行为的起源。我们需要为一个目标共同努力，但之后我们必须，或者说更应该，分享回报。当孩子们得到的比自己应得的更多时，他们会和他人分享自己的回报。

联合行为的另一面是需要持续不断变化的协调任务。为了研究这种协调性，我们把两位从未见过面的学生带进实验室。桌子上放着一堆简易电视移动支架的零件和一张组装后的完整支架的照片。两个人被要求参照照片完成组装任务。那时我们已经在电视移动支架组装上做了多次实验，所以知道学生们可以在没有参照的情况下独立完成这个任务。我们甚至开始认为这个简单的实验是他们本科教育的重要组成部分。

果然，两个人成功地组装了电视移动支架。虽然每一对学生的做法都不太一样，但他们都准确而有效地完成了任务。与行走或拍手不同，在组装电视移动支架的过程中，一个人在为组装每个零件做出不同行为的同时，还要与合作伙伴一起工作。两个人自发地扮演不同的角色，角色的转换过程通常并不需要明确表现出来，两个人甚至都不必交谈。当一个人担任"举起者"的角色时，另一个人就扮演"组装者"的角色。举起者要保持大块零件的稳定，以便组装者将这个零件与另一个零件连接到一起。组装过程中每一步都很有效率，并且为了完成每一步，合作伙伴必须给予配合。令人着迷的是，尽管两人的组装任务是不对称的，但是很多工作必须合作完成，大量的协调都是在未经直接交涉和语言交流的情况下开展的。更重要的是，每个人都知道合作伙伴需要做什么，常常会预料到对方下一步的行动。举起者可能会看到，组装者即将需要一个特定的零件，于是将其交给组装者。当组装者手里拿起下一个零件，举起者就会固定好底座的位置以便合作伙伴组装。类似的例子还有很多，这种配合看起来就像双人舞蹈一样。

令人惊讶的是，这种复杂的互动行为几乎无须语言和明确的组织。但从更深的层面去看，这或许并不奇怪。管弦乐队需要指挥，但弦乐四重奏却不需要。爵士乐即兴演奏和喜剧即兴表演一样，没有乐谱，没有剧本，也没有指挥者。联合行为的核心是共同理解，合作的个体都了解任务的主目标和子目标，以及完成任务所需的步骤。以组装电视移动支架这个例子来讲，任务步骤是对零件执行的一系列操作，依次将每个零件放置在正确的结构中，并使用适当的连接方式将其组合起来。对任务目标的共同理解存在于每位合作伙伴的大脑中。事实上，人们大脑中有许多针对各类事件的行为模式，由完成某一普通任务（如铺床、洗碗或组装家具）所需的一系列行为构成。这些模式使人们能够理解正在进行的操作，预测下一步，并形成一步步操作清晰的方案以完成最终任务。

探查大脑内部活动，我们可以发现联合行为发生时的大脑活动过程。脑电图和功能性磁共振成像的研究都表明，参与者的共同任务在大脑和意识中都是活跃的。令人惊讶的是，即使这样做会干扰自己的工作，使自己放慢速度，更容易出错，参与者依然会时刻留意合作伙伴手中的工作。

尽管合作双方心中都对任务有清晰的认识，但是完成任务的步骤却有赖于自身之外的任务对象与合作伙伴。参与者必须牢记任务的总体目标和步骤，并以此指导自己的行为。为了安排自己的行为，参与者需要在按部就班地完成自己分内工作的过程中追踪合作伙伴的行为。这就意味着，若要成功合作，合作伙伴必须实时分享和保持共同关注。对于这种进行中的协作任务，共同关注并不一定意味着共同注视着某一目标。比如钢琴家和小提琴家之间的二重奏，他们的眼睛看着不同的乐谱，双手在演奏着不同的乐器。他们共同关注的是他们一起演奏的音乐。节奏是最小联合行为的最基本要求，也是最大联合行为的基础。

同样，人与人之间的交谈在许多层面上也需要进行互补性的协调。其中非常重要的是，谈话各方在交谈过程中通力合作，使话语拥有了意义。而这种合作大多是直接的、审慎的，甚至是刻意的。事实上，各方不仅要协调谈话的内容和时间，而且还要协调他们行为中最初看起来与谈话无关的方面。他们协调自己的动作，身体前倾表示发言意图，身体后仰表示发言结束，还有其他诸如跷二郎腿或平放双腿等动作。谈话各方互相模仿，这种现象被称为诱导。他们使用彼此的语言、用词，甚至模仿彼此的口音。他们还会模仿彼此的面部表情、眼神和肢体动作。这些看似毫不相干的行为并不是无关紧要的，它们能够表现和促进相互理解，从而成为加强沟通与合作的"社会黏合剂"。也就是说，如果我们用同样的词，采取互补性的行为，就意味着我们能够相互理解，而且更喜欢彼此。

从更广泛的角度来看，互动行为本身十分重要，同时也是人们学习动作和行为的机会。模仿别人的行为必然有助于我们的学习。我们观察他人的行为是为了与自己的行为相协调，是为了计划自己的行为，也是为了学习新的行为。回想上一次你去一个陌生的地方，比如某个机场、政府办公室、博物馆或国外某个地方，甚至可能是某个十字路口，你可能观察了别人在做什么。观察他人的行为可能是找出你自己需要做什么的最有效的方法。小孩子向他们的哥哥姐姐学习时，甚至会去模仿一些不相干的行为。

心在他心，身在他身

这一章实际上也是这本书的开篇。我们的身体被皮肤包裹着，皮肤把我们与世界上的一切分隔开。然而，从生命之初起，我们就在空间中活动，与周围环境、空间本身以及在空间中遇到的事物相互作用。这些动作产生的知觉，既来自身体内部，也来自身体外部。我们身体的动作和知觉，构成了我们对自己身体的整体概念。

这个世界脉动不息。我们不断地在这个世界中行动着，并努力去适应它。在我们的身体中，对我们在这个世界中进行互动而言最重要的部分，也正是我们的大脑和意识中最突出的部分，这一点绝非偶然。我们与世间万物互动的方式决定了我们感知世界的方式。他人的身体无疑是我们一生中能够遇到和与之互动的最重要的对象。从镜像系统开始，我们利用自己的身体去理解他人的身体和行为。观察他人的行为会与大脑中那些执行自己的行为时会被激活的区域产生共振。协调我们与他人的动作建立在对他人行为的理解之上，也建立在对我们所参与的事情达成共识的基础上。这个共识可以是节奏、共同注意、手头的任务以及我们周身所处的环境。镜像系统调解并反映了几乎所有的动作：我们手上的、腿上的，我们的姿势和表情。这种模仿是内生的，但它产生的效果会外溢到我们的实际行为当中。这也就解释了为什么我们会模仿对方的身体动作和面部表情。镜像化意味着他人的身体和行为在我们的意识中内化，而我们的身体和行为也会反映在他们的意识之中。

那种认为我们是由他人的意识碎片组合而成的精神隐喻已经成为现实。令人着迷的新研究挑战了我们在基础生物学中所学到的观点，即我们身体中每个细胞的 DNA 都是相同的。遗传学家已经发现了斑片状微嵌合体存在的证据，也就是说，在我们身体的不同地方有着不同的 DNA。如果我们携带着不同的 DNA，那我们是谁？这项研究才刚刚起步，但人们已经知道，婴儿的 DNA 可以在孕育他们的母亲身上定植（colonize）[①]，移植器官的 DNA 可以在身体的其他部位定植，我们中的许多人可能都有一位在子宫中消失的兄弟姐妹，我们可能携带了这位同胞兄弟或姐妹的 DNA。可以说，他人不只是在我们的脑海里。我们真的是他人的一部分，他人也是我们的一部分，甚至是我们身体中的一部分。

---

① 强调物种到新环境后形成稳定的"定居"现象。——编者注

Mind
in Motion

第 2 章

身体周围的空间：
人、地点、事物

　　在本章中，我们学习如何认识、归类和
理解周围的人、地点和事物。我们注意到，
许多常见的类别（如椅子或狗）就是按是否
具有共同特征的集合分类的，以此区别于与
它们相近的类别（如地毯或蛇）。但类别之间
的界线并非总是如此清晰，我们需要更仔细
地思考类别之间的维度和共同特征。

我们不仅生活在一个思想的世界中，也生活在一个物质的世界中。

——弗拉基米尔·纳博科夫（Vladimir Nabokov）

20 世纪俄裔美国作家

　　人、地点和事物围绕在我们的身体周围，触手可及，直接影响着我们的感知、行为和思想。刹那间，语言未发之际，我们就知道自己在哪里：家里、超市或公园中；清楚周围有什么：椅子和桌子，购物车和食物，树和秋千。我们也知道谁在我们身边，在做什么：可能在做晚饭、购物或者荡秋千。我们知道他们是什么样的人，可以从他们的脸和身体的状态感知到其情绪和健康状况；可以从他们的衣着和行为来判断其社会和经济地位；也可以对他们的年龄、性别，甚至政治倾向做出很好的猜测。人们将许多内心的信息通过各种形式暴露在外，而我们会自发地、即时地接收周围的环境信息。除非蒙上眼睛，捂上耳朵，否则我们就无法抗拒环境信息涌入大脑。这并不意味着我们对周围环境的判断总是正确的，尽管正确率之高的确令人惊叹。

　　然而，刚刚来到这个世界时，我们并不具备这种特别的能力。婴儿要学着观察物体的方方面面，并将这些信息联系起来用以识别人和事物，还需要学会区分和识别面部、物体和场景。在生命最初的几个月里，婴儿仅仅通过观察便可以不断学习，无须言语。这种学习的过程发生得太快，以至于除非父母知道该去观察什么，否则就会错过孩子的这一成长过程。这种学习大多发生在婴儿大脑逐渐发育成熟时。如果一个人出生时失明，成年后即使恢复视力，也仍然无法清晰识别自己所看到的东西，这是一个令人惊讶、也常常令人格外痛苦和失望的结果。幸运的是，先天失明的发生率已经大大降低，而且先天失明者如果在之后的生活中恢复视力，通过训练和积累相关经验，也可以获得一些视觉感知。

何人（who）、何事（what）、何地（where），这些信息是如此基础，以至于大脑有专门的区域来识别它们。事实上，通常每类对象的识别由多个脑区控制，如识别面部、身体、物体和场景。视网膜精确地捕捉外部世界的信息，即使此时这些信息是上下颠倒的影像，但校正它们对大脑来说是很简单的，而要弄清楚影像的具体内容则困难得多。这些信息本质上是一个原始像素的合集，没有实际意义，必须被分成图形和背景并加以解读。这就需要找到这些被分成图形和背景的信息的边缘并将其联系起来，对其进行解释并赋予含义。这是通过将信息从视网膜、从所有感官传递到不同的脑区来实现的。不同的脑区对来自感官的信息进行不同的计算处理，专门用于创造与我们生活相关的不同意义，以及识别人、地点和各种事物。

与识别人、地点和事物相比，对何时（when）和何故（why）的理解更为困难。它们不能像颜色、形状，甚至是面部、物体和场景那样，通过感官输入轻而易举地实现计算解码。除了少数拥有自传体记忆的人记得其生活中许多事件的确切日期和细节外，大脑并不会在每一件具体事件上标记时间戳。即使在那些令人羡慕的人身上，记忆也是个体主动构建起来的，时间戳是添加的符号，由传统公历的文字和数字构成，并没有专门的脑区负责这一编码。理解事件的原因则更加复杂，很多事件都有很多种可能的解释，这为科学家、政治分析家和提供咨询服务的专栏作家提供了无尽的工作。夫妻之间和国家之间的分歧也是由于这个原因。因为我们用来构建时间和原因的机制（尤其是原因）是不完美和有偏差的，所以我们做出的判断和解释也是如此。

事物，基本层级的分类

在世界上所有重要的实体和知识的组成部分中，事物是最容易理解的。然而，世间事物千千万，我们应该从哪里开始？理解事物的方法之一是将其分类，但是要分到哪一类里呢？让我们先来看看阿根廷文学大师豪尔赫·路易斯·博尔赫斯（Jorge Luis Borges）的这组分类：

> 以下对动物界的分类出自中国古代的一部百科全书《天朝仁学广览》[①]。在这本年代久远的百科全书中，动物被划分为：①属于皇帝的；②防腐处理的；③驯养的；④乳臭未干的小猪；⑤美人鱼；⑥赏心悦目的；⑦流浪狗似的；⑧归入此类的；⑨发疯般抽搐的；⑩数不清的；⑪用长毛刷描绘的；⑫其他类的；⑬刚刚打破花瓶的；⑭远看如苍蝇的。

这一分类诗意却不实用。好的分类应该能够把大多数东西分到单独的类别里，不存在部分重叠。好的分类应该是容易识别的，是信息性的，应该能够告诉我们这样分类有什么优势。好的分类应该能够将大量不同的事物整理到一个可管理的数量范围里。

形状是对物体进行识别和分类的关键。物体都有形状，我们的视觉系统也

---

① 《天朝仁学广览》（Celestial Emporium of Benevolent Knowledge）是德国著名中国文学翻译家弗兰兹·库恩（Franz W. Khun）杜撰的一部中国百科全书。——编者注

倾向于识别物体的形状。当观察对象被其他物体遮挡时，我们可以注意到其边缘的点，并连点成线推测形状，以此进行区分和识别。

在婴儿 1 岁左右时，父母和宝宝开始玩"命名"游戏：指出、展示、标记所有能吸引婴儿注意力的东西。婴儿和儿童学习词语的速度是惊人的。据估计，17 岁的孩子已经懂得差不多 8 万个词语的含义。为了方便起见，我们假设婴儿在 1 岁左右开始学习词语（当然，实际的开始时间要早得多，甚至是在他们能开口说话之前），这就意味着一年要学习 5000 个词语，或者说每天学习 14 个词语。毫无疑问，在生命早期学到的词语要比稍晚一些时多得多。这种学习节奏比通过玩命名游戏学习词语快得多，孩子们能够无师自通。然而这种惊人的学习速度只是为了给事物贴上标签。更令人惊奇的是，在我们自身、婴儿和儿童学习和认识的东西中，如人、地点、事物、情感等，我们只使用了很少的标签就完成了分类工作。

基本层级

蹒跚学步的幼儿学会称周围的事物为苹果和香蕉，小汽车和公共汽车，衬衫和鞋子。他们并不会直接给这些东西贴上加拉苹果或水果、丰田普锐斯或机动车、针织衬衫或服装等标签。即使是成年人也喜欢更简单的标签。大部分时候，用更抽象或更具体的标签来称呼常见事物听起来会很奇怪。如果我顺路送你一程是因为我开了特斯拉 X，那我就是在炫耀。如果我告诉你我开了一辆机动车，就会显得我很傻。如果我让你把动物而不是狗放出去，我就是在暗示这只狗是野性难驯的，而不是温顺友好的。在我们的语言中，使用更抽象和更具体的标签是要有充分理由的，但是对于日常使用来说，处于两者之间的标签是首选，如苹果、汽车和衬衫。有趣的是，这些标签通常比更抽象或更具体的标签更短、使用更频繁（齐普夫定律：使用得越频繁的词越短）。基本层级的标签是孩子首先使用的类目，如苹果和汽车，也是我们对事物分类时的默认中性层级。更抽象的标签，如交通工具、水果和动物，被称为上一级类目；更具体的标签，如特斯拉、加拉苹果和可卡犬，则被称为下一级类目。

基本层级之所以特殊，有很多原因。基本层级的物体一般用形状区分类别，因此很容易被辨认出来，如苹果，凡是被贴上"苹果"这一基本层级标签的物体都有相同的形状，桌子、锤子、皮带等同样如此。它们的从属类别成员形状相同，如加拉苹果和蛇果，皮质腰带和布腰带，餐桌和书桌。可见，将一个从属类别成员与另一个区分开来，需要颜色、材质或大小等形状以外的特征。除非有充分的理由，否则就没有必要让人们注意到下一级类目所包含的细微差别和因此产生的大量名词。而在上一个层级，在更抽象的类目上，我们看到不同种类的水果，它们并不具备相似的形状，家具、工具和衣物也同样如此。事实上，它们形态各异。香蕉的形状不同于苹果的和西瓜的，飞机不同于汽车和卡车，衬衫不同于裤子和腰带。两个苹果或两把锤子的组合形状是可以被识别的，但是两种水果或交通工具的组合会构成一个难以识别的团块。

基本层级的类目不仅在我们给事物分类时享有优先级，在我们对待和感知事物时亦然。我们在看待苹果、自行车和毛衣时的心理状态是一样的，但看待西瓜和苹果是不同的，看待汽车和自行车是不同的，看待帽子和毛衣是不同的。各类水果、交通工具或工具，共享的不是特定的形状或操作，而是更为抽象的东西：功能或用途。水果是用来吃的，交通工具用于运输人和货物，工具则用于建造或修理。这些特性是不可见的，不像果皮和果肉，车轮和车门，工具的把手和把头这些看得见摸得着的实体。因此，学习基于功能的更抽象的分类需要更长的时间，对诸如工具这样高一级类目，通常要到开始上学后才能获得可靠的认知。

　　像桌子、苹果以及衬衫这样基本层级的类目是"金风花姑娘"①，不太抽象也不太具体，但刚刚好。它们位于中间，介于围绕功能组织的更抽象的类目（如家具、工具和水果）和由各种功能组织的特定的类目（如厨房的桌子、十字螺丝刀和加拉苹果）之间。当然，有时候用这些抽象的名称就足够了：我的公寓需要家具，沙拉里要有水果，车库里要有工具；有时候则需要更具体的名称：拧那个螺丝需要一把十字螺丝刀，招待会上要穿礼服衬衫，做苹果派要用皮平苹果。基本层级的名称则是多用途的。

　　基本层级的类目不仅容易被识别，还包含了丰富的信息：一件物品是什么样的，由什么组成，在我们生活中怎样发挥作用。我们应如何对待它。比如看到一个苹果我们就会知道：它是水果，圆形，红色或绿色，生长在树上，有果皮、果肉和种子，可食用，甜、硬、多汁。这个苹果到底是加拉苹果还是富士苹果并不重要。又如，我们看到一件衬衫就会知道：它是衣服，用于覆盖上半身，在我们的头、手臂和躯干的对应位置都有洞。不管颜色、材料或成本有何不同，衬衫的部件和功能是相同的。基本层级物体的基本特征通常从其形状（即各部件）中可以看出：椅子的椅座、椅背和椅腿；毛衣的袖子、领口和正身；狗的腿、身体和头。物体的各部件能够表征基本层级对象的基本特征。这些部件既是感知的线索，也是认识事物的线索，还是功能的线索，是物体的用途或我们的用法以及我们与之互动的线索。部件构成了感知和行为之间的桥梁。椅子有椅座、椅腿和椅背。椅座、椅腿和椅背看起来各不相同，为我们提供不同的服务。椅座的大小和高度适合坐，椅腿支撑着椅座，椅背则支撑着人的背部。如此，椅子便充分实现了"坐"这一功能。毛衣的袖子、领口和正身看起

---

① Goldilocks，可译为金凤花姑娘，美国传统动画角色。由于金凤花姑娘喜欢不冷不热的粥、不软不硬的椅子，总之是"刚刚好"的东西，后来美国人常用金凤花姑娘来形容"刚刚好"。——译者注

来各不相同，对应我们身体不同部位的需要。对狗来说也是一样：狗的每个独特的部位，如腿、身体和头，以不同的方式为狗服务。我们自己的身体也是一样。

世间万物，拥有名称的却只是少数。基本层级即为世界上的事物命名。这样称呼事物，无疑有助于学会辨别它们，但我们能辨别的远比能叫出名称的或准确描述的多得多。这些名称通常足以用于进行一般的交谈，但很明显，眼睛能接收的事物要多得多。眼睛能分辨出香蕉的成熟程度，毛衣的面料是柔软还是粗糙，椅座的高度是否合适，桌子的结构是否良好。眼睛可以分辨出螺丝刀是否适合螺丝钉，或者一件衬衫婴儿穿是否合身。眼睛能识别无数物体成千上万的属性，这些属性有意义，但不容易被命名，即使可以被命名，我们了解事物也早于知道其名称。

人，面部与身体很重要

像物体一样，人也有形状，也有构成形状的各部件，比如面部和身体。面部和身体在我们生活中的重要性不言而喻。那是谁？朋友还是敌人？老人还是年轻人？生病的还是健康的？本国人还是外国人？醉酒的还是清醒的？富人还是穷人？他们有什么感觉？他们在想什么？他们在做什么？他们打算做什么？如此之多的重要信息都通过面部或身体呈现出来，即我们的内在通过外在表达出来。我们看到这些信息并要迅速吸收，因为信息指导着我们的行为。虽然我们吸收信息的速度很快，但快速评估不能保证准确性。请记住**认知第一定律：没有代价就没有收益**。

在这里，收益指的是速度。试想在大草原上，在黑暗的或者甚至是光线很好的街道上，你必须避开错误，向朋友而不是陌生人打招呼，因为朋友才可能会把你的微笑理解为邀请，此时识别人脸的速度十分关键。当面对同卵双胞胎时，就可能会出现这个问题。有一次，我十分恼火一个朋友没有向我打招呼，直到我发现那是他的双胞胎兄弟而非他本人，他的兄弟完全不认识我，不向我打招呼当然好理解。我们做每件事都有关于速度和准确性的权衡，和所有的权衡一样，关键是找到两者之间最佳的平衡点。平衡点的选择则取决于两种错误代价的大小。是要错误地热情问候陌生人（朋友的双胞胎兄弟），还是漏掉问候真正的朋友？把狼误认为狗的代价可能很严重，但是把狗误认为狼的代价就小多了。

何人：面部

试试做这件事：向某人描述一个你认识的人，某人曾与这个人参加过同一场聚会，但不确定他或她是谁。这其实并不容易。只有在一些罕见的情况下，当那个人拥有显著的特征，比如有着彩色的头发或戴着不寻常的眼镜，这时任务才会变得容易一些。一般来说，每个人都有眼睛、鼻子、嘴巴和耳朵。我们会用很好的词汇来形容五官，但是这些词汇却不足以把一个人的脸和另一个人的区分开来。我们没有很好的词汇去区分一张脸和另一张脸的特征，去区分那些眼睛、鼻子、嘴和耳朵之间的，或者外表和表情的细微差别。我的三个孩子和他们的父母亲一样，都有蓝色的眼睛。我们五个人五双眼睛，五种深浅的蓝色，我永远不会把它们弄混。尽管我们几乎不可能准确地描述每个人的脸，但大多数人都能识别出成千上万张不同的脸。这种差异充分说明，识别人脸不是以语言为基础的。我们通常不需要通过描述面部来区分他们。相反，每一张脸有一个名字，这个名字的出现纯属偶然，与一个人的家庭有关，但与其外表无关。而鲜明的外表和与之毫无关联的名字之间存在脱节，这正是许多人抱怨他们永远忘不了一张脸却记不起名字的原因之一。

识别人脸和识别物体有本质的区别。一方面，识别这是谁的脸很重要，但区分这是哪把椅子或锤子，一般来讲没那么重要。通常情况下，两把椅子或锤子是可以相互交换和取代的，但作为个体的人，无论好坏，都不能被轻易取代。另一方面，我们可以通过剪影来识别椅子、长颈鹿、衬衫和香蕉，但同样的方法不适用于识别人脸。所有的脸或多或少都具有相同的特征。我们识别人脸是依靠形状内部的特征（五官），但又不仅仅是依靠特征本身。毕竟，我们都生有五官，狗和猴子也是。识别人脸的关键是这些内部特征的性质，什么样的眼睛、鼻子、嘴，以及它们是如何排列的。这是一个很困难的任务，但是我们大脑中的一个区域，即藏在大脑皮质下面的梭状回，很擅长解决这个问题。大脑的其他区域，如枕叶面部区（occipital face area）和颞上沟（superior temporal sulcus），对任何形态的面部都有反应，比如孩子们很喜欢做的鬼脸。但是梭状回对正常形态的面部更敏感。

下面是一些关于面部记忆的有趣事实。面部记忆是专门指向面部的、独立于其他记忆的能力。随着时间的推移，这种能力仍很稳定，似乎不可被训练。这也许并不奇怪，因为该能力很大程度上基于遗传。识别人脸的能力随着年龄的增长而提高，在青春期尤为显著，在 32 岁时达到顶峰。

尽管识别人脸在生活中十分重要，但并不是每个人的大脑都能有效地分辨和识别人脸。美国演员布拉德·皮特（Brad Pitt）、英国神经学家奥利弗·萨克斯（Oliver Sacks）和美国艺术家查克·克洛斯（Chuck Close）有什么共同点？当然，他们都是名人，而且在各自的领域都具有非凡的天赋。但他们共同的奇异之处是：他们都患有面孔失认症（prosopagnosia）。想要念好 prosopagnosia 这个名词得稍加练习。没错，这是个希腊语单词：prosopon 是希腊语的"脸"，agnosia 是希腊语的"不知道"，组合在一起就是"脸盲"，一个由梭状回异常引发的问题。面孔失认症患者可以感觉到他们在看一张脸，但认不出这张脸的主人是谁。令人痛苦的是，有些人甚至无法认出自己的配偶。如果你怀疑自己有面孔失认症，不要太自责，这是大脑的错。显然，在面孔失认症患者中，大脑中对面部做出反应的神经回路，与那些能够毫不费力地识别人脸的人的神经回路有很大不同。

脸盲不仅令人尴尬，同时也是一个严重的认知问题。面孔失认症也发展出了补偿机制，增强了个体分析和记忆关键特征的能力，更加关注如声音、身体和服装的特征。幸运的是，我们的大脑充满了奇迹，虽然无法识别单张人脸，但这并不影响面孔失认症患者对情绪状态的感知能力。令人着迷的是，识别身份和识别情感是在大脑的不同区域中独立运算的。

表情与情绪

如果合作是人类成功的关键，那么情绪就是合作的关键。为了和你一起工作，我需要信任你、喜欢你、对你有积极的想法。虽然人们对情绪有着各种各样的看法，但有一点是一致的：情绪可以很容易地分为积极的和消极的，喜欢的和不喜欢的，而且很快会通过行为表现出来。积极的情绪表现为接近；消极的情绪表现为回避。情绪能够迅速通过面部表情、身体和声音表现出来，会被迅速识别，且难以抑制。美国诗人 E. E. 卡明斯（E. E. Cummings）在一首诗的开篇中这样写道："因为感觉是第一位的。"这是一种后来得到研究支持的见解，并贡献了**认知第三定律：感觉先行**。

人们看到随机且无意义的形状时，在判断是否熟悉这些形状之前，就对它们有了直觉，哪怕没能认出这些形状，也会对自己曾见过的更有好感。认知和情绪是分开的系统，彼此之间的交流很慢。情绪，无论是积极的还是消极的，本质上都是一种快速升华的社会黏合剂，使人趋之若鹜或避之不及。这一基本维度被贴上了一个化学术语——化合价（valence）。在化学中，化合价是分子结合的基础；在心理学的语境下，化合价对应的是效价，效价是人与人之间的联结。情绪效价则是一种基准。

情绪不仅能在我们自己身上很快产生，也能被其他人快速感觉到，且具有传染性。打哈欠也是一样，即使传染的对象是狗。值得注意的是，狗更容易从熟悉的而不是不熟悉的人那里传染哈欠，这是社会共情的一个有力证据。人和狗似乎都会从其他人身上感受到压力。例如，听到婴儿哭闹时，狗和我们的反应类似，都是通过提高皮质醇水平来应对压力。不仅情绪会传染，持续的情绪状态也会，比如压力。如果体验他人的情绪是共情的起点，且情绪具有传染性，那么我们似乎就接通了共情这条线路。控制这一能力的脑区也很容易定位，就在耳朵后面醒目的颞顶联合区。不过，请注意"如果"和"似乎"这些条件。不是所有的情绪，不是所有的人，也不是所有时候都适用。即便条件都成立，共情的程度也未必相同。

还有其他一些值得去做的尝试：走在人街上，对着迎面走来的路人微笑。大部分情况下，路人会对你报以相同的微笑。像许多人一样，当阳光刺眼时，我会眯起眼睛。虽然我并没有意识到，但是眯眼使我看起来像是在微笑，这也经常使我困惑，为什么这么多人走到我身边时都在对我微笑？

鉴于情绪在社会交往中的重要作用，人们对情绪产生多样性的理解就不足为奇了。如前所述，世间万物林林总总，人们喜欢且需要对事物进行分类，其中有一种对情绪的理解值得敬佩。在动画片《头脑特工队》（Inside Out）中，创作者将一组基本情绪拟人化和永生化了。愤怒、恐惧、厌恶、悲伤、幸福、惊喜，这些情绪都能从面部表情中读取出来。这些表情背后有着明显的进化历程，在其他物种间作为社交的信号。基本的面部表情是根据特定的肌肉活动区分的。在全球范围内开展的实验显示，当人们看到呈现着表情的照片时，对照片中情绪的判断是非常迅速的，深思熟虑并不会改善判断的准确性。有力的证据表明，对基本情绪的判断，如对人和事物的认识，是直截了当，无须中介的。

也有观点认为，情绪虽然会被迅速表达和识别，但是和食物的味道一样，也有无数微妙的层次，难以言明。对情绪微妙变化的鉴别受到语境和文化的制约。我们可以同时感受和表达多种情绪，比如厌恶和惊讶，悲伤和愤怒，恐惧和幸福。身体和面部都能表达情绪，而且身体的情绪表达经常会超越面部的情绪表达。

据说，味道也有 5 个基本类别：甜、酸、咸、苦，以及最近加入的鲜，另外还有几种味道在竞争第六或第七。这里我们必须辟个谣：这些基本的味道不是由舌头的不同部位感知的。更重要的是，这些味道以组合的形式出现。仅仅这几种味道的组合是无法描述人们能够品尝到的无数种味道的，巧克力爱好者、品酒师、墨西哥辣味巧克力酱制造商和咖喱消费者都可以证明这一点。

面对一个事物，对其进行分类要比将其视为不区分的连续体简单得多。因为一旦使用类别，我们要记住的东西就少得多了。类别得以区分那些独特的、具有不同特征的群体，而不是许多细微的变化。有限的基本类别和我们在世界上能感觉到的无数变化之间存在一种张力，即使对于颜色这种看似简单的特质而言也是如此。有证据表明，对于一组基本的颜色，其中心色彩或最能体现这组颜色的色度，这在不同的文化中是一致的。尽管在顺序上存在争议，这些颜色的名字都在语言中或多或少地有系统性体现：先是黑色和白色，然后是红色，接着是绿色、黄色、蓝色，之后是棕色，再接着是紫色、粉色、橙色或灰色。就颜色而言，有证据表明，人们对基本颜色的灵敏度更高。尽管如此，人们也能识别出许多微妙的颜色变化，这些颜色的名字既不明确也不一致。一代又一代的孩子和怀旧的成年人都使用过的蜡笔，扩展了色彩库：蜜瓜红，红木褐，海牛灰，还有伊甸蓝，苦乐参半的珠光，山脉的威严紫，还有刺目黄，最后一个几乎很难与高亮柠檬黄区分开。

说回到情绪，美国心理学家保罗·艾克曼（Paul Ekman）和华莱士·弗里森（Wallace V. Friesen）按照消极和积极的程度把情绪分为 6 种基本情绪：愤怒，恐惧，厌恶，悲伤，快乐，惊喜。然而，我们的面部、身体、语言和语调表达的情绪要远多于这 6 种众所周知的基本情绪（这一发现由艾克曼研究得出，他也因此扩展了基本情绪清单），同情、忧虑、烦恼、失望、懊悔、怀疑、焦虑、骄傲、高兴、无聊、敌对……清单很长，而清单上对情绪的描述只有文字。描述情绪并不总是那么轻易或直接。对情绪的评估也不仅取决于面部表情，还取决于情绪是如何在面部、身体和声音中出现和消失的。此外，正如我们前面提到过的，对情绪的评估还取决于更大的语境和文化背景。

电影行业有这样一个传说。电影制作人列夫·库里肖夫（Lev Kule-shov），将一个令人心动的电影明星毫无表情的脸的一帧画面，与一个迷人的女人躺在沙发上、一碗汤或一个孩子躺在棺材里的画面依次成对搭配展示。根据所搭配的画面不同，观众会将同一张毫无表情的脸解释为欲望、饥饿或悲伤。库里肖夫效应（唉，就像很多例子一样）有时能够被复制，有时则不会。但是有很多其他研究表明，对表情的解释，无论是静态的还是动态的，都会受到文化、身体、环境等的影响。只要这份情绪清单还在，它无疑就是不完整的。

眼睛能够传达情绪吗

古谚云，眼睛是心灵的窗户，这也许不无道理。如果你对自己的面部识别能力感兴趣，你可以参加一个 5 分钟的"眼睛中的心灵"测试，已经有成千上万人参加了这个测试。它向你展示只显露真人眼睛和眉毛的照片，并要求你从 4 种情绪状态中选出眼睛所表达的那一种。平均而言，受教育程度高的人比受教育程度低的人表现更好，女性比男性表现稍好，而神经系统健康的人比患有阿斯伯格综合征、精神分裂症和厌食症的人表现得更好。已经有 89 000 人完成测试并自愿提供了遗传信息，对其进行的分析证实了这一能力的遗传学基础。另一项独立的研究则表明，同卵双胞胎的表现比没有亲缘关系的人更相似，这也成为遗传学基础的有力证据之一。

眼睛在这个过程中发挥了什么作用？还有很多东西需要我们去探索。事实上，我们通过眼睛观察世界来学习。当我们睁大眼睛，就能接收到广泛的信息。当我们眯起眼睛，眼光会变得锐利，但聚焦的区域很小。眯着眼睛看东西的感觉对我们这些近视的人来说实在太熟悉了。无论是睁大还是眯起眼睛，都值得一试。新的研究发现，眼睛的信息收集功能与情感表达有关。当恐惧和惊讶这样迥异的情绪状态出现时，人们都会睁大眼睛。恐惧和惊讶自然会激发人们对信息的广泛搜索。其他与睁大眼睛有关的情绪包括敬畏、困惑、胆怯、期待和感兴趣。相比之下，厌恶和愤怒这两种无关的情绪与眯起眼睛有关，因为厌恶和愤怒的来源非常清楚且集中。其他与眯起眼睛有关的情绪包括烦恼、不赞成、怀疑和骄傲。当看到嘴部表情与眼睛表情不协调的脸部照片时，人们对情绪状态的判断也跟着眼睛走，虽然这种不协调会使判断的准确性略有降低。

面部与个人特质

在一系列令人惊讶且又令人不安的实验中，研究人员向学生们展示了一系列两张一组的面部照片，每组照片的展示只持续很短的时间，并要求学生们判断这两个人中哪一个更有竞争力。这些照片是美国前 89 届州长竞选的候选人。研究人员还会向学生们确认他们是否认识其中的任何一张脸，如果认识，那么这组数据就会作废。值得注意的是，那些被认为更有竞争力的候选人实际胜出的概率约为 55% ～ 58%。按照要求，学生们必须快速做出判断。而在另一项重复性实验中，则要求学生们深思熟虑后做出判断，但这实际上降低了预测的准确性。竞争力判断不仅能用于事后解释选举的结果，还事前预测出了 2006 年超过 68% 的州长候选人和 72% 的参议员候选人。这种预测不仅在美国适用，在其他国家也同样适用。根据面部对竞争力或优越性的快速社会判断（这些特征的判断结果是相关的）似乎对我们的生活产生了广泛的影响，它们与司法判决、招聘雇用、薪水和军衔有关。当我们漫不经心地做着自己手头的工作时，我们的大脑似乎是自动做出这些评价的，没有明确的判断意图。

以上所述是令人惊讶的部分，那么接下来就是令人不安的部分：这些判断是不具备有效性的。也就是说，被认为更有竞争力或更具优越性的人不一定更称职或更优秀。这些判断并没有在行为上得到证实。不过，也有一些好消息。这些偏差可以通过增加其他信息加以弥补。要知道，前文所述的研究使用的都是静态的面部照片。而在现实生活中，我们可以期待掌握更多关于目标人物的信息，而不是靠单一的面部表情来进行重要的决策，这些补充信息就可以用来对抗有偏差的判断。但是，我们也必须警惕并牢记一个事实，即在学术研究实验中，让参与者对静态的面部照片快速进行判断，确实可以预测其他人的投票决定，而且似乎可以预测其他改变生活的决定，比如就业和晋升。

身体与情绪

身体也能够表达情绪。身体相比面部的优势是：它们更大。身体能够做出比面部更大的"表情"，可以从更远的距离被人们看到。通常，身体和面部作为整体一起工作，但在做实验时我们可以分离与重组面部和身体。如果面部和身体一致，表达同样的情绪，判断就会更加准确。如果面部和身体不一致，表达不同的情绪，那么在判断时，身体比面部具有更高的权重。

当两者发生冲突时，身体所表达的情绪可以压倒甚至逆转面部所表达的情绪。一个引人注目的例子来自网球比赛。球员通常用强烈的反应去表示他们的输赢。当表示成功的身体和表示失败的面部搭配在一起时，人们会认为这种反应是积极的。反之亦然，当表示失败的身体和表示胜利的面部搭配在一起时，人们会从消极的角度去理解。当面部和身体表达的内容发生冲突时，人们会根据身体表达的信息做出判断。在这些情况下，如果只有面部没有身体，即使是近距离观察照片，人们也无法可靠地进行积极或消极情绪的判断。对于这种情况，从面部可以看到情绪的强烈程度，但却很难从中判断出情绪的效价。

面部作为情绪的载体，是不应被低估的。网球比赛需要身体的有力动作，并且身体是面向大量观众的，因此在表达情绪时身体自然比面部更具优势。不过，网球比赛只是引发情绪的形形色色的情况之一。许多人与人之间的际遇，无论全神贯注还是漫不经心，都是面对面地坐着或站着，情绪主要由面部和声音传递，身体其他部位的表达则较少。人际交流通常是冗余的，可能至少一定程度上是为了减少误会：如果你漏掉了部分信息，比如，在一家嘈杂的餐厅里，你只接收到一部分信息，但也足以去理解。像许多表达和交流一样，情绪是通过面部、声音和身体来表达的，甚至在每种表达方式中都包含了冗余的信息。盲人可以从声音中把握情绪，包括韵律和词句；耳聋的人则可以从面部表情和肢体语言中把握情绪。

身体与行为

身体不仅仅能够表达情绪。正如我们在第 1 章中谈到的，身体的不同姿态可以使人进行大量的交流。身体也在这个世界上行动，做着无数需要完成的事情。当然，大脑参与其中：纹状体区，对身体和身体部位会有选择性反应，但对面部、物体和动物等其他事物则没有反应。值得注意的是，定格诸如掷标枪这样的运动中身体的照片，也会激活一个对实际运动有反应的区域，即颞叶内侧，而静态姿势的照片并不能激活这一区域。这显著表明，与静止的身体相比，运动的身体有着独特的状态。

身体传达的是行为，也传达行为的意图，而且细节细腻。在一项研究中，参与者观看一段视频，视频中的人伸手去拿一块积木。这个动作的意图有多种：为自己而拿，为别人而拿，或单纯是为了抢在别人之前而拿走。在手真正拿到积木之前，视频暂停。尽管身体的动作只有细微的差别，但参与者可以准确地分辨出这三种可能的动机。从手的形状和动作，以及视频中的人注视的方向，可以明显看出不同的意图。

在连续的自然动作中，比如做三明治或洗碗，行动者的头和眼睛在手开始伸向下一个物体之前就转向了这个物体。双手通常忙于完成上一个动作时，行动者已经在准备下一个动作。因此，行动者的头和眼睛显示了其意图，并为下一步行动提供了很好的线索。

无论是小孩还是成人，就像识别人脸一样，都能很快地识别他人眼睛注视的方向和手上的动作，并利用这些信息推断和理解他人在想什么、做什么或打算做什么。这是关于由身体传达信息的另一个重要例子，他人不需要语言就可以抓取该信息甚至对此采取行动。

地点，行为与事件的场景

最近人们在电话里问的第一个问题是：你在哪里？知道一个人在哪里就知道了很多关于他此刻的情况。很多时候，当我们去到一个遥远的地方，我们会给上一次一起在那里的朋友打电话。地点，不像物体，不像面部，也不像身体，对我们来说具有不同的意义。大脑中对应物体、面部和身体的区域中，存在对场景有选择性的区域，其中最主要的是旁海马区和压后皮质。

场景围绕着我们，而且常常"景"满为患。我们无时无刻不沉浸在一个场景当中。场景是活动的背景，我们的大部分活动都发生在特定的场景中。场景在约束和激活活动时，部分是通过场景中的对象实现的。场景中有许多不同的对象，通常包含面部和身体。场景是我们生活中所有事件和故事的背景和情景设定。场景也是一切历史事件的背景，无论是平凡的还是不朽的。因此，场景中包含着大量的信息。我们在餐馆里的所见所为与我们在邮局里、在教室中还有客厅里的都大相径庭。与物体一样，场景也有一个基本层级，即学校、商店、家、公园、海滩、森林这一层级，场景中的各个部分、对象和活动都在此汇聚。这些场景有些是室内的，有些是室外的，室内场景和室外场景是包含基本层级的上一个层级。

就像对面部的记忆一样，我们对场景的记忆也是非同一般的，以至于很多年来，文学界都有一场竞赛，比拼人们能记住多少幅场景图片。奖品颁给了能记住 10 000 幅图片的人。一般来说，人类对图片的识别能力是非常强的，对生动图片的识别能力甚至更强，而且都比识别文字的能力要好。需要着重说明的是，上述对图片的记忆测试有两种方法。在一个实验中，参与者看到的是成对的图片，其中一张是已经看过的，另一张是全新的。参与者的任务是在每一对图片中选出那张熟悉的老照片。在另一个实验中，图片被一张一张地呈现出来。其中一半是参与者看过的，一半是全新的，随机混合。参与者依次判断每张图片是熟悉的还是全新的。一般来说，如果新的场景图片与旧的有很大的不同，区分新旧的任务就变得相当容易。但是当图片更相似时，识别的准确度自然下降，就像我们试图区分同卵双胞胎时一样。

变化盲

接下来我们要讲的内容看起来似乎是一个悖论。我们太倾向于看到场景的要点而忽略场景的细节，不去注意场景的特征何时发生变化，即使这些特征非常重要，这种现象被称为变化盲。网上有很多论证演示，各位可以找来试试看。不少论证演示展示了几组场景看似相同实则不同的照片，在城市里，在湖边，在机场，都人满为患，快速交替展示这一组组照片。每组照片除了一张有一个重要特征发生了变化外，其他都是一样的，例如，一架大型喷气式飞机的发动机不见了，或者一艘摩托艇的电池不见了。观看者经常会感觉到某些东西发生了变化，但即使在多次重复看这组照片之后，也很少意识到是发生了什么变化。

变化盲在现实生活中常有发生。在一次令人印象深刻的论证演示中，一名20多岁的男学生在大学校园里问路。当路人对着地图用手势说明道路时，抬着一扇大门的一群人从他们中间穿过。这里用了一个魔术师的惯用技法，问路的男学生与另一个男学生交换了位置，后者也是20多岁，是本来抬着大门的人。结果，只有不到一半的路人注意到问路的男学生换人了。诚然，两人都是年轻人，身材和衣着都差不多，而且路人一直是盯着地图而不是男学生的脸在看。但即便如此，也不应该没有意识到和他们讲话的人已经换了。这种技巧，在参与者不注意的情况下改变一个现场场景的中心特征，已经被演示了很多次。环顾四周时，我们看到的是一个细节丰富的世界。但我们只是看着这个世界，并没有去记忆所有细节。只要能看到那个世界，我们就可以以之为参照，却不需要记住全部细节，我们只需要知道自己在哪里。

变化盲是**认知第一定律"没有代价就没有收益"**的另一个例子。在这里，收益是指快速获得意义。如果我知道事物的意义，就知道该期待什么，该怎么做。代价在这里指细节。比如，公园里有一块场地，场地上正进行一场足球比赛，所以我最好绕着走而不是横穿，此时，是否有垃圾桶或灯光并不重要。又比如，我给另一个迷茫的陌生人在校园里指路，重点是专心解释地图上的路线，之后我也不会见到那个人了。或者我要去的是一条购物街，那么我最好要做好与人群接触的准备，此时路边是否有修鞋店或干洗店就不重要了，除非那正是我的目的地。当乘客登上飞机时，乘客并不会在意引擎，即便引擎对飞机很重要，但对此刻的乘客来说并不重要。

类别比维度更易理解

世界给予我们的不仅仅是类别，它还给了我们连续性，即事物展现的不同维度。食物不仅仅是酸的或甜的，每种食物的味道都有不同的层次。人不是只分为高的和矮的，他们都有具体的身高。

在这一章中，我们了解到，大脑如何迅速地形成了对我们生活最重要的人、地点和事物的分类。这些类别中有许多是过于确定的，也就是说，某一类别的成员有许多共同的特征，这些特征使其与其他类别区别开来。形形色色的衬衫有许多共同的特征，且在许多方面与裤子相区别。土豆和西红柿，椅子和地毯，足球场和杂货店，海滩和邮局等同样如此。这些特征以捆绑的形式出现，彼此间高度相关。家具或服装等常见类别的成员通常有许多共同的特征，这些特征是其他类别所不共享的。鸟有羽毛，可以产卵，还会飞，狗就没有这些特征。上一个例子中进行对比的两个类别属于同一个上级类别，乐器和蔬菜在共性和差异性的特征上要极端得多，它们的重叠特征很少。

共享许多特征，并在另一些特征上与其他类别不同，使得分类既快速又准确。在准确分类的前提下，还能够做出许多可能正确的期望和推论。比如小心用刀，用玻璃杯喝水，坐在椅子上，吃一口苹果，踢足球。分类思维使日常生活过得轻松顺畅。一旦我们知道某件东西属于哪一类，我们就会对它有更多的了解，知道它能做什么，知道我们能用它做什么。类别非常有用，我们用类别来整理物品，以及我们的思维和生活。

但是，我们生活中有一些重要的东西无法被如此轻易地归类。它们所具有的共性和差异没有产生群组和边界，相反，属于不同类别的东西可能在一个重要的特性上有所不同，但在其他特性上可能没有差异。然而，分类思维依然存在。以国籍为例，国籍是一个含义非常丰富的类别，对我们的生活有很大的影响。它也允许我们借助这个概念对自己和他人做出某些推断。在遥远的北方国家，人们的饮食、住房和衣着可能与赤道国家的有所不同。为了适应不同的气候特征，甚至可能存在进化上的差异。在瑞典北部，人们的饮食主要依赖家畜的奶，因此进化出了使他们成年后也能够消化奶的基因。中国人的饮食以农作物为主，成年后大部分人存在乳糖不耐受。尽管如此，瑞典人和中国人都有头、胳膊、腿，能吃会笑，身穿衣服，都能长大成人，组建家庭，工作，享受友谊。

国籍可能允许对相关特征进行一些推断和猜测，但由于世界各地的人们在无数方面有着共同点和不同点，所以很多特征与国籍并无关联。其他归类方法也是如此，尤其是人的分类。儿童和成人，城镇人和乡村人，政治家和记者，小熊队球迷和白袜队球迷，穷人和富人，女性和男性。这些都是重要的分类。以这种或那种方式投票或表达崇拜的人可能有一些共同的特点，但他们之间的差异也有很多，与其他类别的人相似的地方也多得多。不相关的特征在重要性上可能远远大于少数相关的特征。然而，考虑维度上的细微变化比将事物归为总的类别要困难得多，为此我们需要将很多事情纳入考虑并牢记在心。相比之下，分类就容易多了。但是，别忘记**认知第一定律：没有代价就没有收益**。

瑞典卡罗林斯卡学院（Karolinska Institute）受人尊敬的汉斯·罗斯林（Hans Rosling）教授，因公众乃至世界上杰出的政治和经济领导人对全球状况的许多误解而感到沮丧。他在 TED 演讲中讲述了近来世界经济的戏剧性发展，仿佛这是一场进行中的激烈足球赛。人们对经济和社会发展的许多误解，都来自非黑即白的分类思维，特别是把国家划分为贫穷和富裕两类，认为贫穷的国家没有电力、教育、干净的水和医疗保健，富裕的国家拥有以上全部甚至更多，贫穷和富裕中间什么都没有。大错特错！受过高等教育的人大大高估了世界贫困人口的比例，错把 20 世纪 60 年代世界的真实情况当成 21 世纪的。他们还把经济条件简单地分为"穷"或"不穷"，忽视了贫困的不同程度。

罗斯林找到两种方法来帮助人们根据维度而不是绝对的分类去思考问题。第一，将世界划分为 4 个而非 2 个类别，并标记它们的层级，以表示一种流动的维度，而不是两个固定的类别。第二，他生动地将全世界的人口用硬币来表示，每个硬币代表 10 亿人口，总共有 7 个硬币。照片中描绘的财富水平显示了各个层级的人如何获得水，如何在这个世界上流动，如何做饭，以及他们吃什么。第一层级的生活符合我们对贫困的想象：人们每天约挣 2 美元，用水桶从河里运水，种植的农作物仅能供自己食用，靠收集来的柴火做饭。但在 2017 年，全世界 70 亿人口中，只有 10 亿人生活在这一层级，而不是大多数受过教育的人估计的数量。第二层级的 30 亿人一天能有 4 美元的收入，出行靠自行车，有罐装燃料用于做饭，种植的农作物除了自己食用还有剩余，饮食也多种多样。更重要的是，孩子们有学可上，包括女孩。第三层级的 20 亿人每天挣 16 美元，有自来水、电力和摩托车。他们可能会做多种工作，但孩子们只能上到高中。至于第四层级，我们都非常熟悉，大部分西方国家的人都是属于第四层级的 10 亿人。请注意，从一个层级跳到另一个层级的关键在于从一个地方到达另一个地方的交通方式：从步行到自行车，从摩托车到汽车。

罗斯林用以上两种令人信服的方法来纠正分类思维及其带来的误解。这两种方法都是基于空间认知的。第一种方法是使用数量较少的层级，而不是两个极端的类别。4 个类别正好适合短时记忆，我们可以记住 4 个层级，但要记住许多细微的分级是很困难的。第二种方法是通过吸引眼球的描绘来理解层级和数量。也许罗斯林的方法可以鼓励多维思维，消除我们对生活中其他领域的误解。

从罗斯林的分析中还可以得到另一个收获：经济的流动性与空间的流动性密切相关。在空间中移动得越远，就越能开启经济上的可能性，甚至能为我们提供许多机会：在空间中接触和了解更多途径，接触新的视角，认识新的人、地点和事物，从而与之互动学习。在空间中走得越远，就越有机会增加可以提升生命价值的幸福感。

思维能超越感知

回到对我们周围世界的感知。变化盲的各种表现显示了两个重要现象：一是我们以为自己正在接收一个生动、清晰、连贯和完整的世界影像；二是事实上并非如此。在许多情况下，直接的印象是基于推理而不是感知的：如果是厨房，那就应该有水池和冰箱；如果是教室，就应该有桌子和黑板。似是而非的推理代替了思维各个领域的直接知识。因此我们得知**认知第四定律：思维能超越感知**。

　　也就是说，脑中所想可以覆盖感知到的东西，或者从更宽泛的意义来说，假设凌驾于感知之上。让我们先来了解一下对熟悉物体进行感知的实验。在几年前的一个实验中，给一组学生展示一些相当熟悉的物体的模糊、失焦的照片，然后让他们猜看到了什么，并在照片逐渐对焦的过程中继续猜测。另一组学生则直接看清晰的照片。当然，你会认为先看到模糊照片的小组会更快地识别出物体，甚至早于看到完全聚焦清晰的照片之前。很遗憾，你错了。那些看到模糊照片的人往往会对他们看到的东西产生错误的假设，这些错误的假设阻碍了他们在逐渐清晰的视野中识别物体。可以推测，他们会继续按照最初的假设来解释其所看到的影像。

　　这种假设凌驾于事实之上的现象既发生在认知中，也发生在感知中，就像许多知觉现象一样。我们所持有的假设、推论或信念使我们对事实、对所见的解释产生偏差，这样的例子数不胜数。在一个经典的实验中，普林斯顿大学和达特茅斯学院的学生都被问及和对方学校之间的一场特别艰苦的足球比赛，在这场比赛中判罚了许多点球并有几名球员重伤。当被问到是哪边开始粗野打法时，86% 的普林斯顿学生说是达特茅斯队这样做的，但只有 36% 的达特茅斯学生也这样讲。同样，93% 的普林斯顿学生，以及仅仅 42% 的达特茅斯学生认为这场比赛既粗野又肮脏。后来，普林斯顿学生观看比赛影片时发现的达特茅斯队的违规行为是达特茅斯学生发现的两倍多。由此我们可以得到一个不可避免的结论：在普林斯顿大学和达特茅斯学院的学生们眼中，这场比赛是不一样的。

　　自以上研究以来，许多其他研究再次表明：我们自己的出发点、观点或假设，会使我们的感知产生偏差。我们更可能注意到的是支持我们假设的证据，而不是反驳假设的证据。当我们发现反证时，我们可能会忽略它，把它解释为异常。每个人都容易产生确认偏差：我们会积极地寻找能够确认假设的证据，而对反证视而不见，即使没有对某个假设投入个人意识，我们也会这样做。收集证据证明一个主张是真实的，这似乎是理解该主张的核心。看到远处有一个人，那是多年没见的表弟吗？身高合适，头发的颜色也对，身材也符合。听到的关于朋友的惊奇故事，或者读到的关于政治家或科学发现的新闻，会是真的吗？我们会首先寻找与表弟的外貌或与朋友的故事相符的信息。在否定一个主张之前，我们必须先要获得证据。寻找确凿的证据作为一个起点是有意义的；如果根本没有任何确凿的证据，就应该放弃这个假设。但是，寻找确凿的证据不应该使我们对反证视而不见，或者不去寻找可能与假设相悖的证据，甚至在面对这些证据时不假思索地视而不见。这样做会带来可怕的后果。

一位评审过几十个支持或反对确认偏差实验的学者这样总结道：

> 最后，我认为确认偏差的存在是普遍且强势的，我也评述了我认为支持这一主张的证据。深思熟虑的读者肯定会想到，我所做的事情本身就是在工作中执行了确认偏差的一个例证。我很难排除这种可能性，这样做等于否认我所说的一般规则的有效性。

我们会自然地为假设寻求证据支持，而且这些假设会使我们对反证视而不见。这对感知来说很普遍，而感知的真实即所有思维之真实。由此得出**认知第五定律：认知反映感知。**

我们将反复回到这个主题。空间思维反映在抽象思维上，反映在社交思维上，反映在认知思维上，反映在思考人的行为方式上，反映在艺术思维和科学思维上。思维意味着思考，不管是什么领域，空间思维是我们存在的核心。把食物放进嘴里，找到我们的人生道路。开展日常生活中的大部分日常工作，整理我们的物品，在世界上四处走动。我们离完美的空间思考者还有很远的距离，无法感知到一切，太多的事情发生得太快，所以我们依赖似是而非的推论。我们无法保证推论和判断是否真实，因为我们的身体或大脑中没有客观的测量仪器。因此，我们必须依靠其他机制，而它们是不完善的，甚至可能是有偏差的。在对身体和身体周围空间的描述中，我们看到了偏差，在对更大世界的描述中有更多的偏差。尽管如此，我们的空间思维能力比抽象思维能力要好得多，经验也更加丰富。抽象思维本身可能要难得多，但幸运的是，它通常可以以某种方式映射到空间思维上。这样，空间思维就可以取代和构建抽象思维。

人、地点、事物，我们生活的背景

我们被生活中最重要的东西包围着：人、地点、事物。它们构成了我们生活中事件的背景。我们区分认识的人和不认识的人；从他们的面部表情和肢体动作去猜测出他们在想什么、感觉什么、做什么和交流什么。我们知道如何与周围的物体互动，这些物体会向我们透露许多信息。我们知道周围可能有什么物体和哪些行为。大脑有专门的区域来识别人、地点和事物，能让我们在短暂的一瞥中识别出它们是什么，眼睛都不需要转一下。

大脑和心智都喜欢把东西归类。区分类别比区分多重维度要简单得多。而且令人惊讶的是，类别承载着易于观察到的大量意义。我们的面部和身体承载着身份、情感、意图、行动以及交流。事物本身即对我们有所启示：事物能为我们做什么，我们能用事物做什么。地点告诉我们它们是什么，我们能在其中做些什么。意义的出现无须语言，或者说，意义出现的速度远远超过了语言的表达效率。我们通过这些意义来理解正在发生的事情，并协调我们自己的行为。我们还用它来想象从未存在过的世界。正如意义的表达可以无须言语，思考同样如此。美国物理学家理查德·费曼（Richard Feynman）小的时候就有了这样的见解：

> 我小时候在纽约市皇后区的远洛克威（Far Rockaway）长大，有个朋友叫伯尼·沃克（Bernie Walker）。我们俩在家里都有一间"实验室"，我们会做各种各样的"实验"。有一次，我们在讨论一件事情，当时我们已经十一二岁了。我说："思考不过是在内心里自言自语。"
>
> "哦，是吗？"伯尼说，"你知道汽车曲轴的形状吗？"
>
> "是啊，怎么了？"
>
> "很好。那么告诉我，你在自言自语时是怎么描述它的？"
>
> 于是，我就从伯尼那里学到：思考既可以是视觉的，也可以是言语的。

Mind
in Motion

第 3 章

我们周围的空间：
这里、此刻、那里、那时

在本章中，我们研究了身体周围的空间以及导航时探索的空间在思维和大脑中的表现方式，为整本书的推理前提提供支持，即空间思维是抽象思维的基础。

我们身边的世界

　　了解我们周围的空间似乎很容易，只要看一看就行了，一切尽在我们眼前。但是我们的头在动，眼睛在动，身体也在动。周围五光十色的世界随着我们眼睛的移动而不断变化。即使在看不见的时候，我们也会追踪曾经在视野中而现在却不在眼前的世界。那里有什么？东西都在哪儿？你可能无须回头就知道你背后有什么。当你坐在椅子上而不回头看，当你上下楼梯却不盯着自己的脚，当你回到家里去拿你放在壁橱里的伞……你依赖的是一个大脑中的世界，而不是可见视野中的世界。当我在曼哈顿市中心散步，有人问我怎么才能去卡内基音乐厅（这种事真的经常发生），我会忍住说"努力练习啊"的冲动，告诉他们怎么去那里，尽管当时我并不能看到卡内基音乐厅。看不见的大脑中的世界是一个框架世界，不像可见的视野中的世界那样准确而细节丰富。我们对事物位置的感知是以一种心理空间框架的形式存在于大脑中的，这个框架随着我们的移动而更新，随着我们经验的增长而扩大。

大脑创造并承载着几种不同的心理空间框架。与现实生活中的框架、书架、橱柜以及铁路和公路网络一样，心理空间框架的格式可以被反复使用，框架的内容也可以重组和替换。心理空间框架可以用来存储和组织我们的任何理念与想法，而不仅仅是地点和地标。由此，我们得到**认知第五定律"认知反映感知"**的必然结果：心理空间框架可以组织思维——任何思维。

一个基本的三维空间框架的核心，是你或者你的一个剪贴画小人儿形象。这是一个以身体为中心的框架，代表身体周围的事物是以身体为参照的，而不是相对于整个世界的。大脑创造了一个心理空间框架，一个想象中的剪贴画小人儿以身体为原点建立三个轴：前—后轴、头—脚轴和左—右轴，并把身体周围的东西依附在这些轴的延伸范围内。随着身体的移动和转动，心理空间框架也随之不断刷新。毕竟，它是时刻追随你的。

你处于你的心理空间框架的中心，周围的一切相对于你自己的身体不断更新，但这并不意味着你不能离开你的框架去进入别人的框架，也并不意味着你不能从别人的角度看问题。恰恰相反，正是因为我们善于追踪身边的事物，所以我们也善于跳入别人的框架中，善于从不同的空间视角出发，即使它与我们自己的视角相冲突。我们只是把不同的东西挂在前后、上下、左右的维度上，进入一个不同的世界。这就是为什么即便你既不在办公室也不在家里，但还是可以说出从办公室到家的路线。

心理空间框架可以让你的视角完全置于想象之中。就像你在阅读小说时，脑中可以根据书中描绘的情节创作出一部电影。事实上，用文字在脑海中创作一部电影，正是对上述论点的有力支持，而这也会引发你的思考：证据到底是什么？这意味着需要进入实验室论证。

我们从两个问题入手，这两个问题的答案最终会趋于一致。我们想了解大脑中围绕身体创建的世界模型，还想了解单靠文字创造的心理意象的本质，即当你阅读时，电影画面就会在你的脑海中流淌。在此之前，大多数关于心理意象的研究都是从图片开始的，而不是文字。关于心理意象的研究大多集中在事物、动物、物体等的视觉形象上，而对空间意象的研究较少。

一出生就失明的人也可能会拥有很出色的空间意象，即便他们没有任何视觉意象经验。研究语言创造的空间心理模型，要比研究由图片创造的心理意象面临更多的挑战。我们在这里所讲的故事远不如畅销书上的那些故事引人入胜，但至少它们能让你读下去。我们写的故事先是把"你"放在各种各样的环境中，在博物馆里、歌剧院里、建筑工地上，等等。每一个故事都把"你"放在一个空间泡泡的中心，其上下、前后、左右都有具体的对象。

这是某个故事的开头部分，关键对象已经被加黑标识，但在参与者阅读的时候却没有。

你来到歌剧院，试图巴结上流人士，和感兴趣的上流社会成员见面聊天。此刻，你正站在一个宽大优雅的阳台栏杆旁，俯瞰一楼。在你的正后方，和你视线持平的位置是一盏安装在阳台墙上的华丽灯具。灯的底座连在墙上，是镀金的。就在你的正前方，你可以看到一块巨大的青铜牌匾，它被安装在阳台上方相邻的一面墙上，是献给设计歌剧院的建筑师的。一个建筑师的简单肖像，以及关于他的几句话，在青铜背景下微微凸起。你右边的架子上放置着一束美丽的花……

在人们了解了环境之后，不同版本的故事将环境中的物体在空间中旋转、滚动，上下颠倒。这是虚构的，不需要杂技去实现。值得注意的是，人们在了解这些环境甚至更复杂的环境时没有任何困难，只需想象自己在其中移动，并像平时一样追踪周围的一切。每次移动之后，人们会被问到身体的各个方向上现在都有什么。前面是什么？你的头上有什么？你的右边是什么？任务很简单。当人们在想象中移动时，会很容易追踪周围的事物；他们很少犯错。我们感兴趣的是，人们在各个方向上是如何迅速地检索物体的。故事叙述的位置这个角度是不可预知的，因为物体的位置通过抛硬币来选择，但是我们怀疑人们对某些以身体为原点的方向反应得比其他方向快。我们还询问了人们是如何完成任务的，但他们的报告含糊其词，而且在许多情况下与他们自己的数据相矛盾。无论如何，作为优秀的科学家，我们相信参与者的数据能告诉我们其大脑在做什么。这些数据也的确做到了。

在摆出数据之前，让我们先来了解理论。如果空间思维像数学思维，那么在所有方向上应该都是等价的，人们对任何方向上的事物的反应速度也应该相同。但是，空间思维不同于数学思维，人们对有些方向的反应速度比其他方向的要快。哪个方向更快取决于身体的不对称性，世界的不对称性，以及身体与世界的协调性。以身体为原点的三条轴，在感知和行为上有很大的不同。其中的两条轴，前—后轴和头—脚轴，在感知和行为上都有明显的不对称。

前—后轴似乎更为关键，因为它将容易感知和操纵的世界与看不见或不易互动的世界分开。我们的眼睛朝前，耳朵和鼻子也一样。还有胳膊和腿。除非我们是手艺熟练的魔术师，否则我们的胳膊和手更容易在面前做事情，而非在背后。同样，向后行走也很别扭。我们的头可以旋转，但是做不到360度旋转，所以向后转需要整个身体的参与。因此，无论是输入还是输出，感知还是行为，都是不对称的、朝前的。

相比前—后轴，头—脚轴产生了更多的不对称，尽管没有前—后轴那么强烈。我们的头和大部分感知器官，如眼睛、耳朵和鼻子，是集中在身体的顶端。但是，在空间中的移动是由我们的双脚控制的，毕竟大多数人都不会花太多时间用手走路。

最后，我们来看左—右轴。在大多数情况下，我们的身体左右对称，两条手臂，两条腿，一个对称的躯干，一张对称的脸。诚然，世界上大多数人都是右撇子，不管哪只手占主导地位，利手都很重要，但提重物需要双手和两条手臂，走路需要双腿和双脚。所有情况都相同时，人们应该会更快地接触到在较显著和明确方向上的物体。

世间万物并非全都平均对等。如果只关注我们自己的身体，那么在反应速度上，前—后轴最快，头—脚轴次之，左—右轴最慢。我们置身的世界也有三条轴，但只有一条轴是不对称的，即重力所赋予的上—下轴。当然，地心引力对我们的身体施加了巨大的约束，包括我们的外表和世界上一切事物的外表，以及我们的行为。它把我们拉向地表，使上坡比下坡更难。当我们直立时，而不是躺在沙发上或在床上辗转反侧时，我们第二突出的轴（头—脚轴）与重力方向对齐。在想象中，当我们直立的时候，我们最快接触到的是上面和下面的物体，然后才是前面的和后面的，左—右轴的是最混乱也是最慢的。但是当我们躺下翻身时，身体的任何轴都不会与重力对齐，我们对前面或后面物体的反应最快，其次是头—脚轴的，最慢是左—右轴的。

变换视角，从对方的角度思考问题

既然这种模式起作用了，就让我们在此基础上更进一步。我们把物体放在冰箱等无生命物体的周围，而不是人的周围；参与者可以毫不费力地从冰箱的角度去看待这些物体。我们写了个故事，故事中有两个剪贴画小人儿分别在两个空间泡泡的中心，四周是不同的物体，并要求人们以半交替的方式看待身边的事物。参与者不会混淆哪些物体是围绕着谁的，并且可以随着剪贴画小人儿的方位变化跟踪物体的位置。我们还要求参与者从剪贴画小人儿和眼前的霍默·辛普森（Homer Simpson）玩偶的角度来观察。对参与者而言，这些也很简单。不同实验版本的时间模式有些不同，但都在可预测的程度内。最重要的发现是，在想象中，人们可以轻松地从许多不同的角度看问题，甚至是从无生命的冰箱和面前霍默·辛普森玩偶的角度。

然而，上述所有的寻找和发现都是在想象中的。接下来，在人们搜索真实的周围环境时进行提问。人们给出的答案是不同的，这取决于他们对环境是陌生的还是熟悉的。当人们第一次进入一个全新的环境时（比如在实验室里模拟），他们需要查看各处都有什么，这样才能回答诸如前方有什么，上面有什么，左边有什么的问题。在搜寻的时候，离他们的视角更近的物体是最快被看到的。在一个全新的环境中，人们能够最快说出他们正前方所见的情况，其次是正对着他们的头上、脚下、右边或左边的物体，最后报告的是他们身后的东西。但人们通常很快就了解周围的环境，无须再去搜寻，因为他们已经对什么东西在哪里了然于心。这之后，他们的回答速度会变得更快，与前文那些从语言描述中了解环境的人一样：由于不对称和重力的存在，他们的回答最快的是涉及头—脚轴的物体，其次是前—后轴的，最后是左—右轴的。

这是**认知第四定律"思维能超越感知"**的另一个例子。我们并不总需要用眼睛去看，即使答案就在眼前，因为记忆凌驾于知觉之上。有时候在大脑中寻找信息比在真实世界中搜索要快得多。

围绕着剪贴画小人儿的空间泡泡是可移动的。它不是让我们停留在自己此时此地的视角中，而是使我们能够去到彼时彼地。不管是在想象中还是现实中，只要我们能把物体和地标挂在适当的附属物上，就可以从任意视角去观察这个空间。我们可以从面前某个人的视角出发，即使这个人的视角与我们自己的相冲突。下面的任务说明了这一点。人们看到了一张如图 3-1 所示的照片，一个年轻人，我们叫他帕特里克，坐在一张桌子前，他的右边是一瓶水，左边有一本书，他正在看那本书。

图 3-1　坐在桌前的帕特里克

他的左手手掌向下，在书的上方移动。参与者被问道："相对瓶子而言，他把书放在哪里？"我们感兴趣的是：参与者会说"左边"，即从帕特里克的角度回答，还是"右边"，即从参与者自己的角度回答。许多理论家和外行都宣称或假设人们以自我为中心的视角是首要的，而采用其他视角是不自然和费力的。这一观点在直觉上是令人信服的。毕竟，我们用自己的眼睛看世界，以自己的身体和以自我为中心的视角来体验这个世界。虚拟现实让我们有机会从其他角度、从别人的自我视角看世界，但即使这样，也是从一个单一的角度去看的。尽管有理论、直觉和声明，但事实上，在实验中却是更多的参与者采用了帕特里克的视角，而不是以自我为中心的、参与者自己的视角。更多的人回答"左边"而不是"右边"，就像是站在帕特里克的位置而不是自己真实的位置。自发地左右颠倒更令人印象深刻，因为区分左右是很难的，人们经常混淆这两个概念。问题的关键似乎在于行为。当问题并不暗示行为时，也就是"相对瓶子而言，书在哪里"，很多人也采用了帕特里克的视角，只是这时的人数比问题暗示行为时采用帕特里克视角的人数要少。当帕特里克从场景中消失时，绝大多数参与者都采用了以自我为中心的视角。64 名参与者中有几个人似乎是从面对墙壁的角度回答问题，但更有可能他们只是混淆了左右。

仅仅观察一个人的行为就会诱导我们采用他们的（空间）视角。第 1 章中回顾镜像系统的研究已表明，观察他人的动作会在观察者的身体中产生运动共振，即我们天生会将他人的行为内化。但采用他人的视角不仅仅是这样的：是把自己放在他人的位置上。观察行为可以引发视角的采择，这有两个关键原因。一是我从你的角度去观察可以理解你的行为，进而自己也能够去执行这个动作。我们的许多行为都是通过观察甚至模仿习得的，从网球发球到操作售票机，我们学到了很多不同的动作。二是我可以从你的角度来理解你的行为，以便为我自己的动作做好准备。你在扔东西给我吗？好的，那么我就准备好伸手去接。你在扔东西打我吗？那我最好赶紧躲开。

地图，扁平化的框架

以身体为中心的框架，即使是可移动的，也有其局限性，这是进化过程带来的严重缺陷。以身体为中心的框架，其定位的客体和地标是相对于"你"，也就是位于中心的剪贴画小人儿而存在的，但此时客体和地标之间并没有这种相对关系。以身体为中心的框架是以自我为中心的。为了从更宽泛的层面探讨空间的含义，我们需要把自我从空间中剥离出来，形成一种非自我中心的表征。以自我为中心的框架，以身体为原点，有助于追踪"你"的行为，有助于采用他人的视角，也有助于想象其他视角和其他地点。但这并不是一种表示客体和地标之间相对位置的有效方法。当然，我们也可以像老鼠及其他生物一样，把框架扁平化，将其呈现为一个平面，去掉剪贴画小人儿形象。像地图一样，将框架降级成一个平面，不仅吞噬空间中的剪贴画小人儿，还消灭了高度，即垂直维度。我们大脑中的扁平框架更像是一个地方的二维示意图，而不是你手机里的 GPS 地图。虽然大脑中的框架网络作为一种网络，不能捕捉到地点之间的距离和方向，但是大脑却能捕捉到其中的一部分，正如我们即将看到的，对空间内容的一些简化和扭曲。

人类最了不起的成就之一就是创造地图，对一个大空间，一个超越视野的大空间进行抽象和缩小，并把这个缩影放在一个虚拟的页面上。我们对世界的主要经验来自包围着我们的空间泡泡，随着我们的移动，我们周围的环境也在不断更新。然而，几千年前，人们就已经开始制作非自我中心的地图，拥有包含地标和彼此相连的路径（扁平框架）的广阔视野，这一视角带来了远远超过人们从单一地点所能看到的内容。创建地图意味着要整合许多不同来源的经验，并将它们展现在一个平面上。其中一些经验来自移动的空间泡泡，但另一些可能是间接的，来自他人的报告或草图。

新事物不断变化，这是既定的，而最古老的东西也在不断变化。随着新的考古遗址的发现，已知最古老的地图出现的年代一直在不断前推。当然，我们不太可能找到真正最古老的地图，因为它们可能是用棍子和石头排列的，或者是在沙滩上画的，或者是用手在空中比画的，不太可能保留下来。幸存下来的地图要有坚固的形态，比如刻在石头上或画在洞穴的墙壁上。目前已知最古老的地图是在西班牙北部的一个洞穴中发现的一块雕刻的石头，可以追溯到13 600 年前，远远早于书面语言，你将在第 8 章看到这幅地图。它展示了山川、河流、小径分布的地形和动物，人们猜测它是一种狩猎辅助工具，也可能讲述了一个狩猎的故事。这张地图以及之前许多最古老的地图所共有的显著特点在于：同时展示了两个视角，即道路、河流和山脉的全景视图，以及呈现出环境、山脉、建筑物和动物等的显著特征的正面视图。过去和今天的许多地图都是这样做的，虽然它们并不符合官方制图学的标准。然而，这些地图似乎在讲述其所描绘的领地的故事，这些故事的叙述可以从不同的位置进入或退出。这些地图可以用来讲述许许多多不同视角的故事。

脑海中的地图，空间及其他

我们脑海中的地图也是如此。我们现在从思维开始，从有机体的思想、判断和行为，到大脑，再到这些事物背后的神经基质。要把思维和大脑分开几乎是不可能的，因为两者通过行为联系在一起。正是通过有机体的行为观察大脑，我们才能够推断出神经基质。举一个核心例子，导航的神经基础，它将引导我们从现实空间转向概念空间。

几年前，神经科学家学会了在单个神经元上放置微型电极来记录每个神经元的兴奋程度。这种方法经常被用在老鼠身上，它们可以自由移动，并不会注意到附加在头上的装置。老鼠生活在巢穴里并四处觅食，所以它们需要记录自己在哪里以及如何从那里回家。这一行为的关键，一是地点，即如何识别环境中的稳定点，二是地点的空间布局，即如何从一个地点到达另一个地点。老鼠的海马和邻近内嗅皮质神经元中的单细胞记录揭示了这两种情况，对位置做出反应的单个细胞位于前一区域，而与地点空间排列对应的细胞空间排列则位于后一区域。

自 20 世纪 70 年代以来，几十项研究表明，当老鼠处在其所探索领域中的特定位置时，老鼠海马中的细胞会发生反应，一些细胞负责一个地点，另一些细胞则负责其他地点。然而，海马中的位置细胞并未组成空间结构，所以海马是如何作为认知地图发挥作用的，这一点我们还不清楚。

20 世纪 90 年代，科学家在老鼠的脑中发现了将位置细胞组织成空间结构的细胞，这些细胞与海马相邻并紧密相连，被称为网格细胞。网格细胞这一名称的来源，是因为此类细胞被布置在一个二维的表面上，就像地图的网格一样，而且激发模式也是网格状的。正是运动，即老鼠探索环境时它们小脚的奔跑跳跃，在网格细胞上建立了空间布局。然后网格细胞就成了地图，允许老鼠以任何顺序从一个地方到另一个地方。网格的边界与当前正在探索的环境中的自然边界相对应。当老鼠探索一个新的环境时，这组网格细胞会被重新用来绘制新的边界和位置。这些边界作为其中一组位置的参考系，参考系和它所支持的数组都在不断变化。活跃的网格细胞组是针对本地环境的，而不是像一些夸张宣传所暗示的面向世界的坐标。更重要的是，网格细胞组可以反复使用、重新校准和重新定向。

2014 年，因为位置细胞和网格细胞的发现，美国神经科学家约翰·奥基夫（John O' keefe）、梅 - 布里特·莫泽（May-Brit Moser）和爱德华·莫泽（Edvard Moser）获得了诺贝尔奖。奥基夫和林恩·纳德尔对响应老鼠头部方向的位置细胞和头部细胞做了开创性的研究，这两种细胞都位于海马中。莫泽夫妇是在奥基夫的实验室做博士后期间，领导了对网格细胞的研究。

当人们探索环境（以扫描仪中的虚拟世界为典型场景）时，代表局部认知地图的网格单元会在人体内被激活。事实上，在许多哺乳动物中，用来表示认知地图的网格细胞基质似乎非常相似。重要的是，网格细胞组中的空间表征是点到点、非自我中心的，即非自我中心的空间表征是从一开始就存在的，即使是在婴儿时期。

位置细胞和网格细胞这两个部分是决定空间定向能否成功的基础。失去其中任何一个都会让人迷失方向：如果认不出周围的环境，这要怪位置细胞；如果想不通周围环境是如何融入更大的世界的，这就要怪网格细胞了。

空间定向障碍的对立面，是绝佳的方向感。伦敦的出租车司机就是这样。伦敦是一个大城市，道路四通八达，连接着曾经属于几十个村庄的区域。在伦敦，要成为一名合格的出租车司机，准司机们需要学习至少 320 条基本路线，穿越过 25 000 多条街道，包括 20 000 多个地标。这一过程一般需要 2 ~ 4 年的高强度学习才能掌握。这种高强度的教育过程改变了大脑！一则研究报道表明，开出租车的时间越长，司机大脑中的海马后部就会越来越大。

进化喜欢赋予旧结构新的功能。比如我们的嘴，原本只是用来吃东西的。现在，我们仍然用嘴吃饭，但可能会花更多的时间用嘴说话。有许多人学习吹口哨，有些人还会唱歌或吹长笛。所以对大脑来说，旧的结构在进化和发展中都能获得新的功能。在老鼠大脑中，海马和内嗅皮质主要用于导航，用于记忆地点和地点之间的路径。在人类大脑中，海马、内嗅皮质和其他邻近的大脑皮质结构用于记忆地点和地点的构成，但不同的子区域用于记忆和组织许多其他事物，包括我们生活中的事件和各种想法之间的关系，以及抽象和具体的概念与关系。

关于这些脑部结构在形成新记忆中的作用，患者 H. M. 的悲剧案例提供了重要的线索。1953 年，神经科学家还没来得及弄清楚大脑的各区域功能，H. M. 就被切除了海马、内嗅皮质和其他邻近的大脑区域，以试图控制他的癫痫。手术造成了严重的后果，使 H. M. 无法形成新的记忆，所以每天每小时的每件事对他来说都是全新的。即使在多次相遇之后，他还是无法认出曾见过的人和地点。他的余生都必须被人照料，事实也的确如此。

海马和内嗅皮质对于回忆过去至关重要，而回忆过去对规划未来至关重要。用来回忆过去的脑区同样也被用于规划未来，因此这些脑区的损伤会对回顾性和前瞻性记忆造成影响。这并不是说我们需要过去的具体信息来规划未来，我们也可以规划去那些我们从未去过的地方旅行。对回忆过去和规划未来的大脑结构的双重依赖，可能是由于这些大脑区域在组织和展示单独信息项，以及将其以有意义的方式进行整合中所发挥的作用。

从空间地图到概念地图

现在让我们来做一些大胆的神经学推测。通过采用过度简化的模式，我们可以只关注大脑的一小部分，而在现实中必然要牵涉到更多的大脑区域。对于人类而言，海马和内嗅皮质的扩大和区分显示的不仅仅是地点与空间，还有时间片段。一些研究将这些功能进一步扩展到了联想和概念空间。有两个关键的事实性发现，一个关于位置细胞，另一个关于网格细胞。这两个事实性发现允许两种细胞表示不同的实体空间，之后在进化中，可以进一步表示抽象空间。海马中的位置细胞代表一组完整的特征，无论是地点、情节、计划还是想法，都能够作为独立于相互之间关系的个体。网格细胞则可以展示这些地点、思维、空间、时间或概念之间的关系。和网格纸一样，网格细胞也是一个可以重复使用、重新映射的模板。瞧！服务于空间思维的同一神经基础，也服务于抽象思维。就好像海马创造了棋子或记号来表示地点、记忆或想法，而内嗅皮质则提供了一个棋盘，用来排列空间中棋子之间的关系。值得注意的是，网格细胞的排列，即棋盘，是二维的、平面的，这也许是三维思维对大多数人来说具有挑战性的一个原因。我重复一遍：人类大脑中体现真实空间中实际位置的机制也能够表达概念空间中的想法。空间思维使抽象思维成为可能。

现在宣布本书的核心、中心思想和基本原则，即**认知第六定律：空间思维是抽象思维的基础**。是基础，而不是整个思维大厦。在下一节中，我们将展示认知第六定律的一些内涵，它描述了人们认知地图中许多奇怪的、系统性的扭曲状态，这些扭曲状态能够反映在人们的社交地图上。在本书的后半部分，也就是第 6 章及之后的章节，讨论的主要焦点将是抽象思维的空间基础。

思维中的地图：认知拼贴

关于位置细胞和网格细胞的研究令人兴奋，它有力地表明了大脑中并不存在一个按需提取的认知地图文件抽屉。相反，认知地图是由分布在大脑中的片段即时构建和重建的。网格细胞能够体现空间关系，但只是近似而不是确切的，并且与随着环境探索而不断变化的参考系相关。收集不同的片段来导航或做出判断，对人类来说无疑是正确的做法。除了个体对环境的探索，地点和网格细胞之外，人们还有更多的认知碎片可以用来构建心理地图。人们可以使用去过的地点或走过的路线的特定记忆，也可以使用语言描述的地点和路线，并转而在地图上描述这些地点和路线。人们现在可以使用移动电话和增强现实技术，谁知道将来还有什么。人们可以使用空间图式，即关于城镇布局的一般知识，不仅适用于自己的地区和国家，也可以用于其他地区和国家。

有一次，我接连参观了布拉格和布达佩斯，发现它们的布局是一样的：一条南北走向的河流，西岸有旧城区和一座城堡，东岸是新城区和一座新艺术主义博物馆。虽然我不能交替使用地图来寻找城堡和博物馆，但是可以用通用的模式来理解城市的布局。日本有自己独特的城市布局方式：将城市划分为四个象限，分别标记为西北、东北、西南、东南，每个象限以几何方式划分为更小的单元，并进行系统标记。一旦你了解了这种布局方式，就很容易理解这种充满智慧且透明的地址系统，这与西方的地址系统大不相同。

当人们做出与导航、空间距离判断、方向判断相关的决定，或是在大脑中绘制地图时，既能够做出明确的推断，也可以做出隐含的推断。这就使得空间判断和导航与解决任何其他问题一样：收集所有看起来相关的信息，并尝试从中获取有意义的信息。

空间思维与抽象思维

以下是人们用来判断空间距离和方向或绘制空间地图时使用的一些代替物。就像对自己身体的描述，或对身体周围空间的描述那样，我们做出的判断不是物质测量造成的随机波动，而是系统性偏差，由产生判断的代替物和过程决定。这与我们从某一地点无法看到更大的空间所造成的判断偏差是一样的。这一点本身就很重要，但同时它又获得了更重要的意义，因为空间判断中的偏差直接反映在社会判断和认知判断的偏差中，呼应了**认知第五定律：认知反映感知**。

早些时候，在与身体周围空间相关的讨论中，我们注意到大脑创造了空间框架来追踪事物之间的相对位置。这些空间框架本质上是网络，可以用来追踪任何一组想法之间的关系。概念空间中的想法就像真实空间中的地点。与此类似，空间判断中的网络化过程则同样体现在抽象判断、社会判断或认知判断中。空间思维与抽象思维的这种相似性，有力地支撑了空间思维是抽象思维的基础这一论点，这些内容我们将在第 6 章中进一步讨论。

旋转

我们从人们做出的判断、推断、决定和绘制的地图中了解了人们对空间的理解。现在让我们更加细致地探究一下这些任务及它们蕴含的意义。先从使判断产生偏差的感知过程开始，这些过程植根于感知组织、共同命运和分组的格式塔 ① 原则。共同命运指对相关联的事物以相同的方式定向的一种预期。如果其中一个事物倾斜了，那所有相关联的事物都应该倾斜。根据共同命运，一个地理实体的倾斜或方向应该接近其参考系的方向。对于地理实体来说，参考系是一种包含结构，在本例中是标准的基准方向。这意味着大脑应该在心理上旋转地理实体，使之更符合其参考系的方向，即此处的基准方向。

当然，世界的进化既不符合分组，也不符合共同命运原则，而是其他力量决定了其演变。许多地理实体，如南美洲、意大利、美国长岛、旧金山湾区和日本，在其包罗万物的参考系（即基准方向）上，都是倾斜的。这种参考系可能是真实方向的近似代替物，但它仍然只是近似的。人们认为米兰在意大利北部，那不勒斯在意大利南部，这是真的，但那不勒斯位于意大利地中海一侧，位于米兰甚至威尼斯以东很远的位置，而威尼斯实际上位于意大利亚得里亚海一侧。

---

① 格式塔心理学于 20 世纪初出现于德国，反对构造心理学将意识分解为各种元素，主张用格式塔（德语 Gestalt，意为完整结构）的观点研究心理现象，认为结构不是其组成部分的简单相加，内部系统性整体结构决定其组成部分的性质。——编者注

即使地理没有遵循共同命运原则，为了确认大脑是否遵循该原则，我们开发了使人们做出错误判断的地理测验。研究者让一组斯坦福大学的学生画一条线，指明从西湾区的斯坦福到东湾区的伯克利的方向。其他学生也被要求画一条线，指明从位于内陆的斯坦福到太平洋上的圣克鲁斯的方向。湾区实际上参照南北向是倾斜的。尽管在人们当时使用的路线图和日报中公布的天气图上都有正确的地图，但居住在该地区的绝大多数学生的答案都是错误的。大多数人画的线显示斯坦福在伯克利以西，圣克鲁斯在斯坦福以西。两种情况都不正确。答案错误的原因是：人们将湾区的主轴旋转得比实际情况更偏向垂直的南北方向。实际上，湾区几乎与基准方向呈 45 度夹角，但人们的思维会使其参照南北轴变得更加垂直。在一次对意大利观众的非正式测试中，当被问及是否认为那不勒斯（意大利西海岸）在威尼斯（意大利东海岸）以西时，大多数人都举手。那些意大利人错了，他们惊讶地发现自己错了，就像湾区居民惊讶地得知伯克利在斯坦福以西和帕洛阿尔托在圣克鲁斯以西时一样。

同样，人们也会在心里认为南美洲是上下垂直的，但它的真正方向其实是倾斜的。当学生们得到南美洲的剪贴画，并被要求把剪贴画贴在一个面向北方的长方形框架中时，绝大多数学生选择竖直放置。你也可以在脑中试着做这个小测试。然后我们教学生看新地图。在这些地图上，地理实体标记以基准轴为参照倾斜。果然，当要求参与者记住成对的城市之间的方向或根据记忆来确定地图的方向时，他们在旋转方向上犯了错误，使用基准轴作为实际方向的代替物。我们还发现，当向参与者展示地图状的斑点时，他们也会犯同样的错误。学龄儿童也会犯此类错误。在这一点上，孩子和成年人的表现是差不多的。

对齐

格式塔理论的核心组织原则是将相似的事物组合在一起。程度相近的对象会自然地被视为一组，而在某些属性（如形状、颜色或大小）上相似的对象也可被归为一组。让我们再来做一个简短的地理测验，这道题也来自一个经典实验：罗马和费城哪个更靠南？如果你回答"罗马"，恭喜你，不是只有你一个人这样回答。大多数人都给出了这个答案，推测是合理的，然而答案是错误的。对于这个问题和许多类似的问题，人们似乎依赖于一种感性的推断，根据接近程度进行分组。例如，大脑将以下第一行 X 分成两组，每组三个，第二行 X 分成三组，每组两个。

XXX XXX

XX XX XX

当分组不完全对齐时，大脑会将它们视为对齐。像欧洲和美国这样的大型地理实体也是如此。即使欧洲的大部分地区在美国的大部分地区以北，大脑也会将它们对齐在同一水平的东—西轴上。费城位于美国北部，罗马位于欧洲南部，因此人们做出了不无道理的推断，认为费城应该在罗马以北。但事实并非如此。分组既适用于南北向，也适用于东西向。将美国和南美洲在大脑中对齐，导致大多数人说波士顿在里约热内卢以东，因为波士顿在美国东海岸，而里约热内卢在巴西的突出的部分之下，即它不在南美洲最东端。这种对相似地理实体进行分组的偏差被称为对齐。

与旋转一样，空间对齐也出现在其他任务中。在一项实验中，有两幅地图，一幅是正确的世界地图，另一幅地图中美国和欧洲更偏向水平对齐。要求人们选出正确的那一幅时，大多数人选择了错误的那幅。同样的错误也出现在北美洲和南美洲地图的选择实验中。当要求选出两幅地图中正确的北美洲和南美洲地图时，大部分人还是会选择那幅错误的、南美洲向东移动（或北美洲向西移动）后南美洲与北美洲对齐的地图。

当记忆虚构地图，甚至是没有被解释为地图的无意义斑点时，人们也会犯同样的旋转和对齐的错误，会错误地把虚构的地图和斑点图记忆得更为对齐，还会把位于虚构地图上的"城市"记忆得更为对齐。当绘制走过很多次，已经十分熟悉的环境的地图时，人们也会把街道排列整齐，画得比实际的更加平行。这种错误即使在经验面前也是普遍且持续存在的。

层级组织

你可能已经注意到，分组，把相似的事物看作一个整体，本质上就是把它们放在一个类别中。虽然地理空间大多是平面的，但在西方国家人们将地理实体分为大陆和国家、州、城市、社区等子类别。在平面空间之外，思维，或者说是政府，构建了空间类别的层级组织。空间层级组织是整体式结构，而不是第 2 章中讨论的分体式结构，如对象、事件和场景等。整体式结构是主体与部分的层级组织；分体式结构是不同类别的层级组织。城市是州的一部分，州是国家的一部分，就像手指是手的一部分，手是身体的一部分。

我们在前面看到，类别和类别的层级组织可以减少世界上的信息量。我们可以把所有苹果视为一个整体性概念，而不用考虑每一个苹果，每一只狗，也不需要单独去杂货店购物。我们可以更上一个层级，把水果、家畜和购物归为一个类别来考虑。

类别之所以有效还有另一个原因：类别允许我们做出一般推断。如果知道美洲蜜熊是一种动物，也知道动物会呼吸、繁殖和移动，那么就会知道美洲蜜熊会做以上所有这些事情（好奇的话就告诉你，美洲蜜熊是生活在中美洲和南美洲的长舌头哺乳动物）。这种推理对于全新信息的处理尤其重要。如果你看到山竹，水果店老板告诉你它是一种水果，你就知道它很可能长在树上，有种子、果皮和可食用的果肉等。分类是组织和存储熟悉的事实和学习新事实的有效方法。

像分体式结构一样，整体式结构也能够让我们做出推断，但这种推断是类别间的包含关系，而不是类别的属性。如果膝盖是腿的一部分，腿是身体的一部分，那么膝盖就是身体的一部分。类似测量员测量距离和方向，因为只涉及平面空间，所以它与立体的整体式结构无关。但是，那些没有储存可缩放地图的人，或者在他们大脑中没有任何地图的人，在无法直接测量的情况下，会把整体式结构视为确定方向的代替物。下面来看另一个例子，也来自一个测试。请注意，这个例子和以前一样，系统性错误证明了这一现象。

里诺在圣迭戈的东部还是西部？这个问题很难回答。同样地，我们大脑中也没有完整和准确的地图可供参考。有一个简单的方法可以解决这个问题：使用层级推理，也就是之前被告知美洲蜜熊是一种动物时推断出它能够呼吸、进食和繁殖的一类方法。这里的层级是立体的。以下是人们的推理过程。里诺在内华达州，圣迭戈在加利福尼亚州，内华达州在加利福尼亚州的东部。所以，里诺一定在圣迭戈以东。推理正确，但回答错误。更糟的是，这是一个大多数人都同意的错误答案。从州的位置到城市的位置，从大到小的推断在很多情况下是正确的，但在里诺和圣迭戈的情况下是不正确的。问题在于加利福尼亚州南部向东延伸，所以内华达州西北部的里诺实际上位于圣迭戈以西，加利福尼亚州以南很远。

这就引出了**认知第七定律：大脑会填补缺失的信息**。

空间类别可以用作估计距离和方向的代替物。即使故意选择那些群体间距离小于群体内距离的成对对象，在人们的估算下，群体内（如国家或州）成对对象的距离也会小于群体间成对对象的距离。

你可能会认为，因为层级组织会导致系统性错误，只有新手才会依赖层级组织，而专家不会。事实上，专家，即我们前文提到的经验丰富的出租车司机，对他们所处的环境比新手有更精细和更好的层级认知。这当然不是说专家犯的错误比新手多。专家还制定了应对错误的方法，层级知识并不是确定路线或估计距离的唯一方法，他们还有许多方法可供使用。

值得注意的是，群体内估计值小于群体间估计值的偏差发生在功能上而不是空间上定义的群体中，即这种群体的分类并不具备空间完整性。在密歇根大学所在地安娜堡，属于该大学的建筑散布在与该大学没有关联的商业建筑中。密歇根大学的学生对两栋大学建筑间或两栋商业建筑间估计的距离，比一栋大学建筑和一栋商业建筑间估计的距离要小。同样，以色列人，包括巴勒斯坦人和犹太人，估计两个犹太人定居点间或两个巴勒斯坦人定居点间的距离会小于一个犹太人定居点和一个巴勒斯坦人定居点间的距离，即使后者实际上比前者距离更近。在以上两种情况下，请注意，群体内距离被认为比群体间距离小，而此处的群体是功能性的或政治性的，并不是空间上的。

对抽象思维的空间基础的更多支持，来自对社会群体内部和跨社会群体相似性的研究。相似性是概念空间中的距离。正如前文所述，政治倾向相似的定居点被认为在空间上比政治倾向不同的定居点更接近。因此，与碰巧来自不同社会或政治群体的人们相比，刚好属于同一社会或政治群体的人们，即使在不相关的维度上，也会被推断为彼此更为相似。这种推理虽然看似自然，却可能导致麻烦。

到目前为止，我们已经描述了用于判断空间、旋转、对齐和层级组织的三种机制。每一种都作为一个代替物或启发性的工具来判断距离、方向或者选择正确的地图，而不用通过直接测量。每一种判断都存在系统性偏差，除非知道如何找到它们，否则这些偏差很难自动显示出来。罗马和费城，伯克利和斯坦福，里诺和圣迭戈被特意选为地理测验的目标城市。空间推理还有其他的启发式方法，比如拉直。即使是长期居住在巴黎的居民，在他们的素描地图和他们的心理地图上，也会把曲线优美的塞纳河拉直。人们只能想到为这种曲线所付出的额外步行时间和汽油升数。接下来，我们转向由参考点和视角导致的系统性误差。

参考点

另一种估算距离的方法是使用地标。每个城市似乎都拥有地标，这些地标也常常是城市的象征，想想巴黎的埃菲尔铁塔或纽约的帝国大厦。地标通常被当作参考点。因为人们对地标很熟悉，所以其他地方都可以参照这些地标来定位。我可以说，一家餐厅在米兰大教堂广场或罗马万神殿附近。

空间参考点比空间参考点本身更大。这并不是一个悖论：地标本身是地标，但也定义了周围的社区。在一个已经在许多大学重复过的案例中，研究人员首先从学生那里收集一份校园地标的清单。然后，他们让另一组学生估计几组地点之间的距离，有些目的地是地标，有些则是校园里的普通建筑。一个显著的发现是：从普通地点到地标的距离比从地标到普通地点的距离要短。也就是说，人们判断法国作曲家皮埃尔·布列兹（Pierre Boulez）的家到埃菲尔铁塔的距离会比埃菲尔铁塔到布列兹家的距离更短。像黑洞一样，地标似乎把普通地点拉向自己，但普通地点却没有这种特性。这种距离估计的不对称性违反了几何之父欧几里得关于距离的最基本原则：从 A 到 B 的距离必须与从 B 到 A 的距离相同。因此，人们对不同方向上相同距离的判断不一定是一致的。

认知参考点的原理是一样的。认知参考点是一种很方便的工具，某个作曲家可以与巴赫或贝多芬比较，某个艺术家可以与毕加索或波洛克比较。某人可以是新一代的棒球之神贝比·鲁斯（Babe Ruth）、摇滚变色龙大卫·鲍伊（David Bowie）或传奇导演斯派克·李（Spike Lee）。和空间参考点一样，认知参考点所涵盖的理念比它们自身的作用更大，它们会被视为流派或原型。认知参考点造成了相似性判断的不对称性，正如空间参考点造成距离判断的不对称性一样。毕竟，相似性是对概念距离的度量。人们认为洋红更像红色而不是红色更像洋红。红色是原型，它代表一类颜色，就像埃菲尔铁塔代表一个街区一样。洋红只代表自己，与布列兹家同理。如果我们从感知转向认知，会认为儿子更像父亲，而不是父亲更像儿子。父亲就像红色或埃菲尔铁塔，他们是原型，被赋予比儿子更广泛的特性。这也是**认知第五定律"认知反映感知"**的另一个例子。

视角

当你在高山或高楼上俯瞰眼前广阔的全景时，你可能会注意到离你较远的事物似乎比离你近的事物彼此间距离更近、更拥挤。在想象的视角中，近处事物的分散和远处事物的拥挤也会发生。研究人员要求来自美国东西海岸之间某所大学的学生想象自己在太平洋沿岸的旧金山或大西洋沿岸的纽约，然后估计旧金山和纽约之间沿东—西轴分布的几个城市之间的距离。那些想象自己在旧金山的人估计的旧金山和盐湖城之间的距离，比那些想象自己在纽约的人估计的更长。相反，那些想象自己在纽约的人估计的纽约和费城之间的距离，比那些想象自己在旧金山的人估计的更长。对距离的估计似乎遵循了透视原理，近时变大，远时变小。要记得，学生们实际上都不在这两个地方。因此值得注意的是，这种扭曲的情况仅仅发生在想象的视角中，而与人们在空间中的实际位置无关。

在人们对社会维度的判断中，也会发生扭曲，即对距离我们较近的事物区分更为细致。人们判断他们自己的社会群体（一个紧密的群体）的成员与其他遥远群体的成员之间的差异更大。我们的大学、政党、国家中的每个人都是不同的，但是那些和我们有竞争关系的大学、另一个政党、其他国家中的人们，对于我们而言实际上是无差异的。这很自然，毕竟我们对自己的社会群体的经验要比对其他人的丰富得多。

专业知识很重要。与我们这些外行相比，鸟类专家和汽车专家彼此的专业领域有着更大的差异。似乎不可避免的是，我们从相近的和相似的事物中发现更多的差异性，却从普遍性中看到遥远的和不太为人所知的东西。但是，有时我们需要泛泛地思考，去观察那些宽泛的笔触，而不是入微的细节。这些就是在认知上做出的权衡。

认知拼贴

认知地图是一个古老的概念，来自美国心理学家爱德华·托尔曼（Edward C. Tolman）对老鼠的开创性研究：当老鼠试图走出迷宫时，它会做出空间推断，而且只要有机会，就会走捷径，仿佛老鼠的大脑中有类似地图的信息呈现方式。这种现象也发生在至少一位先天失明的儿童身上。然而，似乎无论人们的大脑中装着什么来估计距离或方向或描绘地图的信息，它们都是从不同的经验、不同种类的信息和碎片中构造出来的。因为人们的大脑缺乏直接测量的功能，也缺乏对整个世界地图般的心理表征，所以大脑把任何似乎与手头任务相关的信息汇集在一起。这些信息总体上是有用的，但却是零散和粗略的。虽然内华达州的大多数城市都位于加利福尼亚州大多数城市的东部，但里诺和圣迭戈却不是。美国一般是东西向与欧洲对齐，但欧洲南部的罗马实际上在美国北部的费城以北。湾区和加利福尼亚州一样，更接近南北走向，而不是东西走向，但内陆的斯坦福恰好位于沿海的圣克鲁斯以西。还有，布列兹家离埃菲尔铁塔再近不过了。这些用于估计方向和距离的代替物在很大程度上是独立的，因此产生的错误也是独立的。由于它们是相互独立的，误差可以相互抵消，因此绘制包含许多空间关系的地图就成为提高精度的一种方法。地图中的约束越多，精度就越高。

然而，最终这些代替物——对齐、旋转、层级、视角、地标等，都无法在平面欧几里得地图中解决。大脑使用的似乎并非认知地图，而是认知拼贴。

为什么这些错误持续存在？因为大脑没有办法去纠正它们，也缺乏对世界的测量。但是当精度至关重要时，世界就会被测量。测量可以克服自然判断中的许多偏差，远不止前面提到的那些偏差。因为在很多情况下，偏差不大且无关紧要。因为当我们在地面上行驶时，环境本身也可以纠正我们。

即使不完整、模棱两可、前后不一，还会产生偏差，心理空间框架在我们的生活和想象中仍然扮演着至关重要的角色。它使我们可以设想其他世界，那些我们没有见过的世界，可以是没有任何人见过的世界，甚至是不可能存在的世界。在隐喻的世界中，地点可以被任何一种实体或观念所取代，路径可以被它们之间的关系所取代，这也就是小说、艺术、科学的世界。

Mind
in Motion

第 4 章

思维转换，
获得空间能力

在本章中，我们将思维的表征与思维的转换区分开来，继而分析空间转换及其有益之处（相当多），接着探讨空间能力以及如何获得它。

现在让我们离开肉体进入心智世界。我们在心智（和大脑）中填充了对我们的生活至关重要的东西：面孔、身体、物体、场景、事件。我们把它们放在心智的舞台上，供大脑使用、思考、执行、转换。一旦任何种类的东西出现在舞台上，我们就可以和它们一起玩耍。我们可以将其变成数学中的符号，诗歌中的字词，物理中的粒子，化学中的分子，邻里的建筑物，舞台上的舞者。我们可以改变其形状、大小、性质、位置和行为。这个阶段是想象的阶段，可以带我们走得更远。

思考可以从一个想法或一个问题出发，或模糊或精确。然后你会对这个想法做点什么，用某种方式转换它。瞧！得到了一个新的想法。之后，你就可以开始研究这个新的想法了。以此类推，直到结束对这个想法的探究，抑或是走到了死胡同，又或者仅仅是筋疲力尽。有时思考是伴随着指示的，如乘法、钢琴曲、华尔兹舞步和化学问题。这并不意味着遵循指示是微不足道的，毕竟指示并不总是清晰明确的。遵循指示可能需要集中注意力并加以思考，但应该庆幸的是至少还有指示，有一个脚本告诉你每一步要做什么。比如按照菜谱做菜、拼搭乐高积木或组装家具。菜谱和安装指南是对实际对象的一系列操作，这些操作逐步将实际对象转换为其他事物。对黄油、糖、鸡蛋、面粉和泡打粉的正确操作顺序，会将黏稠的面糊转换为纸杯蛋糕。同理，木头可以转换成书桌或书柜，乐高积木可以转换成房子和机器人。

组装是对真实物体的物理操作，思考则是对精神对象的心理操作，是将想法转化为其他东西的一种行为。我们这样谈论思考的方式——可以把想法放在一边，或者将其上下或内外颠倒；可以把想法分成几部分或者将其合并在一起；可以排列和重新排列、放大、拉伸、反转、连接、复制、添加、拼凑、扣除、举起、黏合、推开、折叠、混合、抛出、装饰、分离、钉住、散布、埋葬、消除、转动、提升，戳破真实物体和精神对象，就如同这也是对想法的一种操作。有趣的是，我们很快就会在关于手势的一章中看到，实际的操作有助于大脑的思考。

当然，并非所有的烹饪或组装都遵循脚本。无论是职业大厨还是业余高手，都会在实际操作中即兴或刻意创造新的菜谱。美国波普艺术的代表人物罗伯特·劳森伯格（Robert Rauschenberg）把他在街上发现的垃圾变成了艺术品。美国观念艺术的先驱人物索尔·勒维特（Sol LeWitt）通过系统地、有条理地安排线条、框和立方体来进行艺术创作。但是，如果是你或我试着去做他们所做的事，唉，那可能就不能称之为艺术了。劳森伯格的艺术没有脚本，甚至更为系统化的勒维特的艺术也没有。取而代之的是试错、练习、技能、专业知识，当然还有天赋。思考也是一样，现实中并不存在现成的脚本能够让我们创作一部优秀的小说，谱写一段动人的旋律，编导一部扣人心弦的电影，制造一个优雅的茶壶，或是在网球比赛中打出令对手无法接球的反击。没有脚本可以弄清楚你参观罗马时想做什么，没有脚本可以解释为什么选举结果是这样的而不是那样的，没有脚本可以用来重新布置客厅里的家具或决定下一步棋局。但是我们有模式，有约束条件，有经验法则，还有通过受教育而获得的直觉，这些都告诉我们：什么样的调味品放在一起很搭，什么样的组合构成平衡，什么样的棋步可能成功。真正有趣和具有挑战性的思维方式不能遵循脚本，因为根本没有脚本。

思维的表征与转换

接下来我们要讲一些"圈内"的行话了。心理学家通常将前文所讲的思维或想法称为表征（representation）。表征存在于大脑中而不是现实世界中，尽管它常常来自现实世界。表征被认为是静态的，是你可以观察和思考的东西，你可以在大脑中改变的东西。当然，大脑中并不是真的存在表征，这只是一个便于探讨的概念。表征能够捕捉到一个想法或问题中至关重要的信息。表征是一种示意图，就像地图一样。航拍照片无法成为好用的地图；真正好用的地图会选择性地呈现对正在进行的任务（如开车、徒步或骑行等）更有用的信息，同时也会简化、放大甚至扭曲这些信息。例如，在许多地图上，道路都无法按照真实比例显示。地图上也不会出现道路上的小弯儿。地图通常还会添加一些信息，比如街道和城市的名称，州与州或国与国之间的边界，用来区分不同海拔或深度的颜色。

大脑中的表征可以来自外部，来自感知，来自你正在探索的城市风景，或者你以为自己认出的远处的面孔，或者桌子上的棋盘。大脑中呈现的并不是能看到的全部；事实上，脑海中的东西是从所看到的东西中抽象出来的，通过来自内心的解释对这些东西进行修饰，如人的名字，或者银行、百货公司、教堂这些建筑物的功能。表征也可以完全来自内部。你可能在思考下一步棋局，计划重新布置客厅里的家具，或是规划回家做杂务的路线。表征有很多种呈现形式：有些倾向于描绘，比如眼前所见的棋盘、乐谱或场景，或是脑海中的客厅；另一些则倾向于叙述，比如一首歌的歌词，戏剧中的台词，或是差事的列表；还有一些可能是音乐性的，比如歌曲的旋律，手指在钢琴上弹奏一首曲子的动作，打开锁具的动作，或是跳水、网球发球这类整个身体参与的动作。多数的表征本质上是混合的媒介。

虽然表征的数目是无限的，但表征的种类却不是。每一种都具有不同的类别和组合。表征可以被视为内在的感知，因此视觉表征具有颜色等视觉特性，空间表征具有构图、尺寸或距离等空间特性，听觉表征具有音高等声学特性，语言表征具有语义和句法特性。

前文所说的对想法或思维的操作，心理学家通常称之为转换（transformation），有时也用操作（operation）一词，后者借用了计算机科学术语。就像现实生活中我们对真实物体的无数种操作一样，对思维我们也有无数种心理操作，即有无数表征的转换。请回忆一下前面列举过的一系列操作，在这里只重复一小部分：集合、抬升、抛出、排列，等等。有些转换与诸如算术、烹饪、音乐、语言、基因编辑或国际象棋等领域松散地联系在一起，但许多操作都是通用的。这些操作很多都是基于身体在空间中的行为，无论是实际的还是想象中的。事实上，思考心理转换的一个有用的方法是把它当作内在的行为，正如表征可以被视为内在的感知。

心理旋转离不开手部旋转

现在，请判断图 4-1 中成对的 F、R 和 5 是相同的还是彼此镜像的。然后，想想你是怎么做出这一判断的。

1971 年，心理旋转（mental rotation）大张旗鼓地进入大家的视野。当你要判断成对的 F、R 或 5 是相同的还是彼此镜像时，是有一种直觉的，这是一种非常不同的决策方式。这与"苏格拉底是人，所有人终有一死，苏格拉底会死"的决策逻辑完全不同，与决定看哪部电影或是否要购买一只狗完全不同。判断是否相同或镜像和计算"5+7"得到 12 更为相似，因为数学思维中包含了一层空间思维。也许你可能已经做了我下面要讲的，想象一个心理标尺，数字从左边的 1 开始水平移动，每个数字都有一个垂直的短线刻度，每逢 5 和 10，刻度线会稍微长一点。我的思维滑到 5，然后到 10，然后再向右 2 个刻度得到 12。

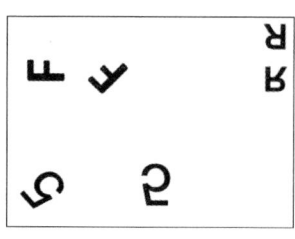

图 4-1　镜像判断

　　心理旋转显然是一种视觉空间转换，有人把它比作观看物体在空间中旋转。让我们了解第一个极具戏剧性的研究细节。这项研究使用的不是字母或数字，而是几组 10 个连在一起的立方体，每组立方体都有两处弯折，每一个方向都不同，这让这些立方体组合既不容易被描述，也不容易实现心理旋转。在不同的角度观看，这些立方体组合会呈现为不同的图形，无论是在平面上还是在深度上。当旋转这些图形到相同的角度时，会发现有一半是相同的，另一半则是镜像的。接连好几天，研究人员给参与者看了许多组这样的图形，一半相同，一半镜像。每组图形之间的角度差从 0 度到 180 度不等。经过多次练习，一些参与者在完成这项任务时已经非常熟练。他们的表现非常稳定，很少出错。

　　有趣的是，这项研究所关心的是：两个图形之间角度差的大小是否影响参与者判断图形相同或镜像的反应时间。一个判断的方法是进行心理旋转，把每组两个图形旋转到相同的角度，然后"看看"它们是重叠的还是错开的。如果人们确实在心理上把这些图形旋转到相应的角度，那么这两个图形的角度差越大，人们就需要越长的时间来做出反应。事实正是如此。研究人员设计了 12 个不同角度差的组合，从 0 度到 180 度不等，产生了 12 个数据点，并将其标记在一条直线上，可以看到随着角度差的增加，反应时间也在增加。这就好像大脑中有一个不断旋转的转盘，只要在上面放个形状，接下来就会启动它。然而，这种关于大脑的惊人主张被证明过于简单化了。

在当时这个领域的背景下，心理旋转的发现尤其引人注目。认知革命[①]将心理学从行为主义的桎梏中解放出来，开始允许人们对心智进行探讨。其面临的挑战是（现在仍然是）：要通过把心智置于客观世界中来展示心智中正在发生的事情。然而，思维领域曾经（而且在很多方面仍然）被语言所主宰。让人们读或听、说或写，然后从话语中推断他们的想法，这是很容易的。而且，当人们思考时，他们认为自己是在用语言进行思考。那么如何研究空间视觉、听觉、嗅觉或触觉的意象？如何让语言走出大脑，进入可以被客观观察到的世界？语言无法公正地处理图像中的信息。画画也是行不通的，很多人很难画出大脑中的图像。还有很多人说他们的大脑中根本没有图像，所以空间思维和视觉思维也无法与主观经验联系在一起。执行空间、视觉或听觉任务的反应时间提供了一种将思维带入客观世界的方法。在心理旋转这一情境下，一个连续的空间过程完美地预测了时间。

这一重要发现似乎暗示人们能够像真的看着这些图形旋转到一致的角度一样，在心理层面上旋转它们。然而，也有一些智力非常好的人无法轻易地完成这

① 认知革命一词源于以色列历史学博士尤瓦尔·赫拉利所著的《人类简史》一书。在认知革命以后，传说、神话、宗教出现。——编者注

项任务，其中几个人中途退出了实验。另一些人说，他们并未顺利地完成心理旋转，而是一部分一部分地来回看。眼动数据证实了这些报告，人们的注意力在图形的各个部分之间来回移动，就像是在一部分一部分地检查两个图形。当然，这仍然属于视觉空间推理，即便它是零散的，而不是整体的。在一系列空间能力测试中，那些眼动测试和主观经验报告表明使用整体心理旋转的人，比那些使用部分比较的人表现更好。从这个实验开始，心理旋转任务的变量就成为衡量人们空间能力的主要指标之一。很快我们还将对空间能力做更多的探讨。

　　心理旋转，即以不同的方向想象眼前的事物，不仅仅是实验室里研究的一项神秘技能。躺着时，识别不垂直的物体时，以一个奇怪的角度阅读时，我们都会使用这项能力。我们用心理旋转来解决谜题，整理架子和抽屉，打包手提箱，组装自行车，组装家具，或者把钥匙插进锁里。外科医生、水管工、电工、足球教练、篮球运动员、数学家、物理学家、时装设计师、室内设计师、城市规划师、建筑师、园丁、消防员等更多的人在工作中经常使用心理旋转和其他形式的空间推理。当然，在游戏中也会使用。但是即便不擅长心理旋转，你也无须忧心。要知道，心理旋转可以通过很多方式来完成，比如部分的而非整体的旋转，或者反复尝试。更重要的是，虽然有些幸运的人似乎天生就具有这种能力，但仍可以通过最普通的方式获得它：练习。此外，律师、记者、历史学家、会计、管理者、哲学家、诗人和译者在工作中似乎也并不需要心理旋转。

　　通过观察人们尝试心理旋转任务，可以明显看出心理活动和身体活动之间的密切联系。当人们试图解决心理旋转问题时，许多人会自发地旋转他们的手，就像旋转一个物体一样。这样做的话，他们会判断得更快、更准确。通过练习，在心理旋转任务中表现得更好时，他们通常就会停止借助手部的旋转动作。由此可以推测，身体旋转有助于心理旋转的内在化。在其他研究中，参与者在解决心理旋转问题时需要顺时针或逆时针旋转一只轮子。当手动旋转的方向与心理旋转的最佳方向相同时，心理旋转速度更快、更准确。但当手动旋转为反方向时，心理旋转的次数和错误都会增加。更多的证据表明，心理活动类似于身体活动，来自神经影像学的研究表明心理旋转激活了大脑的运动区域。心理活动不仅与身体活动相似，事实证明，身体活动还有助于相应的心理活动的执行。

内在视角与外在视角

当解决心理旋转问题时，我们是从外部观察物体的。我们可以在心理上旋转各种各样的物体，无论是熟悉的还是陌生的，既可以是有意义的物体，如字母和椅子，也可以是像二维形状或三维形体这类无意义的物体。人们将这些物体作为对象进行心理旋转时，在难度和反应时间的模式上会有所不同。例如，不同方向上成对的 R、G 等非对称字母，确定其相同或是镜像的反应时间没有表现出线性规律。将一个字母从直立位置开始旋转到 90 度几乎不会增加反应时间，但将其上下颠倒会大大减慢反应速度。显然，我们很擅长横向阅读。

但是当我们想象自己的身体处于不同的方向时，我们会采取一种内在的视角。请看图 4-2 中的身体，伸出的是哪只手臂？右臂还是左臂？

图 4-2　伸出的是哪只手臂？

如果你和大多数人一样，那么你就会想象自己的身体处于图 4-2 中的位置，然后判断伸出的是自己的左臂（正确）还是右臂。很多日常情况都需要这样的思考，比如你告诉别人如何从你的办公室到你家，或者从地图上找出一条路线。在每一个选择点，你必须决定是左转还是右转。这样做更像是空间–运动想象而不是视觉–空间想象。在思考的过程中，你可以在自己的身体里感觉到这一过程。如果你跟我一样，你甚至可能会微微转动身体。回想一下小时候，想想当时的自己是怎么搞清楚穿夹克衫或毛衣的方向的，应该朝哪边扭转瓶盖，或者哪只手在你的右边，对许多成年人来说这些仍然是问题。还有足球运动、网球发球、舞蹈、瑜伽、体操、弹钢琴、拉小提琴，你用手在拉坯机上拉起一块陶泥，或者练习书法。当试图去够滚到床下的东西时，你又是如何扭转你的身体、肩膀和手？你如何在格斗运动中甩开对手？所有这些，都要用到内在视角的空间运动想象。

不需要高难度的体操动作，思考自己的身体如何在空间中移动和旋转就可以作为实验室中的视觉空间任务，就像刚刚试过的那个。在每一次实验中，参与者都会伸出一只手臂，从不同的方向观察如上图中的身体，其任务是判断伸出去的是右臂还是左臂。或者，参与者从不同的方向观察一只手，然后判断这是右手还是左手。尽管刺激是视觉的，但判断这只手是右手还是左手似乎主要依赖空间运动想象。也就是说，人们想象自己或自己的手处于这些方向，从而做出左右判断。就像对物体做心理旋转一样，执行这些空间任务的时间会产生有规律的反应时间模式，但与对物体做心理旋转时的模式截然不同。对这些空间任务，反应时间所展现的规律反映的是对运动行为的想象，而不是对空间转换的观察。例如手，当手的位置很别扭时，人们需要更长的时间来做出左右判断。上述的两类任务，关于物体的心理旋转和关于身体的心理旋转，研究者都使用脑成像技术进行了探索。研究发现，这两种任务激活的脑区有部分重叠，但也有部分不同。

有趣的是，失去一只手臂的人依然可以执行这些任务。他们可以判断图4-2中伸出的是哪只手臂，及其描绘的是右手还是左手，但是要比四肢健全的人反应慢一些。据此我们可以推测，身体运动能力的丧失会削弱想象的运动，这进一步支持了想象和行为之间的密切关系。后面我们还会进一步谈到这一话题。

就像在现实中旋转一只手有助于心理旋转一样，转动身体也可以让想象中的身体转动变得容易。在一组实验中，人们设计或想象一条有两个转弯处的短路线，然后要求参与者指出路线的起点。只想象那些转弯处时，他们会犯较大的错误，但如果真的转动身体，即便蒙上眼睛，他们的准确度也会高得多。在关于物体的旋转和关于身体的旋转这两种心理旋转的情况下，实际动作都有助于想象的动作。虽然实际动作不必与想象的动作完全相同，但需要与想象的动作一致，即通过转动手来想象旋转物体，通过实际转动身体去想象旋转身体。

虽然现实的旋转有助于想象中的旋转，但实际上向前或向后移动似乎对于想象中的向前或向后移动并没有帮助。空间的旋转会导致周围事物与我们之间的空间关系发生巨大变化：前面的东西现在可能在右边，左边的东西现在可能在后面。模仿运动显然有助于我们更新这些空间关系。向前或向后的空间平移可以改变前后的事物，但不会改变左右的事物。当想象空间平移时，更新空间关系显然是很容易的，也就是说想象空间平移没有从实际运动的支持中获益。

以上所有例子都说明了心理旋转的难度，无论是关于我们自己身体的，还是关于眼前物体的，都证明了身体做出与想象中一致的动作对空间思维所起的支持作用。

创造形象：在大脑中画画

心理旋转这一概念在心理学界引起了热烈的讨论，并引发了更令人兴奋的空间思维研究。如果大脑可以想象心理旋转，那么大脑还能表现出什么样的奇迹呢？也许我们可以想象事物在大小、位置、形状上的变化，或者添加部件，拿走事物，重组事物。也许我们可以扫描事物来判断大小和距离。是的，人们可以完成这些心理操作，甚至更多，只是难易程度不同罢了。比如试着想象一下，你有半个葡萄柚，圆顶朝上，平底朝下，想象在平底的中间挂一个大写的英文字母 J，会得到什么？

要完成上述的心理操作，你只是用语言描述在大脑中建立了一些东西，实际上没有任何视觉输入。心理建构和物理建构一样，似乎是一个循序渐进的过程。因此，部件数量越多，花费的时间就越长。例如，图 4-3 中的图形可以描述为包含 2 个部分，即 2 个矩形相交；也可以描述为在一个特定的阵列中有 5 个部分，即 5 个正方形。虽然是同样的图形，但是当被描述和构思为 2 个部分时，人们在脑海中创造一个形象所花费的时间比用 5 个部分来描述和构思时要少。

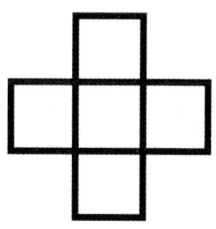

图 4-3　由 2 个或 5 个部分组成的描述所形成的图形

心理建构模仿物理建构，是从各个部分一步一步进行的，但这种类推可以更为深入。我们来看另一个问题，小学时我们就很熟悉的几何类推。请看图4-4中的类推。

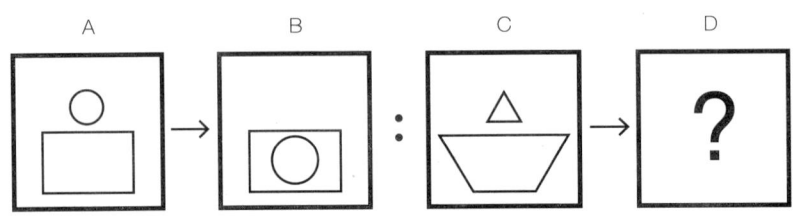

图 4-4　需要两种空间转换才能求解的几何类推

要想得到答案，必须将上面的小图形（圆形或三角形）移到下面较大的图形（矩形或梯形）内，并放大较小的图形；或者改变较小图形的尺寸，然后把它移到较大的图形中。移动或改变大小的顺序是无关紧要的，就像对一组数字做加法一样。

我们让人们解答类似的几何类推问题。每一个几何类推问题都需要从一组更大的可能的转换中提取两到三种转换。解决每个问题后，参与者告知其操作转换的顺序。尽管可以自由选择任何顺序，但几乎每个参与者选择的顺序都是一样的。接着让另一组参与者按照优先顺序或其他顺序进行转换操作。当这组学生参与者使用优先顺序时，他们解题会更快、更准确。因为应用转换的顺序不涉及数学问题，所以这些约束必然来自认知，我们对这些来自认知的约束最为好奇。看到一道题目时，参与者也许会先做比较难的转换，然后再做一些简单的、完全在大脑中完成的转换。所以，我们会问参与者哪些转换更难。我们还可以确定哪些转换需要更多的时间，这是另一个衡量难度的指标。

虽然"难度约束了顺序"听上去是个好主意，但数据并不支持这一判断。

人们喜欢先做移动，然后是旋转或镜像反射，接着再移除一个小部分，添加一半图形或更改大小，之后再给图形上色，最后添加一个小部分。最快和最容易的转换是第一个，移动；最慢和最难的是第二个，旋转或镜像反射。所以，时间和难度都不能解释这个顺序，我们的困惑依然存在。

因此，我们采取了新的视角并获得了洞察力。你可能意识到把大写字母 J 放在半个葡萄柚下面形成了一把伞。完成这一壮举需要心理建构，尽管这只是简单的心理建构，不像想象积木等玩具的结构那样复杂。应用一系列的心理转换来解决几何类推问题也是一项心理建构任务，它是一种二维平面任务，类似于心理绘画。如果心理绘画是内化的实物绘画，那么绘画顺序应该可以解释心理转换顺序。事实的确如此。让另一组参与者想象画一个简单的物体，如一根拐杖，然后告诉我们他们绘画的顺序，我们将其与心理转换顺序很好地进行了比较。绘画具有内置约束。如果画画，你首先需要决定把铅笔放在页面的什么位置，也就是说，把物体放在哪里，这就是移动。然后你需要决定开始绘画的方向，即正在绘制的对象是如何定向的，这就是旋转或镜像反射。接下来，你需要决定绘画的线条距离起始点多远，即物体有多大，这就对应了移除图形或增加一半图形或改变图形大小。绘制对象后，可以对其着色或添加一个小部分。在这种情况下，心理建构，即我们此处所讲的绘画，证明了解决几何类推问题时实施心理转换的顺序之复杂，同时也揭示了奇妙的心智创造力的起源。对精致画面的想象就像是内化的绘画过程。

让图像动起来：一步一动

按部就班的心理建构是惊人的壮举，我们可以在大脑中创造出无数的物体，并改变它们及其形态和动作。一些非常有天赋的人，如编舞师、拓扑学家、工程师、乒乓球运动员，似乎能够在大脑中使这些变化变得生动起来，也就是说，他们能够想象发生变化时每个部件、形状和位置的变化，比如跳舞或跳水时的身体，气泵或刹车等机械系统。虽然看起来是这样，但进一步的研究表明，情况可能并非如此。

作为普通人，当我们过马路时，需要想象一辆正在驶来的车辆的动态：我们有足够的时间过马路，还是司机会减速？这是一个复杂的判断，一部分是空间的，一部分是社会的，毕竟判断失误的代价十分高昂。可悲的是，尽管经过了大量的实践，行人和司机在这些判断上还是相当不可靠。据美国国家安全委员会统计，2016 年美国约有 4 万人死于交通事故，其中将近 6000 人是行人。当然，并不是所有的死亡都是由行人或司机的不可靠判断造成的，但判断失误似乎是造成许多死亡的原因。

棒球外野手应该是心理动画方面的专家，当其冲向一个在空中飞行的棒球时，需要想象出它的轨迹。外野手确实很擅长这一点，否则也不会有资格一直留在棒球队里。但是，外野手似乎并不是在大脑中动态化这条轨迹，即大脑似乎没有精确计算棒球运动轨迹的算法。更确切地说，外野手似乎已经发展出了一种试探机制，或者近似法，来估计自己需要跑多远才能接住球。当外野手跑起来时，估计值会不断地被"动态"修正。玩飞盘的狗和人似乎也是这样做的。

飞行的棒球或迎面而来的车辆的路径是运动中的单个物体。也许我们更擅长想象运行中的机械系统。不过这对人们来说还是困难的。人们用心理动画展现机械运行的每一个步骤，有时也十分费力。以滑轮系统为例，其运行是平稳、连续的。拉绳子，绳子转动滑轮，绳子牵引的重物就会被带动上升。假设你看到一组滑轮的静态图，并要求回答每个滑轮的旋转方向。如果你正在观察滑轮组的运行，就可以立即看到每个滑轮是顺时针旋转的还是逆时针旋转的。但大多数人无法从机械系统的静态图中想象滑轮系统的心理动画。为了从图示中确定每个滑轮的旋转方向，人们会逐步地、离散地想象每个滑轮的动态。可能更有趣的是，有一种从概念化开始引发的偏差，当有人拉着绳子，即使是从连接着重物的"最后一个滑轮"开始，最后一个滑轮也会速度更快，效率更高。

心理动画，与心理绘画一样，似乎是概念驱动并逐步开展的，而不是平滑和连续的模拟过程。

获得空间能力

有一次，我收到写一本关于空间能力的书的邀约，内容包括这种能力有什么好处，你是否拥有，以及如何获得它。我回复说，这要么是一本非常简短的书，要么是一本冗长乏味的书。

如果是简短版本的，那么这本书的摘要大致如下：空间能力对于足球、篮球、射击、围棋、曲棍球、科学、数学、工程学、设计、艺术、时尚、舞台布景、编舞、木工和外科手术都很有帮助。如果你能很容易地完成心理旋转任务，那你就可能拥有这一能力。如果不能，那就勤加练习，因为练习可以让你掌握空间能力。

下面是稍长版本的摘要，希望你还没有感到乏味。

首先，我们要破除一则流行心理学的神话：人们不会被分成语言型或视觉型的思考者。语言思维能力和视觉思维能力是非常独立的。你可以两者兼得，也可以两者都不擅长，或者只擅长其中一种。

其次，和语言能力一样，空间能力也不是单一的，它有许多不同的层次。

　　最后，就像音乐能力和运动能力以及几乎所有其他的能力一样，一些幸运的人似乎生来就有空间能力，但是我们其他人可以通过努力练习去掌握它。对双胞胎的研究表明，遗传和环境对空间能力都会产生影响，这并不奇怪。即使是那些拥有天赋的人也必须努力工作才会取得成功。再强的音乐能力也不会使一个人瞬间成为小提琴大师，再强的运动能力也不能使一个人瞬间成为高飞的跳高运动员，再强的空间能力也不能使一个人瞬间变成建筑大师弗兰克·劳埃德·赖特（Frank Lloyd Wright）或爱因斯坦。专业素质和能力都是非常专业化的，这个道理任何一个组建过棒球队、交响乐团或设计团队的人都知道。体育给我们上了体面的一课：你是带着什么样的能力来到这个世界上的，以及你用这些能力做什么，两者都很重要。要成为一名优秀的跳高运动员、外野手或四分卫，你需要特殊的身体素质、天赋和艰苦训练，缺一不可。

测量空间能力

　　空间能力与空间转换以及其他形式的空间推理密切相关。虽然没有标准化的空间能力测量标准，但是不同版本的心理旋转测试被广泛使用。心理空间操作的其他方法同样如此，如几何类推或想象如何将平面图折叠成一个立体的盒子，或者机械系统的一部分以什么方式移动。其中一些任务如图 4-5 所示。

　　其他的空间能力测量方法运用拼图游戏，或要求参与者找出一个简单的几何图形，如在错综复杂的几何图形中找出一个三角形。有些任务依赖于我们对空间世界的理解。比如，给人们看一张倾斜的空水杯的图片，让他们画一条线来显示杯子里的水位。有些人就会错误地将水位画得与倾斜的玻璃杯底部平行，而不是平行于地面。这个测试的关键是考察参与者是否使用了正确的参考系，即我们生活的世界，即便它并未像玻璃杯一样出现在画面中。

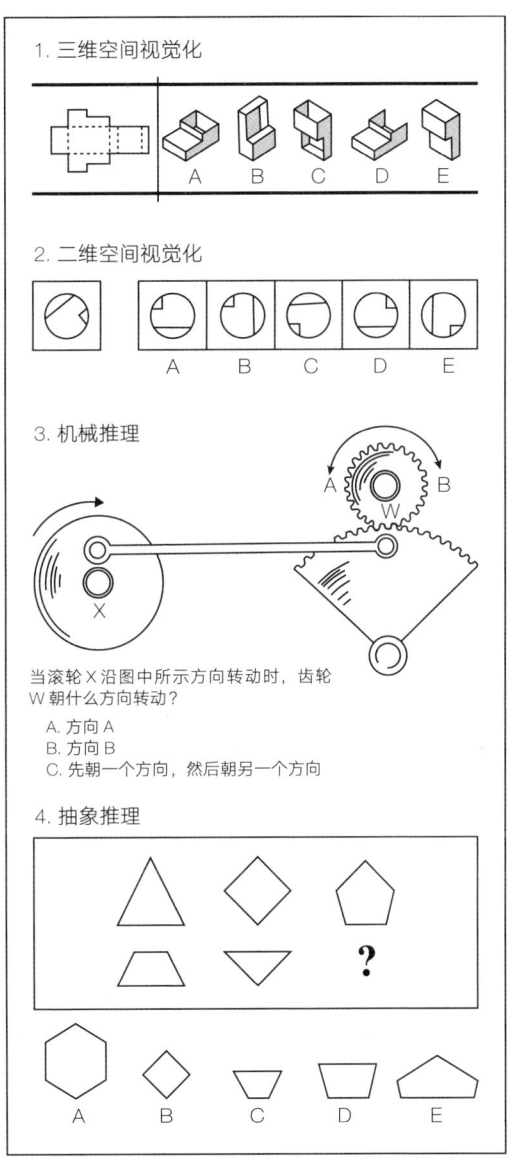

图 4-5　4 种空间推理任务（答案见下页）

不同的空间能力测量方法在某种程度上是相辅相成的，也就是说，在一种空间能力测量中做得好的人，往往在另一种空间能力测量中也做得好。但并非总是如此，由于缺乏标准化的测量方法，测量结果很难在不同的研究中进行比较或类推。与其说空间能力是一种单一的能力，不如说人们拥有多种空间能力。自然，有许多人尝试去理解各种空间能力，试图给空间能力进行分类，但目前为止，还没有一种分类是令人满意的。仔细想来，这也并不奇怪，要想为体育能力、音乐能力或文学能力进行分类也不是一件容易的事。

我们无法回避性别问题。是的，男性在心理旋转任务上表现得更好一些，在倾斜的玻璃杯问题上也略胜一筹。玩快速动作的电子游戏，也就是男孩更喜欢玩的那种，能提高空间能力测量中的表现。像其他类型的训练一样，玩此类电子游戏减少了心理旋转的性别差异。取消时间限制带来的压力也是如此，但似乎都不能完全消除男性在心理旋转任务上的优势。不过，很多女性在这些任务中的表现超越了男性，正如我们所看到的，这种差异可以用不同的方式去解决。

女性并不打算就这样认命。女性擅长识别物体及物体位置。也许更重要的是，女性从婴儿期开始，就比男性更善于识别人脸和面部表情。同样，这一能力的性别差异并不大，能力水平在性别分布上也有相当大的重叠，也就是说，也有很多男性在这些能力上超越了女性。

空间能力有什么用

有一项令人印象非常深刻的工作，即"天才计划"，这项计划对 40 万名美国高中生进行了长达 11 年的抽样调查。学生的空间能力是通过上述测量

图 4-5 的答案在这里哦：1.A　2.A　3.C　4.D

方法的变体来评估的，其语言和数学能力也使用标准化的测量方法进行了评估。当然，数学能力对于科学、技术、工程和数学（science，technology，engineering and math，简称 STEM）的成功是很重要的，但空间能力给予了这些学科额外的提升。这就意味着，当学生的数学能力同样高时，那些空间能力优越的学生更有可能在 STEM 领域达到更高的教育目标和职业发展。空间与 STEM 的联系得到了双胞胎研究的进一步支持，研究显示，特定的空间能力与掌握某些数学概念之间存在适度的相关性。其他研究也揭示了空间能力和某些数学能力具有共同的大脑基础。

实验室中的实验结果支持了 STEM 与空间思维的联系。许多研究表明，空间能力突出的人擅长理解装配流程和机械系统的说明。空间能力好的人也更善于创建装配流程和 STEM 系统功能的可视化说明甚至口头说明。

空间能力对于 STEM 领域之外的许多人才和职业来说，应该也是很重要的。舞蹈编排，各种运动以及对运动的指导，设计，艺术，木工，围棋和国际象棋等棋类游戏，外科手术，电影制作……这个列表可以很长。哪些空间能力适合哪些活动？这里有一些零碎但振奋人心的数据。似乎有一些人擅长将空间转换可视化，而另一些人，则擅长将物体的复杂性可视化。当然，也有人两者都很擅长。数学家和物理学家似乎特别擅长物体的空间转换，艺术家则特别擅长物体细节的可视化。设计师似乎两者都很擅长。

更加令人困惑的是，没有一种普遍的空间能力测试能够预测导航能力。能够预测导航能力的方法是自我报告，也就是自己对自我导航能力的评价。对于导航来说，也存在着很小而稳定的性别差异，不过更多的是风格上的差异，而不是能力上的差异。女性倾向于依赖路线进行导航和寻找方向；男性则更多地依赖东西南北这类基本方位。

开发空间能力

过去多年，我曾教授一门心理学荣誉课程，班上有一群优秀的学生，他们随后在许多领域都建立了令人惊艳的事业，不仅仅在心理学方面。有一年，我们拼车前往旧金山的探索博物馆（Exploratorium），这是一个奇妙的科学博物馆，拥有出色的心理学实操演示。那是在手机和导航系统普及之前的"远古时代"，我们还要依靠纸质地图。我给一起拼车的司机们画了张草图。其中一司机说："我不会看地图。"于是我给他写了文字导航，事实证明这个方法也相当有效。我的一位同事是美国国家科学院的杰出院士，就住在离我不远的地方。我告诉她一条开车前往校园的捷径，然而她回答道："请别把我搞糊涂了。"即使是非常聪明的人也可能在空间思维上出问题。我们会很容易注意到人们什么时候善于表达或者刚好相反，但只有在不寻常的情况下，才会发现某人的空间思维有问题。

空间能力不仅可以得到开发，而且根据美国国家科学院某委员会的说法，我们必须开发空间能力。空间能力是许多职业、任务和活动的基础。众所周知，阅读、写作和算术都是在学校里教授的，但是理解和创造地图、图表、装配流程和操作说明，科学、数学乃至文学、历史、社会科学等学科的可视化解释，要如何教授呢？

答案是：增强空间能力。这是显而易见的，毕竟开发空间能力的过程很有趣！对于孩子和他们的看护者来说，可以选择各种空间游戏：拼图、建筑玩具如乐高和万能工匠 ①，桌游如飞行棋，电脑游戏如俄罗斯方块等。即使是经常

---

① 美国玩具品牌，一套各种形状的零件，儿童可用螺栓等接合零件，将其自由地组合成房屋、车辆等结构。——译者注

被忽视的电脑游戏，像《侠盗猎车手》（Grand Theft Auto）这样的动作游戏，也有助于空间能力的发展，能优化注意力的分配和提升感知的速度。

摔跤对空间思维的要求很高，因为选手们要努力摆脱复杂的擒拿手法。令人意想不到的是，学习和练习摔跤可以提高空间能力。如果其他对空间思维有要求的运动项目也能提高空间能力，那么也就不足为奇了。众所周知，各种运动的专业性与许多空间任务相关。但这些数据并不能告诉我们，究竟是这些运动提高了空间能力，还是那些空间能力更好的人在运动中表现更好。其中的因果关系并不清楚，但很可能是双向的：要想在运动中取得优异的成绩，需要一些空间能力，而获得专业技能的过程又可以提升空间能力。

家长、老师和看护者能做的远远不止提供机会、运动、玩具、游戏等。最重要的是，他们可以用空间对话来丰富孩子的空间经验，唤起孩子对相似性、差异性、对称性、类比性等空间细节和空间关系的关注和比较。与此同时，他们可以使用手势：指着某个细节，使用来回反复的手势进行比较，找出相似性、差异性和类比性。可以与孩子玩进 / 出、上 / 下、前 / 后、内 / 外等对立关系的游戏，使用手势甚至全身的动作来表达这些概念。可以给形状命名，用字母 p 开头的词，如 parallel（平行）、perpendicular（垂直）、perimeter（周长），字母 d 开头的词，如 diagonal（对角线）、diameter（直径），以及其他的词，如 area（面积）、circumference（周长）、radius（半径）来描述形状的特征。可以做猜谜游戏：哪个更高、更宽、离你更近？可以测量几乎所有的东西，把鞋子、积木或玩具车按大小排好。

画图也是个好办法。让孩子创造视觉空间表征，当然能让孩子与成人共同完成就更好了。可以从人和物体的高度开始画，然后再创建地图，接下来是展示某物如何运作或人们如何做某件事，以此类推。展示可以在纸上或用手边的任何物体来完成。既可以用条形图展示读过的书或喝掉的牛奶的数量，也可以制作家庭关系网，它们都是精彩的家庭艺术项目。日常生活中还有很多机会：万事万物的形状和大小；身体扭动和移动的方式；蝴蝶和长颈鹿身上的斑点以及建筑物窗户上的图案；蚂蚁、狗和汽车的速度；影子；以及各种紧固件，如搭扣、铰链、钥匙和锁、粘扣、拉链、绳结、螺丝钉和盖子。

当然，这些活动不仅仅是孩子们的活动。对 200 多份研究报告的仔细分析表明：任何人的空间思维能力都可以通过许多不同的训练方法得到提高。训练的效果是持久的，而且在许多情况下，还会转移到没有直接经过训练的其他空间能力上。这真是充满希望又振奋人心的研究结果。

空间能力的范畴

现在，我们有点儿进退两难。我们知道，有许多空间能力，其中一些似乎是紧密相连的。我们还知道，培训可以提高各种空间技能，而且培训一种空间技能可以提高另一种空间技能的表现。但我们仍然缺乏一种针对空间技能的分类法。

现在，让我们缩小并考虑空间能力的范畴。空间能力似乎是一个从看到做，从感知到行为的连续统一体。许多艺术家和设计师都具有这样的天赋，他们可以看到并经常创造出视觉世界里的微小细节，捕捉面部的轻微不对称、身体和风景的比例和层次、头部的倾斜和道路的弯曲。他们会对这些事物进行判断和比较：哪个更高、更广、更远？团队运动中的天才运动员需要跟踪每个团队中的球员以及球或飞盘的移动情况。哪个更快、更高？头脑中会出现各种各样的想象。想象一个物体在旋转、折叠或拉伸等各种转换的情况下会是什么样子，想象运动场会是什么样子，想象一个运动物体的轨迹，这些空间技能与视觉相关，但在想象中却增加了运动的元素。现在，我们来分析空间和感知中与身体动作相关的技能：想象导航、摔跤、跳远、小提琴演奏、体操表演、编织或打结，这里的连续体是：看、想、做。

从感知到行为的连续体实际上是一个向上的螺旋。感知有助于想象，想象有助于行为，行为有助于感知。换句话说，它们相互依附。你画出微笑、身体或小山的曲线，再回过头来看看现实中的世界和自己画的画，然后不断调整，直到你在观察世界和绘画方面非常熟练，第一次就能做对。因此，你可能会更清楚地看到这个世界。你练习把飞盘扔到你想象中的队友（或你的狗）所在的地方，直到你做对为止。感知和行为之间的这种紧密联系便是空间思维的一个标志。它不仅仅是行为和感知，它还是行动和认知。记住，用手做出画曲线的动作也有助于心理旋转。用手画线和点来绘制示意图有助于人们加强对周围环境的记忆和认知。这种螺旋结构得到进一步强化：感知、行为和认知。

惊人的心理体操

我已经向你们展示了人类大脑可以完成的一些惊人的心理体操。这些心理体操将我们在世界中看到的和脑海中想象的东西转化为无数的想法，从接球、过马路或收拾行李箱所需的基本和平凡的想法，到用于创造宏伟建筑、精彩足球比赛或粒子物理学理论的壮观和神秘的想法。尽管想法是奇妙的，但是建筑、足球比赛和放大的粒子都有这样或那样的物理实体存在。然而，空间思维还有更多的奥妙要揭示。空间思维是我们说话和思考的基础思维，它是关于空间的，但也关于时间、情感、社会关系等。现在，请接着往后看。

Mind
in Motion

第二部分

世界中的思维

Mind
in Motion

第 5 章

会思考的身体，
空间中的语言

在本章中，我们讨论身体上，尤其是
手上的动作。它们如何从动作变成姿势（或
手势），从而影响自己与他人的思维，又是
如何在日常分工合作中发挥"社会黏合剂"
的作用。

在他们的静默里含有话语；在他们的姿势里包含着语言。

——莎士比亚《冬天的故事》(*The Winter's Tale*) 第五幕第二场

当你观察他人的时候，哪怕是从很远的地方，你也知道正在发生些什么。你都不用听，就知道他们正在做什么事情，知道他们心情如何——是高兴，是生气，是充满活力，还是焦虑。你知道人们的意图，也知道他们的关系，比如看到两个人挨在一起，胳膊挽着胳膊；另外两个人却身体僵硬，彼此分离。你常常看到交谈中人们的各种姿势。有人困惑地歪着头；有人身子前倾，浑身自信；也有人身体后仰，给对方说话的机会；当一个人挥起拳头，另一个人就往后退；人们一会儿聊得舒缓又放松，一会儿又聊得急切而激烈。别人在做的事情其实也告诉了你自己接下来要做什么。比如在电影院排队要从后面开始排；在路上撞见有人修路就绕开走；遇上打架的就避开，跑到马路对面去。这些协调的身体动作常常像名家弦乐四重奏那样细腻、清晰、精准。这些都属于"动作"，但不是做晚饭和换衣服等作用于物体上的动作，也不像我们每天做的无数个能改变世上事物的其他动作。

令人惊奇的是，我们的身体会对动作进行分类。我们烹饪食物，然后吃掉食物；我们穿衣服，脱衣服；我们整理书籍、衣物、壁橱里的食物和储藏室；

我们组装家具、缝补衣服；我们弹钢琴、吹长笛、打鼓；我们使用吸尘器、驾驶汽车、骑自行车；我们走路、跑步、跳舞、爬树、追狗玩、打篮球、漂流、做瑜伽、滑雪。一些用手完成的动作甚至可以改变世界，比如刺杀；而一些用脚完成的动作只能改变我们在世界上的方位。

但是，还有另外一种动作，既不会改变世界，也不会改变方位，它改变的是思维，自己的或是别人的，这就是"姿势"。有趣的是，许多姿势恰恰是那些能够改变世界和方位的动作的缩略版：放、拿、提、推、转、分、混，还有其他数不清的动作。作为姿势，动作是以思维而不是以物体作为媒介进行表达的。我们平时说话，其实是把思维当作物体，把思考作为作用在这些物体上的动作，即把这些想法聚在一起，搁在一边，打散，颠倒，或者翻转。

虽然身体、面部和手具有超凡的表现力，但我们通常还是用词汇去表现想法。我们给孩子教授的，给朋友写的，在冰箱上贴的，说给陌生人听的，都是词汇。我们学习语法规则，为的是把词汇组织成句子，把句子组织成各种语篇。我们在字典里查找词汇的意义，为写作技巧编辑手册，但我们从来都不为"姿势"做这些事。世界上并没有一本权威字典，像收纳词汇的意义那样收纳姿势的含义，也没有把姿势组织成句的语法规则，甚至没有这样的"姿势句"。

在人类进化和成长的过程中，姿势都比词汇出现得早。有一个关于从猴子到人类的语言进化的理论，虽然有过于理论化之嫌，却极具洞察力，它就是从猴子生活中的重要动作展开的，比如扔东西和撕东西。一项令人称奇的实验发现，猴子大脑的运动皮质中有单个神经元，当猴子做出某个动作或者看到别的猴子（甚至人类）做出相同动作时，这些神经元就会发射信号。这种神经元被称作"镜像神经元"。镜像神经元将"做"和"看"统一在单个神经元中，不同的神经元对应不同的动作。

接下来，我们讲讲理解动作的大脑基础。一些人认为，动作也是语言的基础，因为语言即对动作进行表达。一个像"扔"或"撕"这么简短的动作足以体现人们做出这个动作时的意图，于是这个简短的动作就成了一个姿势。研究发现，猴子的大脑皮质中代表手的区域与人类大脑皮质中代表口语的区域有重合，由此推测，声音在进化中取代了手的位置，因为声音在表达能力上更强大，且能跨距离传递。

如果姿势在进化中先于语言出现，那么灵长类动物身上也许能观察到姿势的存在。秘诀在于要在野外而不是实验室里观察，那些实验室里的"自然"行为早就被人类与动物的互动污染了。实际上，通过长期的观察，人们已经找到了许多黑猩猩和倭黑猩猩使用姿势进行交流的例子。猩猩通过姿势表达的意图，似乎是对注意力、性、梳理毛发或陪伴的请求。人们还观察到猩猩通过姿势来要求同类停止某种行为。目前还没有人发现猩猩会数数或者指路，但是鉴于在猩猩中存在工具使用和觅食的文化传递现象，后续观察如果能找到它们使用姿势进行教学和解释的例子，将会是件令人兴奋的事。

用身体进行的交流无处不在，但这种交流通常是隐含在动作中的。不用去想它，它就自己发生了。比如，有人问了一个你不会回答的问题，你会耸起肩膀。有一天我问我 5 岁的孙女 D："学校怎么样？"她的回答是：一个大拇指冲上，另一个冲下。身体之间的交流比言语之间的交流更直接。一个身体做出表达，另一个身体本能地会理解，而且这种理解通常都是无意识的。我的目光扫过大门，你的头和眼睛会跟随我的目光。我盘起腿，你很快也会这么做。在交谈中，我们越来越多地使用彼此的词汇和姿势，并把这种现象称作"内外偶联"（entrainment）[1]。内外偶联无疑起到保证我们彼此互相理解的作用，创造共通，建立共识。并且，内外偶联也是社会模仿的一种形式。

当我们相互模仿时，也会更喜欢彼此。模仿和喜欢是双向的：我们倾向于模仿我们喜欢的人。相互模仿能够促进合作。社会模仿是社会的黏合剂。

模仿可不止这些，无论是直接的模仿还是间接的模仿。当你微笑或者皱眉，我能感受到你的愉悦和痛苦。我甚至可能自动开始微笑或者皱眉，反映你的情绪。甚至婴儿也会这样做，情绪镜像是共鸣的基础。

身体之间的交流远比镜像要复杂得多，这种交流往往是互补的。比如在酒会上，你看见一群朋友正在聊天，你走近他们，他们围成的圈子会扩展开好让你加入，然后你加入他们。在一次坐着的谈话中，如果一个人站了起来，这次会面就结束了。2016 年，在一次令人不安的美国总统竞选辩论上，两位候选人中大块头的那个像狮子将要扑食一样在台上绕圈，给这次言语的交锋加足了戏码。他向观众展示着自己的力量，也展示着对那位瘦小候选人的威胁。

什么是姿势？什么是身体语言？我们没有办法把手和头及身体分开看，它们全部都联结在一起。我们可以从远处看清一个人的身体，无论那个正在靠近的人是年轻的还是年长的，是酒醉的还是清醒的，是友好的还是有攻击性的。面部和手需要更近一些的观察。我在第 2 章里谈到过面部。手是尤其灵活的，它们有很多关节和肌肉，可以在钢琴上、手术台上表演惊人的技艺，还可以切割板子、用织布机织布。那些极为清晰的手部和手指动作同时也是表达微妙含义的微妙手势的一部分。现在就来说一说这些动作。

---

① 自我节律与他者节律的偶联，使两者处于一致的周期性变化中。——编者注

会说话的双手

与调动全身而做的大动作相比，双手做出的手势动作幅度虽小，却仍然能传达出不亚于身体动作的海量信息。手势的这种惊人的表达力，即便是婴幼儿也发挥得出来。或者说，婴幼儿尤其依赖于他们的手势与人交流。在学会说话之前，手势是婴幼儿主要的交流途径。许多父母都曾抱怨自己变成了孩子的奴隶，跟着他们的小手指哪打哪，"要去那里""要那个玩具"。当然，也并不是所有手势都表达了孩子强烈的愿望，有的只是单纯的交流。

我的孙女 C 在 18 个月大时，有一次对我的旅行装洗漱包产生了兴趣。她拿出了一支牙刷，又翻出了一个她认为是牙膏的软管。她试图打开这个软管，但没有成功。她把软管递给我，明显是想让我帮她打开。"C，这不是牙膏，是润肤露。"我向她解释。她看了看我，然后像真的涂润肤露那样，用手上下揉搓她的小胳膊，示意我她听懂了。

让我们再举一个例子。A 在 18 个月大时，看到摩托车上有个飞机的贴纸。她努力引起我的注意，确定我也看到那个贴纸之后，先指了指飞机贴纸，继而很确定地指向天空，仿佛在说，飞机在天上飞。在这个例子里，"飞机"和"天空"两个词语组成了简单的句子。在那些刚开始学说话的孩子身上我们经常可以看到，对于这种两个词语的简单句子，他们可能会说出其中一个词语，另一个词语则用手势表达，或者干脆像 A 那样，两个词语都通过手势表达。有时这种手势也是在邀请身边的成年人替他们说出那些词句。"没错，飞机在天上飞。"我帮 A 说出来。事实上，这种混合式的表达正是口语表达的前兆，更早学会使用手势沟通的孩子往往也更早学会说话。

让我们来看先天性失明的成年人 B。在被问路时，她一边口头描述，一边随着描述不断地做着手势。虽然作为盲人，她并不能看到自己的手势，也并不会知道问路的人有没有看着她或者这些手势是否帮得到这位路人，但这些都不影响她自动自发地使用手势。

再举一个我们随处可见的例子。走在路上，我们经常可以看到人们一只手拿着一个手机交谈，另一只手则对着空气激烈地打着手势。我们看得到这些手势，却不会去参与对话，而手机另一端真正的对话者，却看不到这些手势。即便这景象如此诡异，我们却都视之如常。

那么人们到底为什么要做手势呢？答案是显而易见的。在我们字斟句酌地组织语言时，手势已经直观地表达了我们的想法。词汇的选择往往是非常主观的。除了一些拟声词，如"嗡嗡""嘤嘤""咯咯"等，绝大部分的词汇本身与其所包含的意义是无关的。然而我们却能够在小小年纪快速记住并理解这些词汇，即使词汇能与其含义联系起来完全是随机任意的，这不得不令人惊叹。与抽象的语言相反，手势大部分情况下能够直接反映其所要表达的意义。如前文中C用假装在胳膊上涂润肤露的动作表达"润肤露"的含义，A指着飞机的贴画告诉我那是"飞机"。她又通过指向天空表达出飞机应该"在天上"。指向一件物体或展示如何使用它，还有什么比这些动作更能直接地表达自己的意图呢？这些手势就像口语中的词语或短语，甚至可以说是口语的替代品。在我们长大成人变得口无遮拦之前，手势比语言更容易驾驭。事实上，幼年时的许多手势都会逐渐被我们弃用，最终被语言所取代。

前文中盲人B使用的手势则不同。那些手势伴随着她的发言而产生，并进一步细化了她的表达。这些手势表达的内容虽然与她的口头描述差不多，但却是以一种更自然的方式呈现的。她的手势，与其说是在辅助她表达，不如说是在帮助她思考。她一边口头描述着路线，一边用手势"速写"出路线的每个部分，用直线表示道路，弯曲手掌表示转弯，她成功地用手势"画"出了一张地图。在这个过程中，她的手势是服务于思考中的自己，还是为了展示给那个她看不见的听众呢？

一方面，手势可以表示那些能通过单个词语表达的意思，就像 C 通过揉胳膊来表示润肤露。另一方面，手势也可以辅助构建大致的空间结构，正如 B 在指路时用手势描画的路线图。与 A 的"飞机在天上飞"不同，B 表达的这种空间结构无法用单个词语表达出来，甚至多几个词语也不够用。她的手势中自有一套和语言迥然不同的逻辑规律。这些手势构建了一组连续的图表用以组织和表现她的思维。手势的结构与语言的结构并不相同，也不需要遵循语法规律。你可能注意到了，当我讲述手势所表达的多个维度的含义时，用了具有空间性的描述方式：一方面、另一方面。这组连接词在空间中创造了一个虚拟的图表，将手势表达的两个维度的含义分列在了图表的两侧。

手势，用动作创造意义

手势的作用有很多，其中之一就是在空中画画。手势和图形之间有着基本的相似之处，如速写、素描、图表、绘画、模型等。手势和图形都是由空间中的动作创造的。两者都是用来表现自身以外的东西，尽管有时它们具有双重作用，比如绘画和舞蹈：它们表现沉思的对象，本身又是沉思的对象。两者都遵循一种不同的表征逻辑，一种更直接的逻辑，与语言的逻辑不同。最关键的是，两者都与其代表的东西相似。

当然，手势和图形之间也有区别。手势是画画，但笔触宽泛，是用手指、手或身体而非铅笔或细笔刷作为画笔。因此手势必然缺乏绘画或素描的精细度，而且很快就会消失。图形能够停留，并保持静止，当然动画除外，但是动画也有自己的问题。而另一个显著的区别是：手势是发生在此时此刻的，而各种描绘和图形都能够摆脱此时此刻的瞬间语境，表现不属于当下的即过去或未来的事物和事件，这是它们与语言共有的优势。

手势能表达的内容如此之少，而且表达得如此不精确，这就迫使其向抽象化发展。最起码，抽象化需要对信息进行简化，不是一刀切，而是选择思维的本质特征，剔除不相关的内容（我知道你要说：但言语也是如此，需要筛选出最关键的信息）。对于手势来说，抽象化也意味着选择可以被演示出来的或空间化的特征。图形也是如此，必须选择应该显示什么，可以忽略什么。虽然图形可以显示更多的东西，但有时正是因为太多了，反会让观众不知所措，从而迫使他们搜索和进一步筛选信息。与图形相反，手势是短暂的，它们不会一直在那儿等着被人探索。图形需要工具去实现，比如铅笔和纸张。与此类似，手势需要的是我们的身体，更多的是我们周围的世界。

总之，手势是一种行为，往往是真实世界中复杂行为的简化，因此比静态图形更适合表现行为本身。手势用空间中的行为来创造意义，手势代表着自己以外的东西，手势可以与其所代表的东西相似，手势是抽象的和示意性的，手势是短暂的，手势本身就是行为……所有这些特征都有助于我们理解手势所传达的内容和方式，以及手势是如何影响其创造者和观看者的思维的。

手势的 5 种类型

每个人都喜欢把东西放进一个个整理箱，把喜欢的东西堆成一堆，与不喜欢的东西分开。这也就是分类法、词典、目录、类别的逻辑，非常有用。把信息放进箱子里，再把箱子放进更大的箱子里，让一切变得更简单。然而，我们都没有办法为不同的手势制定一套分类方法，更不用说在空间中用行为创造意义的所有方式。除了一小套固定的手势，如"好的""很棒"和"击掌"，实际上的情况是，手势是不断地被即时发明出来的，并根据当下的情况进行调整。当然，词语也可以被即时发明出来，电子邮件（email）和垃圾邮件（spam）是什么时候变成了名词，然后又变成了动词？但词语往往是基于其他词语而发明的，并符合上下文语境，通常是名词、动词或形容词。手势没有句式、语法，也没有与上下文相呼应的部分。句子几乎都是人们在对话中随时创作出来的，或者是在诗歌中精心推敲而成的，并不存在一个全面的句子类目。然而，口头话语和语篇的类型学，甚至手势的类型学是存在的。这些类型学并没有严格的定义，许多手势不只属于一个类别。即便如此，以上类型学也是有用的。对于手势来说，通常被接受的类型有象征性手势、节拍性手势、指示性手势、图示性手势和隐喻性手势。区分这些类型的特征，一部分是形式，一部分是功能，一部分是语义，一部分是组合。

象征性手势是类似词汇的固定手势，如"好的""很棒""和平"等象征性手势。摇头表示不，上下点头表示是，挥手致意表示你好或再见。象征性手势可以发挥干脆的回答或问候的作用。因此，象征性手势通常是独立存在的，很少与其他手势或词汇组合成较长的语句。

节拍性手势是伴随语音的有节奏的手势，通常出现在短语或分句处。它们可以起到建立话语结构和推进话语的作用，或是用于强调。虽然它们被认为不具有语义内容，但事实上经常是有的。在政治辩论中，以对方的每一个缺点为节奏，在讲台上不断敲击的声音就是节拍性手势。伴随着顺序做出的强调性的切割手势，第一、第二、第三……也是一种节拍性手势，但由于这些节拍通常是沿着空间中的一条水平线进行的，它们会建立一个维度来承载语义。沿着这个维度，我们可以看到按顺序排列的一组事物，按时间轴排列的事件，联赛中排位的球队，以及电影的票房排名。人类的思维确实喜欢顺序和排列。

指示性手势会有明确的指向。deictic（指示的）一词及其英语名词 deixis 均源自希腊语，意思是显示、展示、证明或指向。奇怪的是，尽管起源如此，deixis 最早是针对言语的而不是手势的，指的是像"这里""那里""我""这个""那个""下一个""现在"这样的词，这些词依赖于此时此刻的语境才能被理解。上一句中的"现在"已经不是我们此刻所讲的"现在"了。

指向（point）的一个基本作用是把此时此刻的这个世界带入对话中。"指向"提及某物并同时引导人们注意，比如指天空（飞机）、指饼干（吃）、指外面（去）、指爸爸的鞋子（爸爸）。很多对话，尤其是和孩子的对话，都是关于此时此地的。但指向能够把世界上的一些东西带入对话中，这并不是孩子的专利。成人也会使用指向，比如为他人指路，指出想要的甜点，或指定下一个轮到的是谁。

指向往往被认为是最简单的手势。还有什么比向一个人思维聚焦的方向伸出一根手指更简单的呢？这也正是它的意义，简单直接。婴儿会很快地学会并熟练使用指向性手势。但简单的指向却并不总是明确的。假设这样一个场景，我一边讲话，一边指向一本书。我可能指的是任何一本旧书，一个可以作为门挡的物品，或是最近买的一件东西，也可能是朋友落下的东西，或者指的就是那本特定的书。如果指的是那本书，我也可能是指它的书名、目录，它的作者，或者是它给我带来的快乐，它的影响力，它的大小或封面设计，或者指与这本书有关的无数其他特征。这时我们就需要依赖语境去明确指向的意义。

更复杂的是，指向不是单一的手势。它甚至不需要使用伸出的手指。我们可以用手指或手，也可以用头或肩膀，甚至用眼睛来指，指的方式各不相同。也许你已经被教过用手指人是不礼貌的，也许用头或眼睛来指相对比较隐蔽，不容易被别人看到。眼睛朝门外一扫，可以示意同伴也去看看那里的情况，或是表达我们该离开了。我们如何使用指示性手势取决于很多方面，如为谁指，指什么；周围的环境如何，包括客观环境、社会环境和对话环境。

更神奇的是，我们还可以指向根本不存在的事物。对着某个已经离开房间的人或者已从桌子上移开的盘子空出的位置点点头，都可以指代那个不在的人或不在的盘子。但是这背后的含义是，我可以用指示性手势设置一个想象的世界，一个记忆的世界或完全假设的世界，一个具体或抽象的世界。我还可以继续指向在想象世界中安排的虚构事物，甚至可以用移动的点来改变它们的位置。设置一个想象的世界，并将其动态化，其实是美国手语的一个特点。

图示性手势能够发挥描绘的作用，显示了物体、空间或动作的属性。图示性手势的原型是"大鱼"手势，即用手画一条鱼来表示被钓到的或逃走的鱼的惊人长度。图示性手势没有也不可能表现出一个物体或动作的所有特征。大鱼手势表现了鱼的长度和水平位置，但并没有表现出鱼的形状及其游动的动作。图示性手势还可以表示动作，如"他趾高气扬、大摇大摆地走进房间"表示他看上去好像是这里的主人。

隐喻性手势表达的是可描绘但非文字的属性或抽象概念。有"大"鱼，也有"大"的思维。当然，思维之"大"并非字面意义上的"大"。思维之所以"大"，可能是因为该思维在膨胀，也可能是因为它包含了许多其他的思维，还可能是因为它具有许多引申的含义。与宏大思维相生的手势和与大鱼相关的手势有所不同。鱼有形状和方向，但思维没有。你会如何表示可以被视为实体却没有特定形状或方向的事物，比如一个想法？它可以是一个球体。所以，一个宏大想法更有可能被想象成圆形的东西，而不是像鱼一样拉长的东西。为了表现这个想法，我们可能会弯曲手指，就像拿着一个球。动作也可以作为隐喻性手势。比如，左边点一下头，右边点一下头，可以表示一个人从一个想法跳到另一个想法；平放的手像跷跷板一样上下晃动，可以用来表示不确定。

各种各样的隐喻渗透在我们的思想和谈话中，同样也影响了我们的手势。隐喻之所以有效，是因为它用我们熟悉的东西来表现不熟悉的东西，用具体的表现抽象的，用已经理解的表现尚未被我们理解的。有许多隐喻随处可见，以至于我们没有意识到他们其实使用了隐喻。比如，我们往往会用隐喻的方式表达"死亡"。心脏在"跳动"，大脑在"运算"，人生是一场"旅行"，政治候选人在"交战"。

莎士比亚是隐喻大师：人生如"舞台"，朱丽叶是"太阳"，生活像一张"网"。当然，隐喻并不是把所有感知到的都迁移到感知对象身上。从"网"迁移到"生活"的，是事件与关系的复杂网络，而不是从蜘蛛的下腹部挤出的丝线。同样，并不是说朱丽叶是天上那个发光的火球，而是说她照亮了罗密欧的生活。所以，对于隐喻性手势来说也是如此：只需迁移部分特征，具体是哪些，手势可以明确地表达出来。

手势可以揭示思想

我的丈夫曾是一名伞兵。其中一项训练是在没有地图的情况下被扔在黑暗的沙漠里，孤身一人，要自己找到回去的路，如果找不到的话，就……你们懂的。他的方向感强大到不可思议。许多年后，在远离战争的平静岁月里，偶尔我来开车，而他当导航员。在路面和照明良好的情况下行驶，他一边告诉我"向右转"，手却指向左边，或是说左指右。他说的是哪种语言并不重要。由于身体比大脑反应更快，我知道要跟着他的手走，而不是他的言语。言语和行为的关系是随意的，但指向和行为的关系是直接的，它存在于我们的身体和我们置身的世界里。你所指的方向就是你想走的路。当人们的手势与言语相矛盾时，要密切注意其手势。

这一点对儿童来说更是如此，因为他们往往还不善于用言语来解释自己的行为。下面是儿童在标准的皮亚杰守恒实验（Piagetian conservation task）中的一个例子。幼儿面前排着两排相同的跳棋。实验者将其中一排跳棋的间距拉大，问："现在跳棋是多了（指着间距加宽的一排），还是和之前一样？"实验者同时还要问幼儿为什么。很小的孩子会说跳棋变多了，大一点的孩子会做出正确的判断，说还是一样多。但有些孩子嘴上说的是一回事，而手势则表达了另一回事。研究者将这些不一致的地方称为错位。例如，一个幼儿可能会说跳棋变多了，但却同时做了一个手势，指着两排中相应成对的跳棋。这种一一成对的手势表明，这个孩子正处于掌握守恒概念的边缘。在这种情况下，错位的手势与言语并不矛盾，就像我丈夫表达左右的情况一样。在很多错位的情况下，手势和言语只是传递了不同的信息。

同样的情况也发生在学龄儿童学习算式的过程中。有的孩子计算错误，但是会用食指和中指做出等号的手势指着等式的两边，这说明他们对等式两边必须相等的理解已经初具雏形。值得注意的是，在这两种情况下，孩子在言语和手势之间的错位预示着理解的飞跃。也就是说，一个孩子指着一个算式的两边，很快就会明白算式的两边必须相等，拉长一排跳棋也并不会改变跳棋的数量。更重要的是，教师似乎发现了言语和手势之间的差异，并在教学中加以利用，帮助学生阐述自己的理解。教师感觉到这些正是适合教学的时刻，并对这些言语和手势产生错位的学生给予更多的指导。

学生的手势还能提供其他对教师有帮助的信息，特别是学生解决问题的策略。当要求学生在解释如何解方程的同时还要做手势，其手势会揭示言语中没有被解释到的策略，如在方程中他们进行加法运算的是哪些数字。这有点像要求学生展示他们的作品，因此他们就更容易从指导中受益。

相反的是，当教师提供两种不同的解决问题的策略时，与教师配合着同时使用手势和言语或两种策略都用言语传达相比，一种策略用言语，另一种策略用手势，学生的学习效果会更好。

手势比言语更能表达思想

手势在表现思想方面，往往比言语要有效得多。事实证明，这对于真正伟大的思想尤其重要，比如康德的先天综合判断三要素：空间、时间和因果关系。每一个都是多向度的概念，都可以被空间化，而且是以不同的方式被空间化。而手势最厉害的功能之一就是设置想法的图示空间。很多关于手势的研究，都是分析单一的手势，注重手形，或者简单地统计手势的数量。尽管这些工作很有见地，但这种狭隘的关注点忽略了含义丰富的姿势的整合序列的力量，这种力量将思想放在一个舞台上，随时准备好进行互动。

但是，康德的先天综合判断三要素缺少了情绪。康德的基本先验要素为空间、时间和因果关系，不包括情绪。虽然三要素并非属于同一个概念连续体，但如果说空间、时间、因果关系在抽象程度上是不断加深的，那么情绪与之相比则更为抽象。情绪是在自己的概念连续体上，或者说，在许多连续体上。如果说表达空间、时间和因果关系使用的是姿势的整合序列，通常是手势，那么情绪往往只需要一个姿势，通常是面部表情。不仅如此，请务必谨记，情绪还是每个知觉和思维的一部分。

无数细微的、不可名状的情绪，都可以通过身体和面部，甚至只是眼睛和眉毛来表达。抬起的眉毛，无论是作为动作还是表情，都已经成为怀疑的代名词。我们在第 2 章讨论了情绪，当时我们身体周围的世界用世间万物填充起来。而在此处，情绪只需简单动动嘴。我们的嘴唇扮演着许多角色，它们微笑、打哈欠、噘嘴。言语从它们身上发出。可以说，通过身体和大脑的镜像关系，我们经常像直接体验他人的行为那样，直接体验他人的情绪。

首先谈空间。用空间来表示空间，这是一个不难理解的问题。尽管如此，如果你是研究心理学的，除非做个实验，否则没人会相信你。所以我们做了实验。把人带到实验室，让他们学习一些简明的地图，并要求他们对着摄像机描述地图中所代表的环境，这样看视频的人就会知道所有东西在什么位置。正如我们所预料的那样，大多数人（但不是全部）都做了手势。许多人做了一长串的整合姿势，将环境中的地点和路径以空间阵列的形式进行了排列，有的在虚拟的垂直放置的黑板上，有的在虚拟的水平桌面上。占主导地位的手势是用线代表路径，用点代表地点。

其次说时间。时间通常被抽象为单维度，即一条线。但是，是哪一条呢？根据语言和情境的不同，这条线用手势表示，可能是从左到右，也可能是从右到左，可能是一条从身前到身后的矢量线，也可能方向正相反。方向取决于我们如何构想时间。在一些语言中，前方表示未来，因为在概念上我们正在向它前进，或者它正在向我们走来。在其他语言中，过去在前面，因为它是已知的，而未来在后面，因为它尚且不可见。在普通话中，时间可能用垂直的手势表示，早一点向上，晚一点向下，就像日历一样。在书页上或在一些社交场合，将时间从左到右或从右到左排列要比用复杂的前后表示更加方便。时间从左到右还是从右到左，似乎主要取决于一门语言的读写方向。

最后来看因果关系。相比时间与空间，因果关系理解起来要难得多。原因的种类太多，而且很多原因是不易发现的。但很多原因和结果都是行为，会诱发人们做出图示性手势。让我们回到实验室，看看人们在解释因果系统时是如何做手势的。在一个实验中，学生们研究了岩石循环或心脏的工作原理，然后制作了一个视频来解释这个系统。通常情况下，他们先用手势创建一个大型的虚拟图表，用以定位因果系统中的各个部分，就像人们用手势创建空间中的地图或事件的时间线一样。对于因果关系，手势可以做的不仅仅是在空间或时间上描绘地图。手势被用来显示系统中各部分的动作以及系统中动作的因果链。因此，手势在表示因果关系方面具有双重作用，使其在解释因果关系方面更加重要。

举例说明先天综合判断三要素之后，我们的讨论要暂告一段落。但应该明确的是，以上只讨论了手势最基本的作用。代表空间、时间和因果关系的手势远不止能表达思想，它还能改变手势创造者和观看者的思想。

第二个值得记住的事实：用手和用言语创造的表达是截然不同的。

现在也许能够让你相信，人们会自发地做手势，而且手势可以比言语更直接地表达多种不同的想法。是的，全世界都是如此。当然，手势也有文化差异。事实上，几乎所有的事情都是如此。接下来需要让你相信的是：手势是十分重要的，在与他人和与自己的沟通中，手势都十分有效，而且其有效性超越了言语。幸运的是，这些都得到了很多证据的支持，这些研究也让我们对手势的作用有了更多的了解。

手势能够帮助我们交谈与思考

手势帮助我们交谈

现在请你把双手放在大腿下面，即坐在你的手上。然后出声解释如何从你家到超市、火车站、办公室或学校。这不仅仅是一个思想实验，它在高度控制的实验室实验中也是有效的。当要求人们坐在他们自己的手上解释或描述空间关系时，他们很难说话，找不到合适的词语。

生来就失明的人，无论是儿童还是成人，即使在与同样失明的人交谈时也会做手势。他们从未见过手势，他们交谈的伙伴也没有见过。他们似乎是在为自己做手势。盲人的手势，就像之前实验中的视力正常的人一样，似乎可以帮助自己组织语言。事实上，当双手被限制时，人们遇到的问题不只是遣词造句，阻止手势不仅会干扰说话，还会干扰思考。

手势帮助我们思考

有一个流传甚广但也许是虚构的故事，关于我们可敬的诗人华莱士·史蒂文斯（Wallace Stevens）。他步行去保险公司上班，随着想法的节奏，一边走路，一边写诗。当他需要修改一行诗时，会后退到这行诗在他脑海中开始形成的地点，然后在重写时又继续向前走。

现在让我们从诗歌转到一项更平凡的心智活动，数数。试着数一堆散放在桌子上的硬币，在数的时候不能用手指每一个硬币，也不可以移动它。我们在教孩子们数数时，会让他们依次指着每个物体，这样做可以数得更快，也更准确。如果成人在数数时手被束缚住，他们就会用头来数。而如果头也不能动，无疑，人们会用眼睛去数。一边数，一边指着，可以让人们随时掌握数数的情况。指着数数是一种动作还是一种手势呢？似乎两者兼有。

要说明手势有助于思考，就必须有表达思考的手势。不仅如此，人们在思考但不说话的时候也会做手势。做手势会帮助人们思考，而手势受阻则会干扰思考。手势还有一个额外的好处，那就是，人们在思考时做出的各种手势，也能揭示其思考的情形，而且是直接揭示，并不需要使用机器去窥视大脑。

想要验证前面所说的一切就意味着要进入实验室。于是我们发起了一项研究，让人们单独待在一个封闭的房间里，并给他们提供一系列需要解答的问题或需要记忆的复杂描述。我们已经知道，人们在谈论这些问题和复杂描述的时候会做手势，但在我们的研究中，参与者没有可以谈话的对象。

我们会先给参与者一些需要解答的问题。例如：6个杯子排成一排，左边的3个杯子是空的，右边的3个杯子是满的。只移动1个杯子，将该布局改为空—满—空—满—空—满。

你想到答案了吗？在思考这个问题的时候，大部分人都做了手势。他们用手势呈现了这个问题，表示出连续3个空杯、3个满杯，但方式各不相同。有的每只手伸出3个手指，并排摆放。还有的3人一组，用食指在桌子上沿着一排分别摆出6个杯子。无论哪种方式，他们都用手势描述了问题。这些手势远不只是像指示性、象征性或隐喻性手势那样的单一手势，它们是一个协调的手势序列，形成了问题的空间表征，是问题的虚拟图。这本身就是一个有趣的发现，但还有另一个更令人惊讶的发现：做手势的人比不做手势的人更有可能解决6个杯子的问题。为什么手势能够帮助我们解决问题呢？

在试图了解为什么手势有助于解决问题之前，我们需要知道这个现象有多普遍：人们会用手势来理解和学习其他种类的信息吗？因为众所周知，人们在描述环境的时候会做手势，所以我们转而研究环境与手势的关系，比如小镇上的道路和地标，或者健身房里各种运动室的配置。环境本质上是空间性的，但它在脑海中和纸面上都被抽象化了，变成了简化地图中的路径和地点，即点和线。人们独自在一个房间里，会不会用手势来表示和记忆有关环境的描述？他们的手势会不会形成简化地图？这两个问题的答案都是肯定的。

就像在阅读需要解决的问题时一样，大多数人（但不是全部）在阅读空间描述时通过做手势来帮助记忆。他们是否做手势并不取决于所处的环境是室内还是室外，是大还是小。描述采取的视角是俯瞰的，还是以环境内部为坐标的，这都不重要。就像 6 个杯子的问题一样，人们的手势对环境进行了虚拟素描，但手势风格有所不同。有的在桌子上做手势，有的在空中做手势，有的在桌子下面做手势。有的用食指描绘线或点，有的则用整只手。但这些手势在语义层面上是相似的。每个人都用线状手势代表路径，用点状手势代表地标。环境的其他特征，如公园、学校、健身房或游泳池，很少被表示出来。手势描绘的只有骨架，这与简化地图十分相似。

同样，手势帮助人们思考。那些做手势的人比那些没有做手势的人在回答关于环境的问题时准确率更高，速度更快。那些做手势的人还做出了更准确的推断；他们更善于从还没有阅读到的角度回答问题。有几个人只在进行某些描述时做了手势，结果表现得更好。为了证实手势的重要性，我们要求另一组学生在阅读并记忆这些描述的时候坐在自己的双手上（即将双手放在大腿下）。果然，那些坐在自己手上的人比被允许做手势的那组人表现得更差。

环境是丰富而复杂的，手势也是如此。大多数人在实验中做了一长串手势，有时会随着自己的理解而不断修改。他们也很少看自己的手，即使看了，也只是短暂的一瞥。这意味着，手势的表征是空间运动化的，而不是视觉的。既然如此，先天失明的人做手势就很好理解了。对于手势来说，重要的是空间中的动作，而不是手势的样子。

令人惊讶的是，阅读时做手势并没有减慢阅读速度，即使人们同时在做两件事。一般而言，人们同时做两件事会增加认知负荷，从而降低效率，而做手势和思考则不然。矛盾的是，手势通过增加认知负荷的方式降低了认知负荷。

理解空间描述是很困难的，要花力气才能弄清所有东西的位置，字词只能按照水平的顺序排列，与环境只有象征性的关系，但手势却与环境相似，它们把地点和路径按顺序放在了虚拟地图上。从本质上说，手势将语言转化为了思维。

手势会有助于任何一种思维吗？我们的猜测是：手势有助于复杂的、可以空间化的思维。关于理解物理学和机械系统中基本动态的研究支持了这些猜测。一串齿轮之所以能工作，是因为每对相邻的齿轮向相反的方向旋转：顺时针旋转的齿轮两边被逆时针旋转的齿轮包围，这就是所谓的奇偶规则。手势可以帮助人们掌握奇偶规则，即在一条齿轮链中，每一个相连齿轮的旋转方向都是相反的。

手势可以帮助人们理解杯中水位的问题，当玻璃杯倾斜时，水位与地面保持平行，而不会随着玻璃杯的倾斜而倾斜。单纯想象倾斜玻璃杯的样子并不能帮助理解杯中水位的变化，但像抓着玻璃杯一样让手倾斜可以帮助理解。这是一个至关重要的区别，虽然听起来有些令人费解。想象，也就是视觉空间推理，在理解玻璃杯中的水位问题时，不如用手做出倾斜的动作有效。

顺着正确的方向转动手，也能帮助一些人解决心理旋转的问题。

我们的工作正在超越固有的空间，向更远处探索。我们给学生描述了各种各样的东西，让他们从中记忆和推理：聚会策划者的日程安排，人们对电影类型的偏好，按经济增长排序的国家，对汽车刹车或自行车打气筒工作原理的解释，2 个三位数相乘，等等。每种情况下，2/3 到 3/4 的参与者在阅读时都会做手势，他们的手势形成了问题的虚拟图示。这些虚拟图示的形式有很大的不同，但所代表的信息的本质是一样的。在上述所有情况下，边学习边做手势都加快了参与者测试时的答题速度，这说明手势巩固了人们对信息的记忆。对于机械系统如汽车刹车和自行车打气筒而言，学习时做手势还提高了测试的成绩。我们还发现，当给人们提供机械系统的图表和环境地图而不是这两种信息的文字描述时，人们依然会做手势。即使在提供可视化信息的情况下，很多人也会用手势来对他们试图学习的系统和环境做出空间运动模型。

看着别人在阅读和理解信息时的手部动作，感觉就像在观看他们的思考过程。这比用机器窥视大脑要容易得多，因为一切尽在眼前。有的同学用手指的关节作为表格的行和列，来表示电影类型偏好的排序或聚会策划的日程安排；还有的同学在桌子上做了一张虚拟的表格。代表汽车刹车和自行车打气筒等机械系统的手势，是非常有创意和多样化的（正如人们的虚拟图示一样，我们将在后面看到）。尽管拥有极高的多样性，但这些手势（和图示）都抽象地展示了系统的基本结构和动态。和以前一样，我们要求一半的实验参与者坐在他们的手上。值得注意的是，几乎有 1/3 的人虽然被要求坐在自己的手上，但还是无法遵从指令，无法停止做手势。好像如果他们的手不能动，他们就无法思考一样，有些人正是这样告诉我们的。

我们竟然能够用手去思考，这是多么令人好奇和惊讶的事情。但手势不是万能的，它不能保证成功，让人们做手势也并不一定就能提升他们的成绩和表现。手势必须能够表现思维，必须是作为思维的重要组成部分而存在。要想手势有效，思维必须是正确的，如果思维走入歧途，手势和正确的解决方法也会出错。我们让学生们解决的另一个问题很好地说明了这一点。你可以自己试试看：一艘船停泊在港口，一个有 10 个梯级的绳梯挂在它的侧面。每个横档之间的距离是 30 厘米。最下面的横档碰到水。由于涨潮，水面每小时上升 10 厘米。水多久能淹过梯子从上面数的第三个梯级？

这个问题似乎是我们初中时一直在努力解决的问题之一，但事实并非如此。这是个小陷阱，而多数聪明的大学生都上当了。绝大多数学生在试图解决这个问题时做了手势。通常，他们用一只手跟踪梯子的横档，另一只手用来计算。那些做手势的人成功地计算出了错误的答案，他们计算的是如果船和海底的距离固定不变时，水淹没上数第三个横档的时间。但是，船是漂浮的！所以梯子的相对水位不会随着潮汐的到来而改变。什么时候水会淹没上数第三个梯级？答案是：永远不会。意识到船是漂浮的不需要做手势，这是一个必须从记忆中提取的事实。因此，在这种情况下，那些做手势的人更有可能做出错误的解答，因为他们的手势是由错误的思维驱动的。

为了真正有效，手势需要以正确的方式去表达思维。如果与思维一致的手势能增强思维，那么按照这个逻辑，就应该有可能设计出能够帮助人们理解、学习、思考和解决问题的手势。比如，在物理教学中经常会加入这样的手势，教师会教学生用拇指、食指和中指互为直角形成三个坐标轴，并通过旋转坐标轴来解决向量问题。在学校里，教师会教学生一个手势来帮助其理解等式的两边是相等的。学生用食指和中指做一个"V"形手势，两根手指指向等式的两侧。学过这种手势的学生对等式的基本原则有更好的理解。

平板电脑的使用为引导学生做出与预期思维一致的手势提供了很好的机会。例如，加法是一个离散的任务，每个数字都有一个计数。相比之下，数轴估计是一个连续的任务。在一个数轴估计任务中，人们会看到一条水平线，表示从 1 到 100 的数字。教师给学生一个数字，比如 27 或 66，并要求学生在数轴上标出这个数字的位置。当加法任务与离散的一对一手势相配合，数轴估计任务与连续手势相配合时，学生的表现更好。

表征性手势是如何运作的

前面我们已经证明了，人们自发做的手势可以帮助自己思考。手势体现了思考的过程，能够直接映射思维。手势并非将思维通过言语或符号去表现，而是将其作为空间中的行为来表达，这就是手势最为神秘的部分。手势不仅仅是运动记忆，不仅仅是舞蹈演员、钢琴家、外科医生、网球运动员或打字员用来唤醒记忆的熟悉动作。这些手势是他们实际行为的缩影。用手和手指绘制一个环境地图和在环境中行走差异很大。手和手指被用来代表环境中的地标与路径，地图则是环境的抽象表达。当我们在环境中行走时，我们行走在路径中。我们可以把路径看作线，然后通过手指和手的移动，用手、手指或手臂进行不连续的切割来表示线。我们可以把地标抽象成点，并用各种方式来表示这些点。

与此类似，我们可以把每一种电影类型看作一个点，通过在一条线上对点进行排序来表示我们对不同电影类型的偏好程度。我们可以使用相同的映射方法来表示按时间顺序排列的事件，每个事件都是这条时间线上排列的点。环境地图、电影类型的偏好、按时间顺序排列的事件等都使用相同的表征性原型：用点来表示地点或想法，用线来表示点与点之间的关系。除了点和线，常见的还有圆形和方形等很多抽象的表现形式。在第 8 章讨论图形时，我们会回到这个问题。

人们在思考时所做的手势还有另一个好处：可以在动作中让他人看到自己

的思维。他人可以观察我们的思维，我们也可以观察他人的思维，这些都是实时发生的。那么，这些为自己的思维服务的手势也能为他人的思维服务吗？我们现在就来谈谈这个问题。

手势可以改变思维

我们依然从婴儿开始。当看护者同时使用手势和言语（而不是单独使用言语）时，婴儿习得词汇的速度更快。原因可能是，指示性手势可以明确言语所指的对象，或是手势扮演或描绘了言语所指的对象，也可能两者兼而有之。当婴儿看到更多的手势时，他们做出的手势也会更多，就像我们之前提到的，这为增加词汇量提供了另一条途径。

当蹒跚学步的幼儿学会数数时，父母是相当自豪的，但很快就会感到困惑。尽管所有表示数字的词汇都按正确的顺序排列，但他们年幼的神童却无法回答关于数量的问题。对于幼儿来说，计数意味着将一系列词语与一系列点匹配起来，再对应到具体的物体上。幼儿会像记忆字母歌一样按照顺序死记硬背数字，还要加上一个在数轴上前进的手指。幼儿此时对数字的理解与我们对数字的理解还不太一样。不过请注意，我并没有否认幼儿学会数数的意义，这是一个了不起的成就。因为这说明他们已经可以理解一对一的对应关系，不管对象是什么，每个对象都有一个数字，而且数量在不断增加。这足够令人印象深刻，其他灵长类动物是不会这样做的。但一对一的对应关系只是理解数字这项认知技能的一小部分，当幼儿不能回答关于数量的问题时，说明他们还不明白基数的概念，即排在最后的一个数字，数值最高的数字，就是这个集合的总数。如果给幼儿看两组糖果，告诉他们这是乔纳的糖果和莎拉的糖果，让他们数数乔纳和莎拉各有多少糖果，他们通常会先数乔纳的糖果，然后接着上个数字去数莎拉的糖果，而不是重新开始计数。如果在每一组糖果周围用手势画一个圆圈，则有助于幼儿分别数每一组糖果的数量，这是理解基数的重要一步。这个圆圈手势在每一组糖果的周围都划定了一个界限，区分开莎拉的糖果和乔纳的糖果。这样幼儿更可能在边界处停止计数，从而在数另一组糖果的时候重新开始计数。

现在让我们转向成人。当向别人解释某事时，我们通常会做手势。这些手势通常比我们为自己所做的手势幅度更大、种类更多样，共同构成了一个与口语相对应的叙事。如果说话者做出幅度更大的手势，并在叙述中与手势联系起来，那么他们很可能认为这些手势有助于听者理解内容。当有人告诉我们该走哪条路或如何做某件事时，我们当然会依赖于对方的手势。但这类手势描述的是我们与这个物质世界互动时应该采取的行为。那些旨在改变思维、在大脑中形成表征的手势是怎样的呢？

为此，我们采用了各种年龄和职业的人都需要学习的概念作为测试的素材，即复杂系统。这些概念理解起来具有一定难度，如政府的各个部门，部门各自的职责，法律是如何通过的；选举是如何进行的，婴儿是如何诞生的，心脏是如何运作的；莎士比亚的戏剧中，主要人物有哪些，他们的社会和政治关系是怎样的，每个人做了什么，其他人如何反应。尽管每个概念各不相同，但在每个概念的下面都有一个复杂系统，分为结构层和动力层。结构是系统内部各组成部分的排列方式，动力是一系列具有因果关系的动作。也就是说，结构指向空间，动力指向时间。

许多研究表明，结构比动力更容易掌握。结构是静态的，动力则是不断变化的，并且通常包含了因果关系。刚刚接触复杂系统的新手和我们当中一半的人一样，空间理解能力较低，而了解系统的动力规则需要具备专业知识或较强的空间理解能力，或者付出足够的努力。结构可以被轻易展示在页面上，如城市地图、政府部门架构图、花的结构图、家谱，以及各种各样的网络结构。但是动作不是静态的，因此更难捕捉，也更难呈现。动作是差异化的，因果性呈现的方式更是多种多样，甚至是不可见的，比如"力"和"风"。

手势就是一种动作，那么呈现了动作的手势能帮助人们理解复杂系统中的动力吗？对于动力系统，我们选择了汽车发动机的工作原理作为研究对象。我们写了一段文字说明，解释了它的结构和运行动作，内容包括了参与者回答随后提出的问题时所需的一切信息。然后我们用同一个说明制作了两段视频来解释汽车发动机的结构与工作原理。其中一个视频使用 11 个手势表示结构，比如活塞的形状；另一个视频则使用 11 个手势，呈现发动机中活塞的动作。两个视频中都出现了相同的基础图表。一群学生分成两组，分别观看了其中一个视频。因为理解结构相对容易，我们没有期待看到结构性手势对理解视频内容的效果，重要的是两组学生都能在视频中看到手势。

在观看过汽车发动机的讲解视频后，学生回答了一组问题，其中一半关于结构，一半关于运行动作。然后，他们制作汽车发动机的可视化说明。最后，面向摄像机解释了汽车发动机的工作原理，以便其他人能够理解。事实证明，观看动态手势具有深远的影响。看过描述机械动态手势的那组学生关于机械动态问题的回答准确率更高，即便所有的信息都已经在文字说明里给出。在可视化说明和视频讲解中两组的差异更大。看过机械动态手势的一组在其可视化说明中展现出更多的动作：使用更多的箭头，描绘了爆燃、吸入和压缩等动作；他们把发动机工作原理的每一个步骤分开得更清楚；他们在视频讲解中使用的动态手势远超另一组，并且很多都是自己发明的而非单纯的模仿；他们在描述中使用了更多的动作词汇，尽管在观看视频时两组学生听到的动作词汇数量一致。描述机械动态的手势直接而自然，学生观看此类手势使其对机械动态的理解更上一层楼，这种理解在他们储备的知识、制作的图表、使用的手势和言语中都能体现出来。

简而言之，手势改变了思维。这些手势既包括我们做出的，也包括我们看到的。接下来理解时间的概念，使用和前面相同的方法开展研究：把参与者分成两组，使用相同的文字描述，给不同的参与者看不同的手势。也许因为言语在时间上是一个词语接一个词语产生的，人们可能很难理解两个步骤或事件并不必然存在严格的时间顺序，实际上可能是同时进行的，或者它们的顺序可能并不重要。当一个程序中的各个阶段被描述为：首先你做 M，然后你可以按任一顺序做 P 或 Q，最后做 W，人们常常会记成 P 在 Q 之前（或者反之亦然）。当对步骤进行时间上的描述时伴随着节拍性手势，人们就会犯错误，会严格地对步骤进行排序。然而，当描述中带有表示同时性的手势时，无序的步骤就会被正确地记成无序的。

另一个对人们来说不容易理解的时间概念是周期性。想一想诸多循环，如四季、洗衣服、岩石循环，还有种子发芽，花儿生长、授粉，新种子形成。当被告知这样的循环步骤，并要求作图时，大家往往会画出线性图，而不是圆形图。大家确实能很好地理解循环是圆形的，但他们画出来的却是直线。手势的使用改变了这一点。当我们解释其中一个过程时用手势表示各个步骤沿着直线前进，线性倾向就会得到加强。但当我们解释一个过程时用手势示意各步骤以圆形推进，大多数人就画出了圆形的循环图。重要的是，他们不是简单地复制手势展现的形状。我们让另一组参与者重复了这个实验，这一次，我们没有要求他们画图，而是直接问他们："接下来的步骤是什么？"那些看过圆形图示的人通常会回到循环的开始，说"种子发芽了"，但看到过线性手势的人往往会继续进入一个全新的过程，比如采集花束。由此可见，人们看到圆形手势后，确实改变了思维方式。

上述这些关于手势会改变思维方式的研究只是此类研究的冰山一角。诀窍在于通过创造手势，建立一个能表征想法的空间，巧妙地表达思维。手势具有改变思维的力量，这对课堂内外的交流都具有重大的意义。

用手势解答数学、理解音乐

在全世界范围内，人们使用手指、脚趾和身体的其他部分用于计数已经有非常久的历史了。最开始，一根手指代表一件事，与我们常用的计数方法很像。手指和脚趾的这种一一对应的使用方式是配对映射的一个好例子，每根手指指代一件事物。但是，事物的数量可能远远超过手指和脚趾的数量，甚至超过肩膀、膝盖和身体其他关节的数量。人们最终想出了一个聪明的办法，把一些关节设定为其他关节代表数量的倍数，于是一些关节变成了十、百、千等单位。这种转换将原始的一一对应关系远远抛在了后面。

更进一步，人们让手本身成了文明史上的第一个计算尺或计算器。与使用计算尺一样，人们需要练习才能熟练地弯曲和伸直手指，以便进行加法、乘法、减法和除法运算。这种一一对应也很像弹钢琴。钢琴也需要遵循一种一一对应的映射关系，从左到右的琴键顺序是按琴键发出的音符的频率递增的。用手做计算器最开始呈现的是空间一致性，后来演变成验算的一致性，即将手部动作映射到算术运算当中。

让我们继续聊聊音乐。这次我们不聊钢琴，而是聊聊唱歌。手的另一个有趣的用途是表现乐谱和指挥合唱团。圭多手（Guidonian hand）之所以有这样一个名字，是因为这只手被认为属于11世纪的一位修士圭多。你可以在图5-1中看到圭多手的其中一个版本。

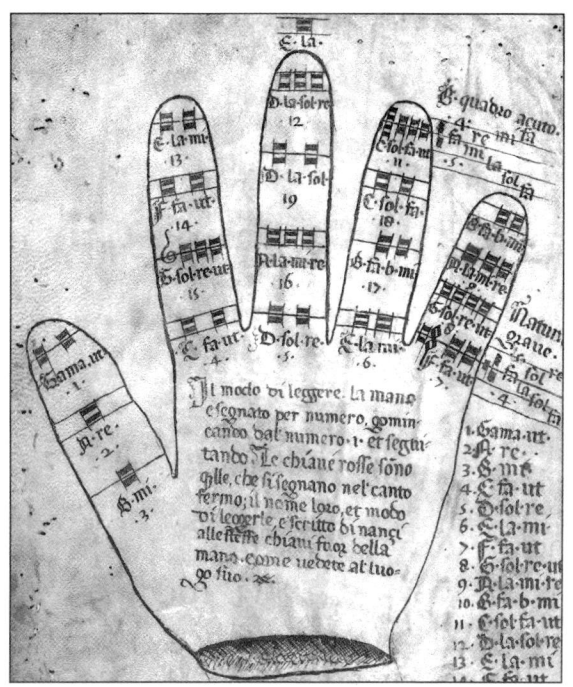

图 5-1　圭多手

注：一种用于记录和指挥音乐的方法，起源于 11 世纪，至今仍在使用。

Do-Re-Mi-Fa-So-La-Si（Ti）这种至今仍使用的记录音乐的方式也要归功于圭多手。使用圭多手指挥合唱团意味着把音符刻在手指和手掌上，并为演唱者指出合适的音符。虽然随着印刷乐谱的出现，圭多手已经不再使用，但它如今又回到大众中来了。

用来计算总数或指挥合唱团的手势并不是自发的；它们是高度规范化的，甚至比语言还要复杂。然而，与人们自发做出的手势一样，它们与思考密切相关。

姿势，社会的黏合剂

对话

姿势是社会的黏合剂，这一点从观察人们的对话中就可以看出。头、脸、手、身体的动作让对话持续进行下去。想象这样一个场景：你说了些什么，停顿了一下，看着我。我点头表示同意你的发言，如果不同意我可能会扬起眉毛或者仰头眯眼以示疑惑。当我准备将发言的时间交给你的时候，我会将身体往后靠。如果一个问题无法回答，我可能只会耸耸肩。如果我们不给对方这种无声的反馈，对话就会显得很尴尬。

协作

对话是协作的一种形式，但还有其他更为明确的以姿势为关键媒介的协作方式，特别是当协作的对象是可以被指向或操纵的东西时，协作起来会更为有效。手势，是姿势中非常重要的一种。

举个例子：假设发生了一场地震，要求学生两人一组，寻找救援伤员的最佳路线。他们得到了一张校园地图，上面标出了受伤人员的位置和被堵塞的道路。他们的任务是画一张最佳路线图。有些小组会在同一张地图上并肩工作。他们交流的工具包括手、地图和声音。虽然他们的对话很深入，但很少互相看对方的脸，更多的是看着彼此的手。他们的手轮流在地图上提示和编辑路线，并用声音标注。某个声音可能会说这样的话："到这里""转向那里""现在走这条路""不要去那里"……这些话只有在看着手上的动作时才会成为有意义的表达。

同时，他们的手势也逐渐简化了。最初，参与者会描摹追踪整条路线；随着协作的进行，他们只会指向连续的交叉口。小组内两名成员之间还学会了对方的手势，这是一种常见的被称为内外偶联的现象，这种现象在语言中也很明显。其他小组也使用相同的地图并排工作，但不同的是，每组的组员之间有一层薄薄的帘子。对这些人来说，唯一的交流工具就是他们的声音。前文中可以在共享地图上做手势的小组，互动性更强，体验更愉快，也制作出了更好的路线图。被帘子隔开的小组也试图努力达成一致的路线，他们认真对待这项任务，并乐在其中。然而，在接近 1/3 的小组中，两名组员之间提出的路线存在很大的差异。

语言可以而且常常是模棱两可的，即使描述一些非常基本的东西，比如空间，我们身处的环境。相比之下，手势是明确的，它能够展示确切的位置，并追踪转弯处的位置和路径。你已经知道了在这样的情境中什么样的手势会占主导地位：点状手势代表地点，直线状手势代表路径。它们分别是零维和一维的。第三种手势也被用来表示一个区域，即手的二维扫掠。手势并不是单独起作用的，它们与任务的外部表征一起工作，在本例中为地图。请记住，我们之前谈到的，手势可以创建一个虚拟的外部表征作为手势的平台。无论是真实的还是虚拟的，外部表征创造了一个共同的基础，并充当了让手进行推理和反复思考的平台。

设计

让我们来看另一个例子：设计。一些经验丰富的小型设计师团队被要求重新设计一种检测材料特性的装置。每个团队围坐在一张桌子旁，给他们一张工程图，以及一个可触摸的模型。不用说你也会知道，针对图纸和模型，成员们在交流中使用了相当多的手势。一些小组产生了"彻底的突破"，发生了设计理念的突然改变，经历了顿悟的瞬间（头上出现了闪光的小灯泡！）。这些瞬间伴随着一系列新的隐喻和新的想法，尤其是大量的手势，从桌上的小动作转换为在房间里走动的大动作，这些动作与物体互动。有时，是由草图而不是手势将叙述具象化，再次显示了手势和图形这两种表达形式之间的密切关系。

舞蹈

舞蹈需要整个身体的参与，是内在的、完全具身化的，因此，舞蹈可以轻易地表征它本身而无须借助外物来表达。然而，编舞和舞蹈演员在提到舞蹈时，已经发展出了其他展现舞蹈的方式，他们称之为标记。标记通常是一只手的手指放在另一只手的手掌上，手指像腿一样跳舞，向别人展示舞步。整个身体也可以用于标记，通过简略的表演展示作为具身化的素描来展示一支舞或一个舞蹈片段中最关键的部分。例如，在舞台上勾勒出位置以供安排灯光，或以夸张的方式向舞者展示躯干或腿部的伸展。令人惊讶的是，通过标记一个完整的舞蹈动作序列来绘制草图，结果证明它比完整地跳一支舞更容易让人记住这个动作序列。勾勒出动作的顺序可以让舞者专注于动作本身，而不是同时关注动作的顺序和完整的表达。

音乐指挥

现在请思考一个生动的场景，此时，手势完全充当了社会黏合剂的作用，这就是音乐指挥。如果说对于地图而言，手势的工作是简单直接的，即表示地点、路径和区域，那么手势在指挥中的作用不仅是直接的，还是细致与微妙的。除开指挥中的各种其他事务，指挥家还要同步节奏，在空间和时间上监督音乐的动态，控制音量和强度，并提示音乐家加入和退出演奏的时机。通常来讲，左手负责设定节奏，右手则负责其余的工作。但实际操作中要复杂得多，而且完全没有系统化。指挥家的手势千差万别，很多人用指挥棒，但也有些人不用，很多人用脸、背、腿，甚至用肺、呼吸的节奏去指挥。伦纳德·伯恩斯坦（Leonard Bernstein）指挥约瑟夫·海顿（Joseph Haydn）乐曲的手法很出名，他完全用头和其可塑性极高的面部，尤其是眉毛去指挥，手臂和身体几乎一动不动。赫伯特·冯·卡拉扬（Herbert von Karajan）闭着眼睛指挥。埃萨 - 佩卡·萨洛宁（Esa-Pekka Salonen）舞蹈着指挥。指挥家风格的多样性令人惊叹，研究显示，几百年来这类社交行为应该已经聚合成一种共通的语言了。

指挥家指挥着观众和管弦乐队。当指挥家强调音乐的表现力、清晰度和动态性时，观众对音乐特征的感知会增强。即使指挥家的表达完全是视觉上的，但当音乐保持不变，指挥多样化时，观众的体验也会随之改变。例如，指挥家可以引导听众注意整体旋律或某一段重复主题旋律，如固定音型（ostinato）旋律。当指挥家强调整体旋律时，听者更倾向于把这首曲子描述成连贯、规则的，但是当指挥家强调重复主题旋律时，听众更倾向于把同一首曲子描述成不连贯、不规则的。

虽然指挥家只创造视觉表演，但音乐家同时创造声音表演和视觉表演。值得注意的是，有时视觉比声音的表现力更强。有一个非常戏剧性的例子：仅凭音频、视频或两者兼有来确定钢琴比赛前三名的实际排名。你可以先试着预测一下哪种推测的结果是最准的，但要做好吃惊的准备。无论是专家还是新手，在只观看视频时，他们做出的判断与实际排名的关联度最大！当然，尽管他们自己也相信声音比视觉更重要。

让我们再从音乐走向美术，用达·芬奇标志性的《最后的晚餐》来结束关于手势作为社会黏合剂的讨论。你可以在谷歌图片中找到这幅画的许多副本。当然观赏这幅画更好的地方是去米兰，去感恩圣母教堂，花半个小时感受真迹。15 分钟的标准参观时间是不够的，所以我们要去两次。跟随身体、眼睛和手的复杂互动，你可以看到谁在和谁说话，他们是如何联系的，他们用手指着什么，他们的反应如何。你能感受到画中人们互动的强度和耶稣的平静超然。我们从这一点出发，从远处观察社会互动，而达·芬奇早已敏锐地捕捉到了这一点。

用身体思考复杂的思想

我们可以用身体思考，但我们能用身体思考复杂的思想吗？当然可以！达·芬奇思考着设计飞行器、桥梁和降落伞。爱因斯坦想象着自己在一束光上飞行，想象中的飞行使他能够洞察时空。魔术师想象着打一个可以自行解开的结，而外科医生在思考如何打一个不会自行解开的单手结。魔术师哈利·胡迪尼（Harry Houdini）想象着从锁着的箱子里逃跑，小偷则想象着打开保险箱。还有编舞者、足球教练、时装设计师、军事战略家、摔跤手、艺术家、工程师、演员和数学家。所有（或大部分）用身体思考着复杂思想的人都可以。

Mind in Motion

第 6 章

关于空间的思考 1：
点、线、视角

在本章中，我们讨论线性语言是如何从某个视角描述空间的。这个视角可以是内在的，即以人的身体为中心的；也可以是外在的，即以外部世界为中心的。我们会谈到一个关于内在视角的惊人事实，即采用他者的视角有时候比采用自己的视角更容易也更自然。

目标不只是目的地，还是带你走向目的地的那条路。

——保罗·安德鲁（Paul Andreu）[1]

当代法国建筑师

---

① 保罗·安德鲁根据《老子》转述。

对话与思维

对话与思维不一样。对话可以反映思维，也可以改变思维，但我们不应该把对话和思维混为一谈。对话只是表达思维的一种方式，我们还有其他表达思维的方式。笑、喘气、尖叫都是从嘴里发出的声音，它们都具有某种意思，但它们都不是"话"。我们的面部、手和身体都能表达思维，就像草图、图表、模型和物体在空间中的排布可以表达思维一样。有时候思维会卡在脑子里出不来，这时我们就说不出话，因为找不到合适的词。

对话有着深远的意义，我们的讨论也将从这里开始。所谓"话"就是词，一个接一个的词。词是符号。作为符号，它可以表达任何一种意思；作为符号，它的表意是间接的，是高度浓缩的。就表意来说，世上的词汇根本不够用。词汇表意的方式与表情、手势和绘画不一样。词汇的知觉特征（perceptual feature）① 是有意义的，这些知觉特征使词汇轻松获得了"抽象"

① 指词汇的语音、词形等方面的特征。——译者注

的自由。正因为词汇是抽象的，它们所代表的意义远远超出了词汇本身。话语依然提供了通向思维的窗口。这个窗口虽然狭窄，但深藏不露，仔细观察就能发现其中的真谛。

先来聊一聊我们是如何谈论空间的。谈论空间跟探索空间很像。谈论空间的过程就像是一次旅行，带着我们从一个地方去到另一个地方。空间大概是最容易谈论的东西之一了，毕竟我们就生活在空间里。在空间中导航对生存来说至关重要。我们有用来命名场所及其分类的名词，有用来描述它们的形容词，有用来表示探索的动词，也有用来表达它们之间空间关系的介词。尽管空间是实在的、摸得到的、无处不在的，但我们对空间的谈论却很微妙，甚至模棱两可——看看你我的用词就知道了。谈论和思考空间是谈论和思考其他许多事物的基础，这种基础是根植在大脑里的。如果你错过了这部分内容，不妨回去看看第 3 章中的相关内容，**认知第六定律：空间思维是抽象思维的基础**。那一章里我们讨论了空间思维的大脑基础，现在我们要讨论的是空间思维是如何体现在语言中的。

不同视角下的空间

我们先从一个普通的日常问题开始：某人问你某个东西在什么地方，如你的自行车、钥匙、手机、眼镜、你家或者你的办公室。想想你会怎么回答。你也许会说"在厨房的桌子上"，或者"靠在我家的右墙上"。但是，在你确定你和他都知道你说的是哪张桌子、哪座房子，还有它们的位置之前，你是没有办法给出这些答案的。也就是说，你们需要一个共享的视角，一个你们观察世界的共同的方式，这是一切的起点。实际上，你在谈论任何一件事的时候都必须采用某个视角（无论是隐含的还是直接的），并且确认这个视角被你和听你说话的人所共享。请注意，"共享"并不意味着"同意"。视角的种种规则最终都指向"自我中心"和"非自我中心"这两种最基本的视角。自我中心视角是从一个特定的身体（通常是你自己的身体）出发的视角，而非自我中心视角是从外部环境出发的视角。我们最熟悉的非自我中心视角就是东南西北。

自我中心视角

比如，你的朋友想借你的自行车用一下，但是你刚好不在家，于是你得告诉他你的自行车在哪里。你也许会说："如果你正对着我家，你就能看到它靠在房子右侧的墙上。"这里，你说话的视角（"正对着我家"）是直接视角。但如果你说"自行车在房子的右面"，这个"右面"指的是面对房子时的右面还是背对房子时的右面就不清楚了。你还需要一个参考系。以上对话中的参考系是你朋友的自我中心视角，也就是他的上下左右前后。我们在第 3 章讨论过这些从身体中延伸出来但实际上并不存在的轴线。

上一段的讨论假定你的朋友知道你家在哪里。如果跟一个不知道你家在哪里的人解释要怎么找到正确的地点，恐怕会需要一段更长的描述。就像所有的空间描述一样，这段描述必须从一个共享视角开始，而且这个视角必须是对方能够采用的。你可以说："从你的酒店出发，往右转，上考珀街；沿着考珀街往南走不到 1 千米，到因巴克德罗路；在因巴克德罗路右转，然后在第三个红绿灯左转，上阿尔卡密诺大街；往南走 500 米；右转上斯坦福大道……"这里使用的视角仍然是朋友（也就是真正要走这条路的那个人）的自我中心视角。虽然在这段描述中"你"的视角一直在变化，但这些变化都是直接的，参考系一直都是"你"的身体，"你"的上下左右前后。

视角和参考系是许多学科和领域的核心概念，其中包括语言学、心理学、地理学，还有历史、文学、艺术。总之它遍布你能看到的每个地方，而这是有原因的。前文中描述的这种视角通常被称为自我中心视角——观察者身处空间之中，用自己的身体和从身体中延伸出的轴作为参考系。这一切的起点，这个视角的中心是人的自我。现在我们来介绍一个语言学的专业术语。中心，即自我在时间和空间中所处的位置，在语言学中被称为"指示中心"。"指示"，是"指示"或"展示"的意思。就理解"这儿""现在""那里""下一个""这个"和"那个"这种词汇而言，了解指示中心所处的位置是关键。换句话说，我们能否正确理解和使用这些词汇取决于我们能否了解自我在空间和时间中的位置。这样看来，我们接电话的时候总是先问对方"你在哪儿？"，这一点儿也不奇怪。

我们还经常利用自我中心视角给别人指路，告诉他从 A 到 B 该怎么走，这种视角被称为路线视角。我们对路线的描述包括从 A 到 B 的过程、方向和必要的解释。这些描述会带你从现在所处的空间方位去到你想要到达的空间方位。当然了，从地点 A 走到地点 B 也是从一个时间点走到另一个时间点。作家通常把读者称为"你"，这是因为他们想要把读者准确地放置在某个情景之中，希望读者能像亲临现场一样体验到情景中的动作，好像那些动作正一个接一个地在读者的眼前铺展开来。

路线视角不仅可以用来指路，还可以用来勾勒人们对环境的整体印象，比如描述公寓的布局或者确定一座城市主要地标的位置。下面以曼哈顿市中心为例。"背对林肯中心出发，向右拐到百老汇大街上。直走大概 7 个街区到达 59 街的哥伦布圆环。你的右侧是时代华纳中心，左侧是中央公园的边界。往左转到 59 街上，沿着中央公园走到尽头就是第五大道。然后右转沿着第五大道走到 53 街，再在 53 街右转，往前走到街区的中间，这时你就会在右侧看到现代艺术博物馆。"我刚刚带你沿着这条路线从一个地标走到另一个地标，从一个地方走到另一个地方，从一个点走到另一个点。导游们说起这番话应该比我更生动一些，但是相信我，这条路线值得一走。

你大概已经注意到路线描述是由片段构建起来的，就像乐高积木一样。这些片段与乐高积木的另一个相似之处在于每个片段都有两个组成部分，一个用来连接上一个组成部分，另一个用来连接下一个组成部分。每个路线片段都由一条路和一个地点构成。一条路连接着这个地点和上一个地点，一个地点连接着这条路和下一条路。乐高积木可以组合成大大小小的建筑物，路线片段也可以组合成大大小小的描述段落。路是你从一个地点去到另一个地点的方式，也是你从一个地点去到另一个地点的动作。你的动作可能会在某个地点发生改变，对路线来说，这种改变通常是方向的改变。地点是我们做出选择的地方，通常是路口，但也有可能是其他地标，比如教堂、广场、地铁站或饭店。另一种对路和地点的理解是：动作和动作的结果。路是动作，地点是动作带给你的结果，如"向右拐到百老汇大街上""往左转到 59 街上"。地点和路是可以累加的，就像锁链上的链接一样，加多少层都可以。点和线、地点和路，构成了路线的基本骨架。

手绘地图也有相同的结构：片段连接地点。我们曾经让大学生画出或者写出从他们的当前位置走到最近的速食店的方法。手绘地图理论上可以仿照现实画出实际的距离、方向、转弯处和弯曲的道路，但人们并不会按照理论出牌。他们画的地图是一段一段的，就像文字说明一样，一段一段地解释。当一段路上有很多转弯处的时候，手绘地图会把这段路拉得很长，就好像更多转弯处就需要更多文字说明一样。在手绘地图中，那些弯曲的道路通常都会被拉直，而转弯处，无论它们原本是什么角度，都会被画成 90 度。这就像我们说话的时候会说"往下走"、直接忽略掉那些弯曲的路段一样；我们还会说"右转""左转"，并不会去计较转的角度究竟是多少。简单来说，手绘地图和口语中对路线的描述似乎是受到了同一种心理表征的驱动。

你的视角还是我的视角

那个用来找自行车和漫游曼哈顿市中心的"你"是一个假设的"你"。它可以是任何一个"你"，甚至可以是我。但如果我们面对面，我就得在你的视角或者我的视角中选一个。在这种情况下，"你"又是谁呢？比如说现在桌子上有两杯葡萄酒，然后你问："哪一杯是我的？"相比我自己的视角，我应该更可能从你的视角去回答这个问题。在使用你的视角时，我得把左变成右、把右变成左（这是一个很难的转换）。采用你的视角而不是我的视角有一部分也许是出于礼貌的考虑，但哪怕是日本人这个被全世界刻板地称为"最礼貌"的人群采用对方视角的情况也并不比美国人多多少。日本人大概有 70% 的时间会采用对方的视角，具体情况不同，这个数字也会发生变化。

注意了，这个"具体情况"恰恰是问题的重点：采用谁的视角似乎取决于情境本身，具体来说，它取决于你和我之间的相对认知负荷。在葡萄酒的例子中，我知道哪杯酒是谁的，而你不知道，所以你的认知负荷比我的大。你不仅需要理解我说的话，还需要把我说的话和那两杯酒对应起来；我已经知道我的话和酒之间的对应关系，只需要把该说的话说出来就可以了。反过来讲，如果我的认知负荷比你的认知负荷大（比如你知道问题的答案而我不知道），我在问类似问题的时候就会倾向于使用自己的视角，比如"我那杯在我的右边吗？"如果有一种方法能让我们不需要采用你的或者我的视角就可以确认两杯酒的位置，我们都会倾向使用这种中立的说法。比如，如果我们所指的那杯酒离盐罐更近，我们就会以盐罐为坐标，然后说："你的是离盐罐更近的那杯。"

支持者认为，路线描述之所以那么常见、让人无法抗拒，是因为习惯成自然，毕竟我们每天都穿梭在各种路线当中，时刻以这种方式体验着这个世界。

为了描述事物在环境中的方位，我们会重新经历一次在环境中寻找该事物的过程。我们会想象自己在那个环境中游走，根据自己不断变换的视角描述每个事物的位置。虽然这种主张听上去很有说服力（而且它也确实说服了很多人），但事实是：人们从很久很久之前就已经开始制作地图了。制作地图需要的是非自我中心视角，一个从上向下俯视的视角，而不是制图者的自我视角。可以肯定的是，人们在描述环境和路线的时候经常会部分或者全部采用非自我中心视角。

非自我中心视角

制作地图一定是人类所有真正卓越的成就之一。迄今为止，还没有发现会制作地图的黑猩猩。地图与实地勘探的不同之处在于，地图使用的不是自我中心视角而是非自我中心视角，也就是一个无自我的、以他人为中心的视角，一个位于自己身体之外的、通常是向下俯视的视角。普通人最常使用的参考系是地球参考系，也就是东南西北。地质学家、气象学家，还有其他一些"家"们给这个参考系加上了第三个维度：海拔。水手使用的是船只本身的坐标。演员和导演使用的是演员面对观众时的舞台坐标。脑科学家和内科医生使用的是从拉丁语演变而来的晦涩的身体坐标：背部的（dorsal）和腹部的（ventral），尾部的（caudal）和喙部的（rostral），中间的（medial）和双侧的（lateral）。拉丁语中的 dorsum 是"背部"的意思，venter 是"胃"的意思。

我们在开始画地图之前就需要设想出它的样子。我们需要从俯视的视角想象世界的模样，这种视角又被称作鹰眼视角、概览视角或者概要视角。我们对世界的体验是在世界的"里面"一片一片拼凑起来的，但能想象出这些碎片拼凑起来后，从外面看上去是什么样子。这是大脑中的海马和内嗅皮质共同努力创造出的奇迹（具体细节请见第 3 章）。不要为脑区的名字发愁，它们都只是大脑的某个部分。大脑的分区太多了，大多数人恐怕都记不下来。大脑可以把"自我"从其所处的世界中抽离出来，也可以让我们按照事物之间的关系而不是事物与我们之间的关系排列其位置。也就是说，我们跟老鼠一样，可以从不同的方向进入某个房间或者某个街区，并且知道东西都在什么地方。我们与老鼠的不同之处在于，人类可以把那个世界压缩在脑海里，再把它转移出来，将它呈现在纸上。

你只需要在某个地图式的心理表征上加上文字，就可以用非自我中心视角谈论这个世界了。旅游指南在向读者介绍城市中有趣的地标时用的也是非自我中心视角。以下是对华盛顿特区市中心的一段叙述："国家广场的西侧是华盛顿纪念碑，东侧是美国国会大厦，北侧从西到东分别是美国艺术博物馆、美国自然历史博物馆和美国国家美术馆，南侧从西到东是……"你心里已经有这个画面了。这种视角被称为概览视角、概要视角、鹰眼视角，甚至绝对视角。概览视角的参考系并不是用身体坐标去定位地标相对于"你"的位置，而是用外在视角（通常使用的是基本方位，东南西北）去定位地标相对于彼此的位置。我刚才只是简要地描述了一个简单的环境，其中的地标并没有分布在多条彼此平行或者垂直的街道上。对了，你有没有注意到这段描述是按照阅读习惯从左往右、从西往东的？

回到自行车的问题上。如果使用非自我中心视角，我可以在向你描述了我家的非自我中心方位后说："自行车靠在我家的南墙上。""我的自行车在哪？"这个问题看似简单其实非常复杂。目前为止，我叙述的都是简单的部分，跳过了许多引人入胜又发人深省的现象，比如模棱两可、谬误和混淆，仅仅在讨论对空间的描述时就跳过了这么多。这种语言的复杂性无疑是语言学家始终"生意兴隆"的原因之一。说句题外话，这也是我们在面对面的时候用手势定位事物的原因。手势有两个好处：更直接，更明确。

你也许觉得描述空间位置应该是直截了当的，会因为理应简单的事情却这么复杂而感到沮丧。你也许会想："还是直接给我张地图吧。"你是对的，把地标的相对位置画出来多简单、多直接啊！画画简单，说话难，在创作和理解上都是如此。其中的一个原因就是：地图用空间代表空间，体现的是直接的对应关系。地图可以同时展示多个空间关系而不是某"一"条路线，这样读者就能使用多种不同的视角探索多种不同的路线。实际上，地图通常提供的是俯视或者概览的视角，但我们一般会用它来找路，一条不一定从哪里开始也不一定在哪里结束的路。我们还可以用地图（无论是记在脑子里的还是画在纸上的）来估计距离和方向。所以，与文字叙述相比，地图不仅更紧凑、更直接，还能传递更多信息。

实际生活中的空间描述

回到谈话上，人们在实际生活中是怎么描述空间的？我前面举的例子都是虚构的。就像所有真实谈话一样，在实际生活中自然而然描述出来的空间和路线比我举的例子要复杂得多，甚至文字描述也是如此。以下是一个 2017 年从纽约寄到伦敦的包裹上写的地址：汤姆，格林酒店附近。"附近"（next to）这个词语没有给出明确的视角，参考系也是模糊的。而且，格林酒店在哪？更糟糕的是，汤姆是个常见的名字。在邮递员侦察了几个小时、转错了无数个弯之后，这个包裹居然投递成功了。像这样并不准确的地址其实并不在少数。有一次，我坐了一班北欧航空的航班，在一本杂志上读到："在我们的星球上，有一半人，或者说 40 亿人，没有准确的地址。"

人们在实际交谈中会不经意地把参考系混起来用，不经意地改变视角，而且他们在做出改变前不会发出任何信号。更令人惊讶的是，我们竟然能理解这种混合视角和参考系，还觉得这么混起来用合情合理。这简直是公然反对心理学和语言学的主张和假设。心理学和语言学认为，我们之所以需要一个统一的、一致的角度，不仅是为了表达和理解，更是为了思考。事实显然不是这样的。实际上，人们常常（虽然并不总是）会把荒唐的事情合理化。我们想看到的是事情的"合理"之处，也就是它的意义。

一个简单的实验就可以明确地告诉我们：人们并非从始至终都采用同一个视角。这个实验要求参与者描述他们从地图上看到的各种场所。我们请参与者研究了许多张地图（包括一座集会中心的、一座小镇的、一座博物馆的、一座游乐园的等）。参与者被要求仔细研究每一张地图，然后根据记忆对每一个场所进行描述。这些由参与者在自然状态下给出的描述很不错，足够完整，也足够准确，这样其他人就可以根据这些描述大致绘制出一张相同的地图。我们得到的大多数描述都混合了各种视角和参考系，即它们同时使用了自我中心视角和非自我中心视角，并且在转换视角的时候没有任何预兆。你如果信任我们的话可以跳过下面的例子，它们都是从参与者完整的叙述中截取的片段，描述的环境也不是真实的，而你手里没有对应的地图，所以即便是简单的空间描述，在理解上也是有难度的。

来看两个例子。

　　会议中心：你走过公告牌（在你的左边）和相机店（在你的右边）之后，在你左手边角落里那栋建筑的后面有一间办公室。紧贴着这间办公室的右边依次是厕所和餐厅。餐厅位于建筑右侧的最远角落，厕所在办公室和餐厅之间。沿着建筑的北面，在餐厅旁边，是一间唱片店和一间音响店。音响店在建筑的东北角。唱片店和音响店的对面是卖电视的商店和卖录像带的商店。
　　小镇：大河公路在山的南面。它从这条河开始，由西向东往山地路延伸，然后去向更远的地方。沿着大河公路往东走，在它和山地路的交叉路口的左边有一座加油站和一间饭店。交叉路口的右边前面一些的地方是马厩。沿着山地路从交叉路口向着大山往北走，右边稍远的地方是市政大厅，左边稍远是一座带凉亭的公园。

把视角混起来用似乎是空间描述的规则，而不是什么特殊的现象。理解用混合视角描述的片段比理解用单一视角描述的片段要花更长的时间。但是，一旦理解了混合视角，我们自身的视角也会变得更灵活。我们会越来越善于转换视角，我们的心理表征也会逐渐独立于我们所使用的视角。这样一来，不论采用的是哪一种视角，在回答问题时都会同样迅速而准确。如果只用耳朵去听，我们对混合视角的理解可能会慢一些，但只要视角有合理的一致性和清晰度，我们就可以理解。理解混合视角也许有难度，但最终我们都会从中受益，因为它会使我们的思维更加灵活。我们可以把认知第一定律反过来写：**一切代价皆有收益**。

语言不同，视角也不同。现在我们来聊聊参考系的一个重要的限制条件。许多人都会好奇：在其他文化和语言中，参考系是不是也是这样的？这个问题的答案很精彩。我们想当然地认为自我中心视角是最厉害、最重要的，毕竟我们是从自己的身体开始、从自己的视角出发去体验这个世界的。研究文献中有许多观点认为想要脱离自我中心视角需要额外的努力。然而，世界各地有许多种语言根本不使用自我中心视角。如果桌子上有两杯葡萄酒，然后你对面的那个人问你哪一杯是他的，你很可能会说："你的那杯在你的右边。"如果你刚好来自说辜古依密舍语（Guugu Yimithirr）的澳大利亚内陆，或者说泽套语（Tzeltal）的墨西哥高原，或者说泰米尔语（Tamil）的印度乡村，你更有可能会说："北面的那杯是你的。"这些语言使用的不是自我中心参考系，而是以基本方位为基础的非自我中心参考系。这种参考系有时被称为"绝对参考系"，因为它是固定的，不会随着人的视角的改变而发生改变。

尤其值得注意的是，使用完全依赖绝对参考系的语言的人，清楚自己在世界上相对于其他事物的位置。频繁使用自我中心参考系的人经常对此毫无头绪，相比之下，使用绝对参考系的人似乎更善于追踪自己在空间中的定位。为了描述或者理解某件事物相对于另一件事物的位置，使用绝对参考系需要知道这些事物相对于东南西北的方位；如果蒙住他们的眼睛，带他们到这里、到那里，然后让他们指出家的方向，他们是能做到的！同样的事情如果交给阿姆斯特丹的居民来做，他们简直是无计可施，几乎会乱指一通。

这一有趣的发现是迄今为止萨丕尔–沃尔夫假说[1]的最佳证据。该假说认为，你所说的语言影响着你的思维方式。

地址与工具

许多人又要冲我翻白眼了。所有这些对漫游空间的讨论都已经过时了，就像算术一样，现在还有谁算算术呢？直接给我个地址就好了。但是，地址必须和大量的共享信息（地图式的信息或者干脆就用一张地图）在一起才能发挥作用。地址会将一栋建筑从街道网络中定位出来，但没有起点，也不提供交通方式。好吧，是时候拿出你的智能手机了，它不仅能告诉你起点，还能告诉你交通方式。但智能手机和其他导航系统其实跟地址一样，靠的都是地图式信息，只不过现在这些信息存储在手机的"大脑"里而不是你的大脑里。这就好像那些乘法除法都发生在计算器的"大脑"里，而不用辛苦你的大脑，你把自己大脑的一部分给外包出去了。

---

① 由美国语言学家爱德华·萨丕尔（Edward Sapir）和本杰明·沃尔夫（Benjamin Whorf）提出，关于语言与思维、文化之间关系的一种理论。——编者注

用不了多久，智能手机也会过时。到那个时候，我们所需要的所有知识都会被嵌入我们的意识和身体里，并且在那里完成更新。我们再也不会丢眼镜、丢手机，因为再也不需要它们了。孩子们再也不会在商场里走丢，朋友们也不会在博物馆里不见踪影，因为他们的位置信息已经嵌入我们体内，并且由了解我们，也了解我们生活的人工智能负责不断更新。那时也许我们甚至都不需要讲清楚谁的酒杯是谁的。让我们拭目以待。

地点与路径

我们说的话是线性的，一个词语接着一个词语。思维似乎也是线性的，一个想法接着一个想法，不论顺序混乱成什么样。我们谈论路线、思考路线，都是把路线当作有顺序的节点和连接。节点就是地点，连接就是联结节点的路径。许多年前，几位人类学家曾经请一些新几内亚的沿河商贩画出他们每天兜售商品的路线。这些商贩从来没有上过学，也从来没见过地图。他们会用一条线（直线）代表河流，河流沿线有小小的圆圈和点，代表着他们停下来做生意的地点。这些圈和点就像一颗颗穿在线上的念珠。

使用概览视角的描述都具有相同的特征：节点和连接，地点和路径。路线将点（也就是地标）沿着一条线组织起来，它通常会在空间中转弯，以把你从 A 地带到 B 地。使用概览视角的心理表征就像地图一样，有很多线、很多点，地标的组织也是沿着许多条线进行的，而且这些线或平行或交叉或者根本不挨着。所有这些点和线构成了一张网。

路径不会只有一条，反倒可能有很多。但就像我们说过的那样，话得一个词语一个词语地说，所以无论使用哪一种视角，我们在描述某个空间的时候都必须把它线性化，否则路线思维和概览思维就会产生很大的不同。前者是特定的动作串成的一条路，后者是许多可能的动作织成的线路网。这些不同的视角，内在的或者外在的，一条路或者可能许多条路，会对结果产生巨大的影响。

我们刚才是从"对话"开始聊起的，对话谈的是世界上那些无限丰富、无限复杂、无限多变的空间。我们时时刻刻都在经历这些空间，逃也逃不掉。尽管空间是如此的丰富、复杂和多变（也许也正因如此），我们的思维还是会把它们抽象成一个简单的形式：一张由地点组成、由道路连接的网。对任何一种概念（地点、时间、人等）构成的网络来说，我们都可以假定其使用任何一个向内或向外、内在或外在、自我或非自我的视角。无论视角是真实的还是想象的，它都是决定我们能看到什么的关键。与我们的视角离得近的东西看上去更大，我们更能看清它们的样子和它们之间的不同，而离得远的东西看上去则像是粘在一起一样。从外往内看世界是合理安排生活的必要条件——我们去过哪里，将要去向何方？我们做过什么，将要去做什么？从上往下看世界则是我们对生活进行计划和与视线之外的事物保持定位的基础。将视角从内转向外并不是件简单的事情，成功的唯一方法是在脑海里构建起更宏大的画面。然而即便是这样，将视角从内转向外，从此时此地转向全景；或者从外转向内，从一般的可能性转向具体的安排；都是需要付出努力的。

节点和连接这种简单的结构能辅助我们思考，但它们本身并不具有意义，我们需要赋予节点和连接以意义。许多在严格的空间意义（如路、地点之类）之外的概念其实都能被映射到这个简单的结构上。我们将在第 7 章对此加以讨论，就从"时间"开始。但在此之前，我要提出一个更宽泛的观点，先谈谈"我们是如何组织空间和思维中的事物的"。同样，节点和连接构成的网络只是这个故事的一部分而已。

Mind in Motion

第 7 章

关于空间的思考 2：框、线、树状图

在本章中，我们将讨论简单的几何形状（比如点、框、线和网络）是如何捕捉我们对几乎所有概念（比如空间、时间、数字、视角、因果关系等）的思考的。

乔治是一位深刻的思想家，但他的思想几乎从不显露于表面。

——汤姆·多罗〔Tom Toro〕[1]

漫画角色

---

[1] 漫画刊于《纽约客》2018 年 4 月 2 日版。

两种谈论空间的方式

谈论空间这件事有多常见就有多古老。我们可以用字面意义去谈论空间，比如向他人描述某个地方的样子：这个地方可能是一个旧街区，街道两旁是 4 层高、带飘窗的粉面灰泥公寓楼，其中几条街的角落里有小商店和小餐馆；或者告诉他某个东西的位置：这个东西可能是你的钥匙，就装在你外套右侧的口袋里；或者告诉他去到某个地方的路线：交响乐团位于市政厅往西、往南各一个街区的地方，而在百老汇大街上右转，走过 7 个街区，再左转，过马路，就到中央公园了。除此之外，我们还可以用比喻的手法来描述空间，比如"她正走在成功的大道上""他站在世界之巅""政策向右急转""这些想法之间隔了几个地球"。然而，字面意义和比喻手法两种谈论空间的方式都建立在一个简单的结构上——节点和连接，节点代表想法，节点与节点之间通过连接相连。这些节点就像盒子一样，里面可能装满了人、地点或物品。就这一点来说，任何想法都可以装到盒子里去，单独的可以，成组成堆的也可以。节点之间有无数种连接方式，这些连接有时是具体的，有时却不是。大脑的构造其实也很类似：从微观来看，神经元连着神经元；从宏观来看，海马负责加工想法，而内嗅皮质负责加工成批的想法。

框和连接，其实是大部分甚至所有语言和思维的基础。连接可以根据形态进行分类：线、树状图、网络、圆形、锯齿形和螺旋形。网络可以聚合成群落、中枢和社区。奇妙的是，我们脑子里想出来的框和连接在生活中是有所对应的。身体里动脉和神经的网络对应着大地上的河流网与道路，甚至对应着"交易网""地面交通网""航空交通网""电话线路网""因特网"。所以有些东西是我们从脑海中提取出来赋予外部世界的，比如地图和图表，它们能扩展、增强或者向他人灌输我们脑子里的想法。这些从我们脑海中转移到生活中的想法是下一章的重点，但在开始介绍外部世界之前，我们还是先聊一聊精神世界吧！

形状，思维的几何学

我们已经介绍了许多值得记忆的"认知定律"和"事实定律"，现在我们要加上"图形"。图形是抽象的几何结构，在言语、手势等所有思维赖以传递的方式中都非常常见。首先登场的是本章的主角——点和线。它们是实用的空间语汇，以空间属性为核心，以各种方式拓展、丰富和启发我们对空间的认知。前面我们讨论过框和网络，接下来要继续讨论箭头、圆形、树状图和螺旋形（也许更多）。我们需要明确图形的属性：中心、周边、对称性、同步性、重复性和样式。每一种属性都有几个差别不大的别称，比如"点"（point）可以被称作"波点"（dot）、"节点"（node）、"地点"（place）或者"想法"（idea）；"线"（line）可以被称作"连接"（link）、"道路"（path）、"衔接"（connection）或者"关系"（relation）；"框"（box）可以被称为"地区"（region）、"区域"（area）或者"容器"（container）；"中心"（center）又被称作"当中"（middle）、

"焦点"（focus）、"核心"（core）、"关键"（crux）、"中枢"（hub），还有"前景"（foreground）。爱尔兰诗人叶芝有一句哀伤的诗："万物都已解体，中心难再维系（Things fall apart; the centre cannot hold）。"[1]美国作家苏珊·桑塔格（Susan Sontag）呼吁人们反思身处中心与身处当中的不同之处——有着相同的几何原理，却有着截然不同的意义。与"中心"相对的概念是"周边"，它也是一个经常以不同形式出现的基础概念。回到"线"的话题上来，有些线是事物的边缘，既可以是将事物分开的边界或障碍，也可以是事物间相互摩擦、彼此结合的接缝。

点、线、箭头、框、圆形、中心、周边、对称性等抽象的几何概念都是大厦的砖瓦，可以在脑海中或者现实中组合成各种图形和结构。结构反映思维的架构，而图形则起到整理思维的作用，尤其是那些经过精心雕琢的思维。所谓"精心雕琢"，指的是这些思维在成形于脑中或者外部世界之前，已经经过了语言、手势、图表、设计甚至艺术的前期准备。为这些图形着迷的人可不止语言学家和数学家，还有诗人、作家、艺术家、设计师、建筑师和其他许多近距离目睹这些图形"本事"的人。这些图形启发了一代又一代的神秘主义者。点和线是绘画、语言、思维和大脑的基本要素。在语言中，主语可以用点表示，并通过线与谓语相连。想法也是如此，可以用点表示，并通过线相连起来。在大脑里，神经元与神经元彼此连接在一起。还有什么是比点和线更基础的呢？

点和线，以及箭头、框、圆形等，都是简单的几何图形。它们是我们熟悉的图案，是高明的格式塔。与此同时，它们也是抽象的，是反映无数想法的本质的通论。后面我们会再次谈到"抽象"的概念，但首先还是来考虑一

---

[1] 选自叶芝的诗歌《第二次圣临》（*The Second Coming*）。

些具体的东西。思维就是这样，到处游荡，从抽象到具体再回到抽象。

框，事物和思想的容器

那些要放进框、用线连接的东西，也就是人、物、地点、事件和想法，在框和线出现之前就已经存在了。框用起来比连续体和维度简单多了，但框可能会模糊掉一些有意义并且重要的细微差别。这里又要提到**认知第一定律：没有代价就没有收益**。点可以用来为你能想象到的几乎所有东西占位，当然了，具体情况还要具体分析。在我们眼中，世界并不是代表着人、物、地点、事件和想法的一堆乱糟糟的点。我们从杂乱的事物中整理出秩序，把点放进框，用线将点串起来，并挂在树状图上。总之，我们会把这些点连接起来。

生活中和脑子里的框：种类

有一种整理东西的方法是把类似的东西放在一起。这种方法不论在整理事物还是在整理想法上都是好用的。东西放在一起就形成了第 2 章提到的"类别"。大脑和思维都喜欢框，因为框可以把许多不同的东西聚在一起，这样世界就变得简单了。拿家里的卧室和厨房举例：袜子放在一个抽屉里，毛衣放在另一个抽屉里；盘子搁在一层架子上，杯子放在另一层架子上。如果我们总是懒得把东西放在该放的框里，它们就会堆成堆，不过有时堆与堆之间倒是分门别类的。这种事也会发生在百货商场，不过通常情况下商品都是井井有条地摆放着：衣服按类型划分、集中在一个区域，床上用品则集中在另一个区域。网店也是这样的。动物园里，猴子关在一间笼子，长颈鹿则关在另一间。数钱的时候，纸币和硬币会分别按照面值整理好，放在桌子上或者塞进钱包里。我们的日常活动安排是白天工作、吃饭，傍晚的时候出去玩或者发呆，晚上睡觉，所以时间也有框，夜晚和白天，周和月，还有各个季节。

思维也是以同样的方式整理和组织事物的。袜子和衬衫，杯子和盘子，猴子和长颈鹿，吃饭和工作，这些都是类别。类别之所以有用是因为每个类别中的各项事物都有相同的外表或者相同的功能（或者两者都相同），因而我们能轻而易举地对它们加以识别和归类。这些类别总是为某个群体所熟知，于是就可以给它们命名，就像我在前面所列举的那样。框的标签有衣服、食物、工具等，每个标签都包含着很多信息，指示框里的东西长什么样，有什么用，跟你有什么关系。在生活中，我们的确也会把某一种事物放进一个框或者抽屉、架子，甚至笼子里，另一种事物则放进另一个。小框往往套在大框里面，比如袜子的抽屉和毛衣的抽屉都装在衣橱里，盘子的架子和汤锅、炒锅的架子都放在橱柜里。以上这些都是生活中的东西。套在框里的框 ① 不仅可以储存物品，还体现了一种分类学，即按照层次对事物进行分类。这就是分类和关于分类的分类。

生活中和脑子里的框：地点和部分

下面介绍在世界中和在大脑中整理组织事物的另一种方法：把不同的类别混合到一起。这并不是说把它们胡乱地搅和在一起，而是为了达到某种目的，把它们合理地归置在一起。比如，卧室里有床、写字台、衣橱和床头柜，厨房里有炉台、冰箱和碗柜，洗手间有洗手盆、浴缸和马桶。我们在卧室里睡觉、穿衣服，在厨房里做饭，在洗手间洗澡、刷牙。这些都是地点，每个地点里都充满了专门用来做某件事的各种不同的物品。我们可以把这种装满专门为了做某事而挑选的物品的复合空间称为"主题"。"房间"这个小框也是装在"家"这个大框的。家具店可以按照类别摆放家具，但在家里却得根据主题来摆放。当然了，每个主题之中都包含着类别，就像刚刚提到的，我们会按照衣服

---

① 这个语境下的框就是指盒子。——编者注

的种类整理衣橱和衣柜，按照餐具的种类整理橱柜。

这里可以再列举几个主题：超市里有通道、一包包食物和收银台（谁知道收银台还能存在多久）；剧院有售票处和一排排座椅；公园里有草，有长凳，还有秋千和滑梯。这些看上去完全不属于同一种类的东西被放在一起，以达到某个共同的目的。这种套在框里的框同样形成了一种按层次划分的网络，它不是种类的层次，而是部分的层次，即分体法。也许你还记得我们在前面的章节（第 2 章和第 3 章）中提过这个概念。我们最熟悉的分体法就是我们自己的身体。分体法与分类法一样，能画出由不同层级的节点和连接构成的树状图。这种树状图与真正的树之间有直接的类比关系。

树状图，部分与部分的部分

树状图

"树"这个想法、这种造型、这个名字都源自生活：树干代表整体，而那些巨大的枝干和它分裂出的细小枝丫则代表着部分和部分的部分。部分和部分的部分通过某种生物过程从整体里生发出来。这个过程肉眼并不可见，但不论树的大小、粗细，它扎实的树干和越来越细的树枝都能被看到。人类在很久之前就已经将树干和树枝的概念抽象出来，用来表示思维的源头和分支。这种做法到今天更是得到了发展壮大。

树是随处可见的。它饱含生命力，为世界贡献着果实、种子、药材、阴凉儿、木柴、板材、鸟儿的家，它也带来美，当然，也会带来虫子。世界各地的各种信仰都赋予树以神秘而又神奇的力量。它有充分的理由被称作"生命之树"，也正是因为其生命力充沛才被称作"生命之树"。虽然树的象征意义久远又丰富，但用树的开枝散叶来象征知识的发展似乎是从亚里士多德开始的。古罗马哲学家波菲利（Porphyry）在其著作中对这种象征关系进行了明确的描述。波菲利著作中的图表并没有保存下来，但波菲利对亚里士多德关于"类"和"亚类"的描述十分详尽，足以让后来的哲学家将事物的层级形象化为一张树状图。这种树状图后来被称为"波菲利之树"（Porphyrian Tree）。树状图通常被用来表征新的内容，自中世纪中叶起就成了学习和记忆的标准工具。

　　分支的产生机制并不总是那么明确。一些分支似乎是从分体法来的，一些似乎是从分类法来的，许多是分体法和分类法的混合物，还有一些则两种都不是。家族树似乎起源于中世纪时期人们对耶稣家族谱系以及后来的王朝谱系的描述。培根、笛卡儿、林奈、达·芬奇和达尔文就是众多用"树"对其研究进行整理、理解和解释的哲学家和科学家。河流流淌成树，我们的循环系统也是一样。无论在肉眼可见的宏观世界还是在显微的世界里，大脑都是一棵树。肉眼可见的是大脑在主要结构和这些结构功能上的分支，显微镜下看见的是神经元的分支和互连。弗洛伊德在成为一名分析学家之前曾是一位神经解剖学家。他发明了显微检测的染色法，能够将显微镜里看到的神经元和它的分支画下来。弗洛伊德对神经元的绘制和他由此获得的对神经元的洞察不仅决定了他个人后期的理论发展，还深刻影响了伟大的西班牙神经解剖学家、绘图专家圣地亚哥·拉蒙 - 卡哈尔（Santiago Ramón y Cajal）的工作。

　　人们还没有充分认识到树状图对知识积累和传播的巨大影响。树，知识，大脑。时至今日，它的用途已经不可限量，它的视觉化方式也已经不可胜数：系统发生树（phylogenic tree）、企业树（corporate tree）、职业树（occupational tree）、决策树（decision tree）、诊断树（diagnostic tree）、语言树（linguistic tree）、知识树（knowledge tree）、概率树（probability tree）、家庭树（family tree）……这个名单可以一直列下去。

网络

树状图是一种特殊的网络，跟其他类型的网同宗同源。反过来说，网络也可以被理解为去中心化的树状图。网络是没有起点的，尽管如此，它还是经常被称为树状图。一般来说，网络中节点与节点之间并不是直接相连的。如果节点和节点都是连在一起的，也就没有必要专门为它画张图了。这种形式在一部分节点直接相连、另一部分节点间接相连的情况下最好用。你与父母亲、兄弟姐妹和孩子之间的连接是直接的，你和内科医生、牙医之间的连接则是间接的。这是因为你预约的时候得通过他们的助理，看病的时候得通过他们的助手。如果你想从现在的所在地飞去其他地方，必须经过机场和交通枢纽，而且还得从机场往返。就连开车从一个地方到另一个地方都受制于道路交通网。正常情况下，你不能"直接"把车开过去，鸟倒是可以"直接"飞过去，但它其实并不是"直飞"的，它的飞行路线取决于风向网络。这种风向网络也是水手出海的基础参照之一。如果想要跟一个人产生联系，无论他是你的偶像，还是你应聘的公司的老板，还是你们国家的总统，都需要许多连接，这就是脸书和领英这种社交网络存在的原因。

六度分隔的社交网络

任何一个人与另外一个人之间隔着多少连接呢？美国著名社会心理学家斯坦利·米尔格拉姆（Stanley Milgram）曾经设想过一个研究，可以用来揭示美国人彼此相连的紧密程度。现在这个研究已经成为一个"梗"代代相传了。米尔格拉姆给美国中西部的居民寄了许多包裹，请他们把一封信通过自己认识的人（只要知道名字就可以）寄给一个住在波士顿的人。在这条长长的旅途上，这封信每到一站，寄信人都会给米尔格拉姆寄一张明信片。当然了，许多人并没打算参与这个游戏，以致许多信根本没有寄到，所以这项研究的结果一直颇受争议。即便如此，寄到的信平均需要 6 个中间人，这个数字在几次实验中都没有变化。不过，这个"梗"似乎是随着约翰·格尔（John Guare）1990 年的同名戏剧《六度分隔》（*Six Degrees of Separation*）火起来的。这部剧中的一个角色反复思索着这个问题：人与人之间的终极距离究竟是多少？这真是一出在百老汇上演的心理学研究！时至今日，社交网络分析这个领域已经得到了迅猛的发展，并且已经在争议声中开始使用更直接的手段去追踪人们的社交（以及其他）网络。

当人们被要求画一张图来代表自己的社交网络时，他们的表现是很有意思的。他们自然而然地把自己放在中间的位置，也就是社交网络的中心，会把父母放在自己上方，把兄弟姐妹和朋友放在自己旁边或者下方。他们画的图并不是从传统的家庭树上拷贝过来的，因为图中的所有连接都是从处于中心的那个人发出。这个网络中的所有人都与画图人直接相关。线的长度反映了亲密程度，与画图人越亲近，线就越短。绘制这种网络图对一般人来说是简单而又自然的，这种简单和自然也说明人们能轻易地将社会关系看作空间关系。其实不仅仅是"看作"，人们在行为上也是如此。我们总是站得或坐得离我们亲近的人更近，还会根据人与人之间的距离推测他们之间的社会关系。

网络的应用十分多样，也十分广泛。网络的巨大规模和复杂性给视觉化带来了挑战，也为许多聪明的科学家、新闻工作者、设计师等带来了工作机会。你会怎样视觉化一棵 1300 万人的家庭树呢？已经有研究者挑战过这个任务并且成功了。

线，将想法按顺序排列

大脑与生活中的线

无论对眼睛还是大脑来说，线都比树来得简单。书架上按照字母、主题或者大小排列的书是线，历史上和生活中按照时间顺序排列的事件也是线。我们在公交车站站成线，在超市排成线——要是排队时忽然想起忘了拿什么东西，就会把手推车留在那里占位，然后跑去拿忘拿的东西。这些线既是空间上的，也是时间上的。我们会把人按照身高、年龄、社会地位排列，把葡萄酒、洗碗机按照质量排列，把国家按照人口和国民生产总值排列，把电影和电子游戏按照销售额排列，把地标沿着某条路线排列，把步骤按照流程排列。这里，我们再次用到了节点和连接，地点和路，点和线的概念，不过现在它们都被放到了一条线上。线可以用来表示时间、数量、大小、花费、喜好，总之，表示任何可以用来排列事物的维度。

将事物排列成线需要经过一个抽象的过程。这条线提供了一个维度，使毫不相干的事物可以排列在一起，不论这些事物在其他维度上有多么不同。注意了，我们现在所说的都只是排列的顺序，顺序不具有任何数值或者数量。线上的点代表着事物的顺序而不是它们之间的距离，顺序只跟谁先谁后有关。点没有测量的功能，不具备能够反映准确的"值"的数字。神奇的是，人之外的其他动物也能把事物排列起来，甚至能判断成对事物之间的相对等级。做到这些并不需要语言。关于这个话题，很快会展开更多讨论。

一条线上的时间

最早被人用线表示的概念之一应该就是时间了。3000多年前的古埃及坟墓里就已经有描绘着按照时间顺序发生的事件的壁画了，比如制作奶酪或者播种、栽培和收割小麦。阿兹特克文明和玛雅文明的手抄本中也有对其历史的描述，也是沿着历史的长线一步一步记录的。

从空间跳跃到时间很简单。空间有两个（实际上是三个）维度，而时间只有一个维度，可以表示为一条线，不是平面，也不是立体空间。因为爱因斯坦，我们知道了空间与时间此消彼长，不可兼得，虽然并不明白它背后的原因。时间是空间的第四个维度。我们谈论时间中的事件时所使用的语言就是我们描述空间中的运动时所使用的语言。我们将分布在时间中的事件视为在空间中分布的事件。比如，"走过"华盛顿纪念碑就能看到反思池，"过了"圣诞节就是元旦，这是我们在期待着看到华盛顿纪念碑，期待着新年的到来。我们把时间写在日历上，好像它是摆在书架上的书一样。我们"到达"某个时刻，"到达"某个地方。生活就是一件破事儿"接着"另一件破事儿。我们迅速地"通过"购物中心。愉快的时间总是"过"得飞快。我们已经"走过"了最坏的，最好的尚未"来临"。我们跑"过"了整个夏天，夏天跑"过"了我们。《纽约时报》上曾经刊登过一句话："我们已经把感恩节抛在了身后，整个国家正迅速地滑向今年的尾巴。"请注意这句话中视角的切换。

我们认为时间是在空间中运行的一条线。有"我们在时间中行进"的说法，但也有"时间在行进"这种说法。那么究竟是谁在行进，是时间还是我们？我们是用走过空间的方式走过时间的吗？还是时间走过了我们？我们是不是像宝座上的国王一样坐在原地，而事件会像王国的子民那样向我们走来？或者，我们是不是在穿过一群事件，就像选举前夕穿过人群的政客那样，一个接一个地拥抱婴儿？我们面对着未来，未来在我们的前方（英语语境里是这样）。是我们在大胆地往前走吗？还是事件会朝我们走来？实际上，这两种说法都成立，但也会造成理解上的困惑。比如那个在许多实验中都会被问到的"著名的歧义问题"：有人跟你说下周三的会议往前改了 2 天，那么下周是周几开会？一半人会回答"周五"——我向着会议时间移动；另一半人会回答"周一"——会议时间向着我移动。

这两种时间认知的隐喻被称为"移动的自我"和"移动的时间"。"我们已经走过了最坏的，最好的尚未来临"这句话的前半句用的是"移动的自我"，后半句用的是"移动的时间"。你第一次读这句话的时候是不是就已经注意到这个转换了呢？在两种隐喻中，你都被牢牢地嵌在时间轴上。你身处指示中心，面向前方，将时间划分为过去和未来。过去在你的身后，未来在你的面前。"移动的自我"和"移动的时间"都是用自我中心视角来认知时间的。

这个模糊问题的答案取决于是什么在移动，是你还是世界上的事物。如果你正处在移动当中或者你刚刚移动了，你就更可能会偏向"移动的自我"这个隐喻，然后回答"周五"。如果你正静止不动地看着别人向你走来或者离你而去，你则更可能会偏向"移动的时间"，然后回答"周一"。人们在空间中的移动会使其对时间的认知产生偏差，反之却不成立。更宽泛点说，空间认知会使时间认知产生偏差，但时间认知并不会使空间认知产生偏差。这就是**认知第六定律"空间思维是抽象思维的基础"**的中心思想。无论是自己在空间中移动，还是看他人在空间中移动，都是空间负责搭建基础，剩下的东西负责跟上空间的脚步。将时间重叠到空间上的一个重要结果就是顺序。地点在空间中的排序是肉眼可见的，我们在地点之间的移动使事件在时间上产生了顺序。但是我们无法用肉眼看见事件在时间中的顺序，将事件按照时间排序是概念上的，是在脑子里完成的。用数量、偏好、能量等对事物进行排序也是同样的道理。

两种隐喻，一种说话方式。我们从时间的维度上谈论事件的时候，事件就像是分布在空间中一条线上的地标一样。这个空间就是我们从中通过的空间或者从我们身旁经过的空间。"移动的自我"和"移动的时间"这两种隐喻都是把我们放在空间内部、放在时间线上，就像路线视角将我们放在空间内部一样。通过空间的道路两旁分布着地标，穿过时间的道路两旁也分布着事件。但是，在我们的脑子里，在我们的谈话中，我们可以抽离于时间之外，置身于时间之上，就像我们能抽离于空间之外、置身于空间之上一样。

时间的非自我中心视角

就像并不是所有关于空间的说法都模棱两可一样，关于时间的说法也不是都有歧义。外部视角可以减少歧义的产生。"我们晚上 7 点 45 分在百老汇大街和 42 街交叉口的西北角见面"，即使是这样的表述也还是有歧义的，因为并没有明确在西北角的哪里见面，也没有明确在 45 分的哪一秒见面。就像空间有一个外部视角一样，时间也有外部视角，一个没有自我的非自我中心视角。这是时间与空间的另一个相似性，可以称之为"日历视角"或者"绝对视角"。这个视角可以有日期、小时、分钟，就像空间可以有地点的名称或者全球定位系统的坐标一样。日历提供给我们的是对一长段时间的概览，就像空间的概览视角提供的是对一大片空间的概况。在日历视角下，"哪一天"是没有歧义的，周三的会议可以直接移到周五或者周一。

一个非自我中心的概览所提供的远远不止空间中的某条路或者时间上的某条线。相反，它提供的是空间中可能存在的许多条路或者时间上可能存在的许多条线。比如，我们可以在每周二中午 12 点安排午餐，每周一、三、五下午 3 点上课。非自我的日历视角在许多地方都会出现：小说、新闻报道、历史书、博物馆墙上的时间线和教科书里。在这些地方，我们不是用某个来自内部的具体的时间视角，而是用一个来自外部的视角，看着事件一个接一个地发生。想一想人口或国民生产总值等一些变量是如何随着时间改变的，以及乐谱是如何随着时间起伏的。现在想一想我们把时间中的事件（可能是某个故事或者做某件事的程序）联系起来的时候做的手势，或者观察到的别人做的手势。手沿着一条线移动，从外部看来，每次移动都代表着一个新的事件的发生。是谁正从外部凝望着它们呢？是做手势的人的自我。

扭曲

我们对时间的认知基于我们对空间的认知。所以，许多我们在空间中看到的扭曲状态或者偏差对时间而言也成立，这应该不奇怪。空间中有地标，时间中也有地标。我们会觉得一般事件与时间地标离得比实际情况更近，就像我们会觉得普通建筑物与空间地标离得比实际情况更近一样。还记得布列兹家和埃菲尔铁塔吗？与实际情况相比，大学生对看电影或者考试这种事的记忆通常离学期初或者学期末更近。时间中的事件往往会像空间中的地点一样嵌套在一起。我们总是觉得过去的事件彼此之间的距离更近，而近期的事件却相对间隔得更远。

但是，跟大多数类比一样，空间和时间的类比也会遇上麻烦。比如，我们都知道，时间是单向的，这就和空间不一样。我们曾经多少次希望可以像回到旧地那样回到过去，像重游美丽的风景那样重温美好的日子，甚至像修整残破的地方那样修正残缺的时光。

时间是一个循环吗

读到这里，你们中的许多人一定在犹豫时间到底是不是一个循环，季节是循环的吗？在其他文化里又是怎么样的呢？想想钟表。我们也有类似的疑问，于是我们请了很多人，让他们设想一个常见的重复过程，比如四季、洗衣

服、一天当中所发生的事情，或者种子生根、发芽，最后开花这种循环往复的
事件，然后请他们把这些过程一一画在纸上。就这样，我们得到了许多非常可
爱的图表，还有很多异想天开的描述，可以说是意外的收获。但是这些图表中
的绝大多数都是线形的，不是圆形。后来，我们加大了任务的力度，为参与者
提供了由同一件事开始和结束的规定事件，比如种子开花再结出种子，而且还
把这些事件排成了列（而不是行）。即便如此，线形图仍然比圆形图出现得多。
一些人认为，亚洲文化的时间观是圆形的。为了满足这些读者的好奇心，我们
在中国也收集了数据。中国参与者的表现跟美国参与者一样，他们为循环事件
所画的全部图表中，线形图占了绝大多数。

是的，普通人并不会主动自觉地用圆形表示循环事件。那么他们能看懂用
圆形表示的循环事件吗？毕竟新闻和教科书里的循环事件大多是用圆形表示
的。我们邀请了大批参与者来解释各种描述循环事件的圆形图，有科学事件，
比如地质循环和细胞分裂；还有日常事件，比如四季变化和洗衣服。幸运的
是，人们在解释圆形图的时候并没有什么问题，他们只是不会主动用圆形去表
示事件而已。人们甚至可以把循环事件填进圆形的模板里，比如种子开花、细
胞分裂或者四季循环。但这些圆形并不是没头没尾、没完没了的，相反，它们
不仅有头有尾，而且这个开头还总是在 12 点的位置，然后沿顺时针一路继续
下去。

经过许多轮尝试之后，我们终于成功地让大多数参与者用圆形来表示时
间。也许你还记得我们在第 5 章提到过这件事，关键在于手势。我们跟参与者
坐在一起，用圆形的手势向他们解释事件，第一步放在 12 点方向，第二步放
在 3 点方向，第三步放在 6 点方向，最后一步放在 9 点方向。然后给每位参与
者一张纸，请他们随便画点什么来表示这个事件。这样一来，大部分参与者都
画出了圆形的图表。有趣的是，这一系列手势改变的不仅是人们画的图表，还

有他们对事件的理解。在接下来的一个跟进研究中，我们用圆形手势向其中一半参与者解释事件的顺序（比如从种子到开花的过程），用线形手势向另一半参与者解释同样的内容，然后问他们："下一步是什么？"那些刚刚看过圆形手势的参与者会回到原点，说："一颗新的种子诞生了！"而那些看过线形手势的参与者则会开始描述一个新的事件，说："我把这些花扎成一束送给了我的女朋友。"手势改变了他们的思维！

让人们用圆形表示常见的循环事件（比如四季变化和洗衣服）简直困难得要命。想想看，循环事件的圆形图其实是违反了时间规律的。时间本身是不会循环的，事件的过程也是不会循环的。最初开花的种子与花朵结出的种子并不是同一颗种子，每一个冬天也都是一个新的冬天。也许在思维的更深处，我们认为时间是有起点、中点和终点（即结果）的。你从一个地方开始，在另一个地方结束，结束时有些东西已经不一样了。一场旅行、一次说明、一个故事、一个创造产品的过程都是这样。而圆形是不会停止的，它没有起点，也没有终点。

人们看待和解释事件的方式有着强烈的线性倾向。他们觉得事件是随着时间铺展开来的，这是一个线性的过程，有开头，有中间部分，有结尾（即结果）。人的这种线性倾向支配着人们在生活中以及科学上的行为，但这种倾向也会妨碍科学的进步。要记住**认知第一定律：没有代价就没有收益**。自我调节是一个极为重要的非线性现象，它出现在各大学科中，是通过震荡摆动来维持一个稳定状态的过程，通常可以用圆形表示。用来表示自我调节的圆就是几何意义上的圆，没有头和尾。自我调节系统对生物学中的"稳态"而言至关重要。稳态的概念直到 19 世纪晚期才被法国生理学家克洛德·贝尔纳（Claude Bernard）认识到，半个世纪之后才通过美国生理学家 W. B. 坎农（W. B. Cannon）得以普及。

　　稳态的一个常见例子是体温的保持：如果体温过高，体内就会开始降温；如果体温过低，体内就会开始升温。恒温器就有类似但更为简单的功能：传感器在探测房间的温度后反馈信息，从而在室温低于设定值时打开暖气设备，在室温高于设定值时开启空调降温。

　　人们对大脑和电脑的认知仍然受到线性概念的支配。人们对神经系统的认知是"感觉输入—中央处理—运动输出"，对电脑的认知是"输入—存储—输出"。然而，反馈和自我调节也都是大脑和计算机系统运转的基础。"输入—存储—输出"这一大脑模型强大到神经科学家在对前馈通路（即感觉脑区到中央脑区以及从中央脑区到运动脑区的通路）进行了数年研究之后才发现，反馈通路的数量跟前馈通路的数量一样多。这一发现开启了振奋人心的新研究：反馈如何调节前馈，前馈如何调节反馈？反馈总让人感觉有点违背时间规律的意思，毕竟它是圆形的，又或许是螺旋形的。但不论怎样，从线性到圆形这一视角的改变使新的发现成了可能。偏见会妨碍知觉，当然也会妨碍发现。许多创新的飞跃都建立在类似视角的改变上。这一点我们在第 9 章再接着谈。

方向性

　　我们已经看到，人在大多数情况下都会认为事件是一个接着一个连成一条线的。但这条线是什么走向？是纵向还是横向？如果是横向的，它是呈簇状、侧着横向穿过身体，还是呈冠状、从前或后直着穿过身体？答案似乎是"三个都是"，要看具体情况，比如我们是在说话、画画还是做手势，比如我们说的是哪一种语言。无论这条时间线是什么走向，它从来都不会走斜线，而且就像我们所看到的，它也很少绕圈圈。直线要么横向保持，要么纵向平衡，相对稳定。下面我们来做一些近距离的观察。

谈论时间：未来在前还是在后

在英语和其他许多语言中，我们与事件之间，不论是我们在往前走还是事件在走向我们，未来都在我们前面，而过去在我们身后。我们在空间中的移动是未来处于前方的关键，因为我们无论是走过事件还是迎接向我们走来的事件，都是面向前方的。"现在"是时间线的中点，类似于"这里"在空间上的概念。对至少一种其他语言来说，尤其是对流传于南美洲安第斯山脉地区的美洲印第安语——艾马拉语（Aymara）来说，人们对空间的知觉（而不是对动作的知觉）才是谈论和思考时间的关键。在艾马拉语中，代表时间中事件的水平面走向是相反的：过去显示在前面，因为它能被看见，而未来显示在后面，因为它是看不见的。这种表达时间的方式是不是艾马拉语独有的奇特现象仍然有待研究。

谈论时间：未来在"下"。日历，还有人们随意画的一些关于时间的草图都是纵向的，早一些发生的事件位置比较高，晚一些发生的事件位置比较低。日历里是没有"现在"的，或者说，日历里没有一个所谓的"指示中心"。在口语中，中文的普通话除了使用水平面代表事件之外，还会使用垂直平面，例如一些发生得较早的事件会被称为"上"，而发生得较晚的事件则被称为"下"。

纸上和空中。在一次研究中，研究者们邀请了几百个小朋友和成年人用贴纸在纸上标出他们吃早饭、午饭和晚饭的时间。大多数人，包括没上学的孩子，都将一日三餐排在一条横线上，但他们的起始点因阅读和书写习惯不同而有所不同。那些说从左往右书写的语言（如英语）的人，会从早餐开始从左到右排列三餐；而那些说从右往左书写的语言（如阿拉伯语）的人，会从右到左排列三餐，也是从早餐开始。有相当一部分阿拉伯语使用者使用了纵向排列，就像在日历中那样，把早一些的事件放在更高的位置，晚一些的事件放在低一点的位置。有趣的是，说希伯来语的人几乎分成了一半一半。跟阿拉伯语一样，希伯来语也是从右往左书写的，但不同的是，希伯来语中的数字跟西方语言一样，是从左往右递增的。

现在我们来说一说空中的手势。在描述时间中的事件时，说从左往右书写的语言的人做法都一样，他们的手势会把事件从左到右排列起来，横着越过身体。有趣的是，说话者的手势从他们自己的角度看是从左往右的，所以听者看到的手势是从右往左的。这是手势的一个普遍现象，说话者总是从自己的视角做手势。我们在上一章中谈到过，在口语中，说话者经常会自动采纳听者的视角。但在手语中，说话者却会采用自己的视角，这种视角是嵌在句法当中的，所以听者需要频繁地变换方向。

一件看似简单的事情又一次变得复杂了。空间有两个（或者三个）维度，时间只有一个维度，可是时间为什么这么复杂呢？时间有一条底线，一条真实的线，就是人们在会话、手势和图表中将时间中的事件排列而成的那条线。这条线的走向正是时间的复杂性之所在。大多数情况下，这条线是横向的、侧着走的。人们对这种侧向的手势和图表的偏好很可能有实际操作上的意义，因为它们无论在纸上还是在面对面的交流中都更容易看清楚。至于顺序是从左到右还是从右到左，似乎是受到了阅读和写作顺序这种文化产物的影响。前后平面的使用在对话中比较常见，在图表中则非常少见。大多数语言似乎都把未来放在前面，顺着人的运动方向，而也有至少一种语言是把过去放在前面，顺着人的知觉方向。纵向维度经常出现在图表中，比较典型的是日历，有时也会出现在对话当中，比如中文的普通话和其他一些语言。与数量、价值和偏好相比，时间是一个中性的维度。我们很快就会看到，中性的维度通常是横向的，有"值"的维度则一般会倾向于纵向。后者似乎有些对抗地心引力的意味。对抗地心引力需要消耗力量、能量、健康、财富，这些全都是有"值"的东西。

将事件排列在时间线上必然要经过一个抽象的过程。这里，"抽象"的意思是忽略掉与事件相关的其他一切因素，只保留事件在时间上的顺序。与此同时，"按时间顺序排列事件"也造就了个人生活中、他人生活中、科学上、政治上还有历史上的顺序。按照时间或者事件的任何一种属性进行排序，我们就能够对事件进行比较和推理。重点在于，我们不仅能知道什么发生在什么之前，还能粗略地了解两个事件之间的时间距离，即两个时间点之间发生的事情越多，这两个事件就隔得越远。什么发生在什么之前或之后，这是一种定性的判断，而不是定量的计算。有了顺序，就可以进行传递性推理：如果 A 事件发生在 B 事件之前，而 B 事件发生在 C 事件之前，那么 A 事件就发生在 C 事件之前。知道什么发生在什么之前，是对因果关系进行推理的基础。除了一些晦涩难懂的物理学理论，其他情况下，"因"都发生在"果"之前。按时间顺序对事件进行排序是理解因果关系基础性的第一步。如果不能领会因果关系，就不会伸手去够玻璃杯，也不会为了爬上楼梯而轮流抬起双腿，不会试图去接住坠落的东西，也不会在开门之前去拧门把手。理解因果关系对于我们理解自己、理解他人和理解每一件已经、正在或者可能发生的事都至关重要。

顺序，谁是第一

所有可以在某个维度上排序的东西

最适合下馆子的时间和最不适合入室抢劫的时间恐怕都是在奥斯卡颁奖礼、超级碗比赛和世界杯决赛期间。人们对排序着迷。比如，谁是最好的歌手、演员、橄榄球运动员？谁最富有？谁最强壮？什么电影、电视节目、餐馆、葡萄酒、牛油果酱配方、电话、轿车最好？一群黑猩猩（其他物种也一样）里，谁是老大？顺序蕴藏着巨大的含义和能量。比如，"老大"确保了他的统治地位就能获得最好的食物。获奖的图书、电脑游戏和电影可以赚大钱，而那些亚军、季军、陪跑者，很快就会被人们忘记。把一群人、地点、物体缩减成一个简单的顺序便会引发许多有趣的讨论，或者没完没了的辩论。排序这种行为似乎深埋在我们的生物基础中，而且一定深埋在我们祖先的生物基础中，从他们的"啄食顺序"、支配顺序等中就可以看出。另外可以肯定的是，"排序"已经融入了人们的生活，比如选举、世界大赛、奥运会等，这些竞争和比赛可以使各国人民揪心好几周。

与按照性质、偏好或者价值对事物进行排序相比，按照时间顺序排序算是简单的。不论我们喜欢还是不喜欢，时间都不停地进行着，所以先发生的事情通常可以被确定，或者被客观地衡量。按照性质、偏好和价值进行排序可就不一样了，这些都是人"编"出来的维度，并不能被客观地衡量。于是，不仅人与人之间出现了不一致的观点，这些维度与维度之间也产生了分歧。比如，米开朗琪罗比达·芬奇更厉害吗？毕加索比亨利·马蒂斯（Henri Matisse）更优秀吗？贝多芬和巴赫呢？排序虽然很难，但比较两个在顺序上相距甚远的事物却又快又简单。毕加索比皮埃尔·奥古斯特·雷诺阿（Pierre Auguste Renoir）更棒？当然了。在大多数排序中，毕加索和马蒂斯可能离得很近，但和雷诺阿就离得比较远了。毕加索和马蒂斯，毕加索和雷诺阿，比较前者会有更多犹豫，也需要更多时间。就像说"旧金山离纽约很远"比说"旧金山离盐湖城很远"更快，这是一个道理，因为相比盐湖城，纽约离旧金山更远。把事物按照性质排成一条线，很像把地点在空间中排成一条线。这又是一个在空间思维中锚定抽象思维的例子。空间中的距离是真实的，性质或者价值上的距离却是象征性的。

这种象征性的距离一经建立，人们就开始四处寻找它的存在。它很好找，地理位置、字母表上的字母、社会地位、动物的体型，还有数字，所有这些都有空间基础。

排序不是人类的专长

给东西排序并且根据这些排序进行推理绝对不是人类所独有的行为。猴子也会表现出象征性距离效应。

猴子与其他灵长类动物、鸟、老鼠、狐狸一样，也会做传递性推理。它们知道如果 A 控制着 B，而 B 控制着 C，那么 A 就能控制 C。有趣的是，社会关系更复杂的动物也更善于做传递性推理，但这似乎是社会行为在驱动着认知。将事物按照顺序排列起来有着巨大的意义。一旦生活的某个方面可以用顺序来表示，这条抽象、有序的线就可以被借鉴到生活的其他方面中去。

数字的排列，近似数字系统与精确数字系统

顺序的终极抽象是数字。数字是没有内容的。在数字面前，人人平等。数字既简单又难懂。它有两套系统，一套是实际并不使用数字的近似数字系统，另一套是实际使用数字的精确数字系统。这两套数字系统在人的发展过程中、在大脑中、在进化和文化史中都是可以区分的。近似数字系统可以回答"哪个更多"，而只有精确数字系统才能回答"有多少"。近似数字系统靠的是直接的知觉，而精确数字系统不仅可以利用知觉，还可以利用记忆。数字是对数量的总结，也是绝佳的记忆法。

近似数字系统

结果证明，估计并不难。婴儿、灵长类动物、鸽子，都可以对数量进行大致的比较。这种比较绝对不是完美的，但已经相当准确了。这就意味着某些形式的定量分析能力是深深根植于进化之中的，而且这种能力并不依赖于计数或

者精确数字，它依靠的是由数量得来的顺序。真正困难的是精确计算。学校里学的数学是比较难的。年幼的学生，甚至一些年长的和已经毕业的学生都在乘除法上奋力挣扎过，而这只是那些所谓的"简单算术"。两种数字系统之间的对比还是很能说明一些问题。那些不会说话或者没有其他表征系统的生物所达到的数字成就一定是非符号化的。它们不可能是口头的或者是用符号表示的，而一定是无媒介的、直接的。

近似数字系统与我们用来判断时间、亮度、愉悦度、残暴度等属性的系统有着强烈的相似性，比如都存在于动物和人身上，都容易出错，尤其在数量变大的情况下，因为区分较大的数量和强度比区分较小的更难。不过，近似数字系统可以进行基本的估计、加减，甚至乘除。它可估计空间中事物的大致数量，也可估计时间中事件的大致数量。

并不让人感到奇怪的是，作为这些估计的基础的各个脑区之间既有重叠的部分，也有独立的部分。尤其是，每一种比较都会激活一个包括顶内沟（空间思维通常会使用到的一个区域）在内的广泛的网络。相对丁其他类型的比较，数字之间的比较所产生的激活作用在左顶内沟和右颞叶区域尤其强烈。行为中明显部分重叠和部分独立的现象必然也反映在脑区之间的部分重叠和部分独立上。

排序的意义

对事物进行线性排列，无论在社会层面上，还是在认知层面上，都是一门关键的技巧。"排序"要求我们从事物的各种不同特征中抽象出其中一个，并且根据这个特征将其依次排开，忽略掉其他无数个特征。有了这个排序之后，我们就可以对行为和思维做基本的推理了。

顺序其实就这么简单，它没有精确的数字。顺序的确有一些关键特征，而且每一个都与精确数字有着显著的差异。其中一个特征是象征性距离，即与比较距离较近的事物相比，比较距离较远的事物更容易、更快。举个例子，回答"81 比 25 大"比回答"81 比 79 大"更快。另一个特征是语义一致性，即比较几个较小的数量中哪个更"小"，或者比较几个较大的数量中哪个更"大"，都更容易、更快。此外，在数字顺序和阅读顺序都是从左向右的语言中，数字连续体上的小数总是与"左"联系在一起，而大数则是与"右"联系在一起。这种现象被称为"空间－数字联合反应"。对从右往左排列数字的语言来说，这种对应关系似乎是反过来的。我们还提到了排序的另一个标志性特征——传递性推理，即若 A 比 B 更多、更大或更少，而 B 比 C 更多、更大或更少，则 A 比 C 更多、更大或更少。

或许，排序在思维上最重要的特征是，人们对排在序列低端的事物的敏感程度比排在序列高端的事物的敏感程度更高。就数字而言，我们对 1 和 2 之间的区别比对 81 和 82 之间的区别更加敏感。我们和其他生物一样，对轻的物体之间的重量差别比对重的物体之间的重量差别更敏感，对暗光之间的亮度差比对亮光之间的亮度差更敏感。这种对重量和亮度等在知觉上的差异甚至也存在于外周神经系统之中。发射信号的神经元在信号强度处于低水平增长时比处于高水平增长时要多。这种对刻度尺低端的差异比对刻度尺高端的差异更敏感的现象被称为韦伯－费希纳定律（Weber-Fechner function）[①]。我们对饼干的甜度差异比对果仁蜜饼的甜度差异更敏感，对小额资金之间的差别比对大额资金之间的差别更敏感。其实我们也就是这样说话的："一个"或者"两个"，"几个"或者"一些"，然后就跳到"许多""太多"了。

---

① 用于揭示心理量与物理量之间数量关系的定律。此定律是在韦伯定律的基础上发展而来的。——编者注

即使那些受过高等教育的人，为大笔资金做决策时也会表现出这种偏差，而那些形式化的数字则不会。对数字来说，1 和 2 之间的差别与 81 和 82 之间的差别始终是一样的，都是 1；1 千米和 2 千米在距离上的差别与 1001 千米和 1002 千米之间的差别是一样的，这两个 1 千米消耗的汽油一样多。人类和其他生物都有一套快速又方便、广泛又好用的系统，可以用来追踪和比较不以形式化的数字为基础的数量，这就是近似数字系统。数字在数轴上的位置对数字本身来说是无关紧要的。与数字本身相比，近似数字系统会扭曲数量的权重，使较小的数量比较大的数量获得更大的权重。

那么就有一个大的问题：这么做理性吗？如果不理性，进化为什么没有修正它？毫无疑问，这是因为近似数字系统是个又快又好用又简单的临时方案。真正能够（但也不是总能）修正这种以及其他各种偏差的是文化进化。

精确数字系统

虽然进化没能修正近似数字系统的偏差问题，精确数字系统却可以修正。数字才不关心自己在数轴上身处何处。预算里的每一美元都一样多；建造大桥时，每一千米都一样长。精确数字系统对数学、工程学、科学、人文、艺术，以及数不清的依赖精确数字系统的工艺品、规范、法律、规则、惯例、发明和发现来说都是必需的。如果没有计数系统和关键性的记录系统，我们赖以生存的一切几乎都不会存在。然而人类在没有精确数字系统的日子里也生存了几千年，而且许多地区的人类直到今天也没有一套精确的数字系统。他们可以做估计，但不能计算。

精确数字系统是一项文化发明。与近似数字系统不同的是，精确数字系统是在学校或家里习得的。就连数数这种最简单的数学任务都依赖于对数字的表达（通常是以词汇的形式）。令人惊讶的是，今天仍然有一些部落的语言中没有表达数字的词汇。其中一个这样的部落是皮拉罕人，他们在亚马孙过着与世隔绝的生活。皮拉罕人甚至没有"1"这个词语。尽管如此，如果把两堆东西排列起来进行一一配对，他们是可以准确地比较两堆差别为"1"的东西的多少的。也就是说，他们即便不会数数，也明白一对一的对应关系。但是，如果这种比较要依靠记忆完成，或者被比较的物品没有被排列起来，他们的表现就会变差。这种任务没法通过一一配对来完成，必须靠计数。另一个是亚马孙土著部落蒙杜鲁库人（Munduruku），他们的语言中没有超过"5"的数字词汇。他们虽然有着卓越的估算能力，却不能做精确的算术。

同样惊人的是近似数字系统与精确数字系统的神经基础之间的差异。脑损伤的患者可能会丧失其中一套系统而保留另外一套，但在完好的大脑中，这两套系统却能彼此互动和协作。近似数字系统和精确数字系统虽然在进化和大脑中都是分开的，却也相互交融。估值做得好的孩子数学学得也更好，而且，训练近似数字系统的准确性也能提升人们在精确数字上的表现。

开发一套精确数字系统的关键是开发一套可视的标记系统，一种在大脑之外却能为大脑所用的标记系统。世界各地的许多文化都为计数甚至计算发明了精巧的标记系统，比如用石头或骨头上的契刻、绳结和鹅卵石计数。实际上，微积分的英文"calculus"就是拉丁语中"鹅卵石"的意思。在许多文化中，人利用身体，尤其是手指的关节作为计数甚至计算的工具。手是最早的计算尺，虽然手并不足以用来计算平方差。在许多语言中，身体部位成了代表数字的名称。在拉丁语中，"digitus"就是手指的意思。虽然现在纸和计算器都已经无处不在，但许多人还是会用手指追踪和计算数字。身体或许可以是一台高效的计算器，但它不会留下任何记录。绳结和契刻会留下记录，但它们表征数字的方法难免笨拙，对计算而言就更笨拙了。用符号，比如在文明社会中连那些还没上学的孩子都很熟悉的符号，表征数字更有效率，但真正的计算还是需要一套更丰富的标记系统。

人们对记账的需求推动了数字标记系统的发展，也因此推动了公元前4000 年生活在美索不达米亚的苏美尔人的文字发展。跟踪人们对羊、牛等牲畜的所有量是税收的关键，而税收则是一个有组织的社会的必需品。

今天，每一个在校的孩子都知道"+""-"以及数字，包括"0"，然而这些在 2000 年前几乎不为人所知。我们现行的标记系统花了上千年才发展起来，而且不知道走进过多少死胡同。数字"0"就是一个发人深省的例子。埃及人、希腊人、罗马人和中国人，都在没有"0"的条件下建造了恢宏的建筑。玛雅人（Mayan）曾经有一个代表零的符号，但它并没有走出中美洲。与此类似，吴哥窟似乎出现过一个可以追溯到 7 世纪时期的零，但它同样没有声名远播。"0"似乎在 9 世纪被阿拉伯商人从印度借来用于记录之后，便追赶了上来，虽然这个过程有些缓慢。13 世纪早期，"0"被斐波那契（Fibonacci）带到了欧洲（你猜对了，他是位数学家）。

数学和测量都是从身体开始的，都是从物质世界开始的。人们最早是用"手"（hand）测量马的身高，用"脚"（feet）测量土地的，从这两个词语的意思中可以明显看出来。数数这个简单的动作可以分解成一连串的"指"和"移动"动作，即一个接一个地指向事物，或者一边数一边把数过的事物挪到一旁。这些动作在事物和数字的名称之间建立了一一对应关系。有了标记系统，即使事物不在眼前也可以进行计算。就像语言和图表一样，标记系统（这里是数字的标记系统）将我们从"此时此地"解放了出来。最终征服了全世界的标记系统本质上就具有图表和空间的属性。一个数字出现在序列中的位置决定了它的数值，比如 56 和 65 并不相等。左边的数字被乘以 10，所以 56 是 5

个 10 和 6 个 1 的和。算术的运算依赖于将数字按位纵向排列，然后从最右的一位开始加减乘法的计算，从最左的一位开始除法的计算。这些行为和其所使用的标记系统从根本上说是空间的概念，而大脑已经知道这一点了。

边界，另一种线

如同许多用途广泛的词汇和标记一样，"线"也有许多种意义。其中一种意义素来在历史和政治舞台上扮演着极为重要的角色，那就是界限，或者说边界。国家之间有争议的国境线、"三八线""红线"等，跨越这些线都是不（或者也许会）被容许的。但边界也可以是不同事物相遇和互动的地方。跨越学科的边界可以造就跨学科研究，跨越烹饪的边界能够创造融合的美味，跨越亚种的边界则可以产生杂种优势。

边界可以是微妙的，甚至是想象出来的。美国艺术家弗瑞德·桑德贝克（Fred Sandback）曾经将一两条细绳从博物馆的天花板拉到地面上。参观者通常只是看着细绳和最近的墙面构成的空间，却从来不走进去。一条细细的长线就这样成了一个屏障。当有人进入了这个空间时，也会允许其他人做同样的事情，许多人也确实会跟着做。在运动场或者鸡尾酒会上，一群正在互动的人会形成一个屏障。在公交车站或者剧院，人们会站成有头有尾的长线，线的尾巴经常会延伸再延伸，有时根本停不下来。有时这条线上甚至站满了人的象征物，比如他们的背包或者购物车。这种秩序井然的线叫作"队列"。

箭头，不对称的线

最初的箭头就是我们的眼睛。哪怕我们思考的东西已经消失在视野中，我们的眼睛依然可以指向思考的方向。比如，我们在餐馆里看到一位著名演员坐在附近的桌子上，哪怕她已经离开了，我们还是会盯着那里看。父母教导我们在这种情况下指指点点是不礼貌的，但如果我们要告诉一位陌生人最近的地铁站在哪里，就可以也应该去"指"方向了，并且还可以用上整只手。下一章我们会对箭头（还有框、线和树状图）做更详细的讨论。

视角，空间的与抽象的

视角是另一个非常好用的词，也因此被用于表达各种各样的意义。有近的视角，有远的视角；有俯视的视角，有内部的视角；有由外而内的视角，有由内而外的视角；有全方位的视角，也有局部的视角；有周边的视角，也有聚焦的视角；有你的视角，也有我的视角（可以回看第 3 章）。每一种视角都是空间的，每一种视角都是抽象的。许多视角都被概括成了警句（虽然警句和警句之间并不一定能保持一致的口吻），比如"事情的全貌""细节决定成败""一沙一世界"[1]。

近与远

这部分的讨论从一句老套但是中肯的格言开始："只见树木，不见森林。"离得近的时候，我们看到的是树，只有离得远一些才能看见森林。离得近的时候，看到的是细节；离得远的时候，看到的是大致的轮廓。那么，哪一个更好呢？通常来说，答案是"不一定"。但是，我们还是先来看看想象的距离是如何在一系列任务中对思维产生影响的吧！尤其是，远处的焦点总是伴随着概括性、抽象性和更大的确定性，而近处的焦点则伴随着具体细节和更大的不确定性。以下是一些与这一分析一致的研究结果：表示确定性的词（如"当然"）

---

[1] 节选自英国诗人威廉·布莱克（William Blake）的诗《天真的预言》。

近距离出现在绘制场景中时，人们的阅读速度更快；表示不确定性的词（如"也许"）远距离出现在场景中时，人们的阅读速度更快。

在人们的想象中，相比于不远的将来，处于遥远的未来中的他人和自己之间有更高的一致性。这就意味着，我们在采用一个远距离的视角观察自己时更容易跳出自我。按照"基本归因错误"的说法，我们认为自己的行为更多地受到外界因素的影响，而他人的行为则更多地取决于个人的品质。所以在我们眼中，自己的行为更易变、更没有确定性，而他人的行为则更前后一致、容易预测。把自己与"我"分离开，我们就能像审视他人一样审视自己。实际上，人们用来描述自己遥远的过去的词汇比描述自己不远的过去的词汇更加抽象。

总的来说，研究表明，采用一个远距离的空间视角能够引导人们进行更加抽象的思考。这就让人联想到，采用一个远距离的空间视角应该会有助于人们创造性地解决问题。实际上，在受到远距离视角的引导之后，小孩子和成年人都更容易顿悟问题的答案。

距离只有一个维度，而空间是有三个维度的，虽然空间在脑海里和纸张上经常被压扁成两个维度。那么，就不要沿着一条线思考了，让我们跳到空中去看看吧！

俯视和内窥，外部和内部

网和线都是容纳和连接想法的简单结构。网是概览，像地图一样为我们提供了一个俯视的外部视角。线是路线，我们身处其间，它为我们提供了一个内部的视角。概览是空间的概念，路线是连成串的动作的概念。路线上的各种内部视角在想象距离上有所不同，导致的结果也不一样。比如，想象自己在美国东海岸的人会比想象自己在美国西海岸的人觉得旧金山与盐湖城之间的距离更近。离我们近的事物之间的距离会被放大，而离我们远的事物之间的距离会被缩小。这就是你现在知道的所谓近似估计系统的一个典型现象。

我们还看到，时间也是可以用内部视角来观察的，未来在前，过去在后，但是时间同样也可以用外部视角去观察，就像看日历那样。外部视角与内部视角，地图与路线，网络和道路，它们遍布于各种信息之中。

路线与概览，道路与概要，过程与组织，答案与问题空间

路线的本质是一组方向，是在地标处转向的顺序，是一系列选择点上的动作，是带你从 A 到 B 的道路和过程。往哪个"方向"烤蛋糕，往哪个"方向"切鱼片，往哪个"方向"解代数题，往哪个"方向"拼乐高积木、组装家具，都是类似的。这些"方向"都是一串动作，只不过是作用在事物上的动作，不是发生在地标上的动作。解释细胞如何分裂、引擎如何工作，或者怎么填税表、怎么在网上买票也是一样，都是通过　步一步的动作得到一个结果。

地图就不是这样的。地图不是指令，也不是配方，它不提供路线、程序或者成套的动作。地图是对可能性空间的概览，它提供的是一组地点（或者事物、时间、有机体、想法等）的组织结构的概要和框架。有了概览就可以对许多条道路做出评估，也许还能从中选出一条，但概览本身是不会偏向其中任何一条的。概览告诉你那里有什么、是怎么排列的，它展示出这些事物彼此之间的联系，但不告诉你要做些什么。你得自己搞清楚要做些什么，但概览会（或者应该）给你提供做这些事情所需的信息。当然它还会给你提供许多其他信息，有时候是信息太多了，太多地点、事物、想法，太多关系，总之就是太多可能性。于是，想要发现一条合适的道路，找到一个优秀的解决方案还需要创

造力，知道从哪里开始，怎么走下去。路线告诉你一套动作，概览告诉你一大堆可能的动作。路线是动态的，概览是静止的。

路线是自我中心的，地图是非自我中心的。现在我们把这两个视角延伸到组织结构的空间里，比如老板的空间和普通员工的空间。我们觉得老板在"上面"，员工在不同程度的"下面"。老板常常被认为是麻木不仁的。权力就是"上"，是的，权力就是力量大。权力让人难以理解，又很复杂，但权力不仅仅是力量，还是视角的 90 度大转弯。我们首先来看一个空间的例子，这里的"空间"是双关语。如果你是邮递员或者汽车司机，你只需要知道自己的路线，从哪里开始，怎么走，到哪里去；如果你是监督员，负责所有的路线，你就需要一个能看到所有可能的路线、邮递员或者司机的概览，你要设计出最有效的路线，还要追踪邮递员或者司机。如果你是售货员，你只需要知道怎么照顾你的顾客；老板就不一样了，如果你是老板，你需要一个包含所有售货员、所有顾客在内的概览。如果你是总统，你需要监督许多个政府办公室；而如果你是某个办公室的秘书，你只需要知道你通往总统的路，与此同时，你还需要一个对你所监督的下属的概览，而他们中的每一位都有他们通向你的路。上司、老板、总裁、长官，还有总统，他们需要追踪大量的个体和他们所负责的组织的目标和程序。他们能成为领袖，或者被希望成为领袖，正是因为他们在他人的认知中是把一切都考虑进去的人，也就是推进组织的目标和利益的人。上司、老板和长官们比他们所负责的人拥有更大的权力。

许多人会抱怨权力大的人缺乏同情心。这也许是无法避免的。要记得，路线视角是自我中心的，而概览视角是非自我中心的。手握权力的人通常观察和监督许多人，他们需要在每个人的个人需求和集体需求之间加以权衡。个体监督的是自己，看到的也只有自己和他们通向老板的路，所以他们不可能有老板的概览视角。

文字，指向感知

让我们来关注一下词汇。富有洞察力的美国艺术理论家鲁道夫·阿恩海姆（Rudolf Arnheim）曾经说道：词汇指向知觉。嗯？所有词汇都指向知觉吗？这句话里用的三个词语当然是指向知觉的：词汇、指向、知觉。

以下是小朋友们很早就学会的两个词语："看见"和"看"。令人惊讶的是，那些生来就失明的孩子几乎会和视力正常的孩子在同样的年纪学会这些词。这就意味着，即使是眼睛看不见的孩子也知道"看见"是"明白"的意思，"看"是"注意"的意思。其实，真正用来看见和看的是心灵的眼睛。

"看见"和"看"是一组绝佳拍档。你看，有多少表示"看见"的词经常被用在"眼前没东西但心里有想法"的情况下：拭目以待（behold）、识别（distinguish）、看出（discern）、发现（detect）、区别（discriminate）、打量（eye）、聚焦（focus）、盯（gaze）、匆匆一瞥（glance）、隐约瞥见（glimpse）、检查（inspcct）、注意（noticc）、观察（obscrve）、偷看（peep）、窥视（peek）、认出（recognize）、视为（regard）、扫描（scan）、端详（scrutinize）、搜寻（search）、侦察（spy）、凝视（stare）、纵览（survey）、目击（witness）、看作（view）、注视（watch）。还有一些表示"看见"的词，在大多数情况下似乎都被用来表示在脑海中看见，比如设想（envision）、想象（visualize）、思索（speculate）、自省（introspect）。

你会记得我们曾经观察到的这一点：思维是将想法视为对象的。现在我提议玩个游戏，以下是一些我凭空摘出来的词汇（这些列表属于抛砖引玉，离完整还差得远），都是具体的词，有一些是整体在世界中运动的方式，有一些是身体作用在物体上的动作，有一些是事物本身的动作，还有一些是对物与物之间的空间关系的描述，最后是事物和其组成部分的形状。请你为每个词语找出一个字面用法，比如"探索"城市或者在一间商店"里"，然后再找出一个抽象的用法，比如"探索"一个想法或者陷在两难的境地"里"。

整体在世界中运动的方式： 探索（explore），航行（navigate），引导（guide），迷失／找到方向（lose/find one's way），面对（confront），出现（emerge），逃跑（escape），包围（surround），下降／上升（descend/ascend），落下（fall），升起（rise），浮动（float），移动（move），靠近／避开（approach/avoid），漫游（wander）。

身体作用于物体的方式： 触碰（touch），搅拌（blend），混合（mix），结合（combine），分离（separate），接合（join），集合（gather），倾倒（dump），搁浅（ground），加上（add），减去（subtract），转动（rotate），颠倒（reverse），分发（distribute），贴上（attach），拆开（take apart），装满／清空（fill/empty），覆盖（overlay），提起（lift），举起／降低（raise/lower），放（put），推（push），扔（throw），拉伸（stretch），抓（grasp），踢（kick），推挤（shove），抛（toss），切碎（shred），切（cut），切片（slice）。

世界上的事物发生变化的方式： 展开（expand），收缩（contract），增加（increase），降低（decrease），消失（disappear），螺旋上升（spiral），转圈（circle），消散（dissipate），溶解（dissolve），破裂（fall apart），组合（come together），融化（melt），冻结（freeze），沸腾（boil），开始／结束（start/end），关／开（close/open），粉碎（crumble），破裂（crack），升华（sublimate），爆裂（burst），爆炸（blow up）。

事物之间彼此关联的方式： 相遇（meet），分开（separate），毗连（adjoin），毗邻（abut），包围（surround），更低／更高（lower/higher），之前／之后（before/after），之上／之下（on top of/below），更近／更远（closer/farther），重叠（overlap），相连／分离（connected/disconnected），近（near），远（far），部分（part of），里面／外面（inside/outside），在前／在后（in front of/behind），横向／纵向（horizontal/vertical），平行（parallel），对角（diagonal），向内／向外（inward/outward），相切（tangential），包含（contain），相撞（collide），跨坐（straddle），跨过（span），触碰（touch），穿过（penetrate），相交（intersect），支持（support），前景／背景（foreground/background）。

事物的位置：遥远（far out），接近（close），近（near），远（far），上（up），下（down），在上面（on top），在……之上（above），在……之下（below），在……之间（in between），在下面（at the bottom），在中间（in the middle），这里（here），那里（there），到处（everywhere），无处不在（ubiquitous），在高空中（in the clouds），在水下（under water）。

事物的形状：树状（tree），胡萝卜形（carrot-shaped），心形（heart-shaped），蛇形（snake-like），圆形（circle），螺旋形（spiral），方形（square）；其他几何形状，如地点（places），领域（field），区域（area），地域（region），障碍（barrier）。

事物的大小：大／小（big/little），极小（infinitesimal），巨大（huge），庞大（enormous），极大（gigantic），宽／窄（wide/narrow）。

事物的部分：以身体的某部分为原型，如头（head），手（hand），脚（feet），手臂（arm），腿（leg），手指（finger），腹部（belly），肚脐（belly button），肩（shoulder）；片段（fragment），片（piece），外周

（periphery），中心（center），焦点（focus），中间（middle），边缘（edge），边界（boundary），连接点（juncture），接缝（seam），膜（membrane）。

事物的样式： 条纹的（striped），波点的（dotted），斑点的（speckled），粗糙的（rough），光滑的（smooth），有棱角的（angular），多峭壁的（craggy），杂乱的（cluttered），坑洼不平的（bumpy），成堆的（piles），有规律的（regular），不平整的（uneven），对称 / 不对称的（symmetric/asymmetric），平衡的（balanced），重复的（repetitive）。

现在你知道描述空间的语言和描述空间中动作的语言有多么普遍了吧。我们会不断地听到这些语言，除此之外几乎没有什么描述空间的方式了。

语言与空间

很久之前，我刚开始学习认知心理学的时候，以及在之后的许多年里，关于思维的主流观点是，思维就像语言一样，甚至意象也像语言一样。如果你问问自己，会得到同样的结论，因为我们在思考"思考"这件事时，会认为自己是在用文字进行思考的。正式的观点认为，思维的单元就像命题，即原则上可以被证实或证伪的最小论断，这是一个从符号逻辑中拿来的概念。任何一个实际的句子中都可能包含好几个命题。"跑得飞快的棕色狐狸从那条懒狗上面跳过"（The quick brown fox jumps over the lazy dog）这句话可以被分解为：那只狐狸跑得飞快，那只狐狸是棕色的，那只狐狸会跳，跳的动作发生在那只狗的上面，那只狗懒。所有这些都装在一个用尽字母表里所有字母的句子里！

这个观点在碰到意象和其他心理表征的时候遇到了难题，因为这些心理表征不能被整齐地拆分成命题。究竟要怎样才能把蒙娜丽莎或者其他任何人的脸拆分成命题呢？像许多激烈的争论一样，这个观点最终失去说服力了。与此同时，人们对语言的本质的观点发生了改变。现在，许多人将空间世界视为问题的根本，而语言则被认为是根植在空间世界中的。思维的最小单元是两个想法之间的连接，但那是一条连接着两个地点的道路。在进化中，人们对空间世界和其中动作的理解无疑是早于语言发展的。语言的用途是描述世界上存在的、曾经存在的或者可能存在的情形。语言的存在是为了建立人们对这些情形的心理模型，从而唤起回忆或者描述现在、计划未来。自然而然地，我们思考空间，思考空间中的实体和事件的方式影响着我们谈论世界的方式。但这种影响比表面看上去的影响来得更加深远，因为实际上，不仅是语言被用来谈论世界，空间和我们所感知到的世界上的各种实体和事件也在建构着语言。就像美国认知语言学家雷纳德·塔尔米（Leonard Talmy）所说的那样，事情不仅仅是语言能建构空间那么简单，而是空间在建构着语言。空间是先于语言的。

思考与思维

关于空间的两个基本事实——距离和重力，以及身体在空间中所做出的无数动作，很快就获得了抽象的意义。离我们更近的东西更容易被看到、够到，并与之互动。彼此之间距离更近的事物更可能被联系在一起，无论从哪个维度上讲都是如此。由于重力的作用，向上总是比向下更费劲，因为向上会消耗资源，比如力量、健康和财富。空间隐喻在我们的认知生活、情感生活、社交生活和科学生活中随处可见。我们会逐渐亲近一些人、远离另一些人；有人正站在人群之巅，有人则已经跌落谷底；离子相互吸引或者相互排斥；新的领域开启，如同一片从未被开拓过的版图，而其他领域则会内爆。作用在思维上的动作就像作用在物体上的动作一样。我们会扫描、聚焦和端详各种想法，将其颠倒，拉在一起，撕开，再扔到一旁。我们把会议挪到前面或者后面、上面或者下面。一些人漫步人生，另一些人则曲折而行。我们把过去放在身后，事情一件件向我们奔来。销售额、人气、经济会往上走，也会往下走；电子沿着轨道转动；病毒入侵，免疫系统就会发起攻击。我们一生都在空间中感知和行动，而这正是我们和我们的祖先赖以生存的法门。在空间、知觉、动作上的语言和推理成了我们所有思维的语言和推理，这些思维涉及空间的、社交的、情绪的、科学的、哲学的和精神上的。

Mind in Motion

第 8 章

我们创造的空间：
地图、图示、草图、说明、漫画

　　在本章中，我们会向你展示思维是如何通过空间记号的排列而被带入到世界中的。我们排列这些记号的目的是创造意义，使其能够超越"此时"和"此地"。思维工具帮助我们思考空间、时间、数字、事件、因果关系和故事。我们将往返于历史和现代之间，为设计和利用这些思维工具汲取经验。漫画是本章的亮点，它那炸裂的创意，以一种幽默的方式，融合了各种讲故事的手段。

艺术证明了生命的短暂。

——改述自费尔南多·佩索阿（Fernando Pessoa）

20 世纪葡萄牙作家

将思维转移到世界中去

高估"将思维转移到世界中去"的重要性是很难的。"将思维转移到世界中去"使我们能够在此时此地通过语言、手势或者图表的形式与其他人分享自己的想法。这是学习、教学、协同和合作的关键。但是，"将思维转移到世界中去"还有一个更重要的意义，就是把我们从"此时此地"中解放出来。转移到物质世界中的思维为我们提供了谈论过去和计划未来的途径。我猜，人类第一次将思维转移到世界中去的情形应该是一个人在告诉另一个人要做些什么，或者在解释应该如何去做某件事。将思维转移到世界中，不仅使"做什么"和"怎么做"成了可能，还在更深远的意义上创造了社会和文化。转移到世界中的思维使知识得以传播和积累，写在纸上的思维尤为如此。

我们大概永远都不会知道是哪种生物最先开始用语言去表征不存在于此时此地的东西，大概也不会知道这种能力诞生在进化的哪个时期。但是，我们确实已经在世界各地发现了大量来自远古时期的证据，可以证明人类表征不存在于眼前的事物的能力在那时就已经出现了，比如洞穴里的壁画、雕刻在石头上的图像和刻在骨头上的契刻符号。它们证明了人类对非此时此地的想法进行表征的卓越能力，也证明了人类的符号思维和人类对艺术的深切需求。令人惊讶的是，我们，智人的后代，当今仅存的人类，显然并不是第一批具备这种能力的生物。

现在回过头来聊聊日常。我们会把长长的购物清单写下来，会用计算器计算优惠价格；当我们想要搞清楚家具该如何布置，说明该如何措辞，或者某场盛大的派对该邀请谁，以及如何安排就座的问题时，我们就会去找纸和笔；当我们想确保自己能记住某次约会，就会把它记在日历上。我们并不是靠大脑去记住一切，而是会利用这个触手可及的世界。

大脑的容量太小了，而世界却有更广阔的空间。**认知第八定律：思维超出大脑的负荷时，就会将思维转移到世界中去。**我们把思维转移到世界中去的方法有很多，说话、做手势、做动作，都可以。但这些都是转瞬即逝的，只能在某个瞬间抓住思维。还有一些更长久的转移思维的方法，比如列出待办清单，把工作要带的东西放在门口，为需要继续加工的想法画草图，用铅笔或者计算器做加法，把便利贴贴在"战略要地"上（关于便利贴的一点题外话：它是"意外收获"类设计的一个传奇例子，这就和如何利用不黏的胶水有关了）。"将思维转移到世界中去"扩大了思维的容量，当然也不是无限扩大，因为人的注意力是有限的，我们还是要对转移到世界中的思维进行加工才能理解它。转移到世界中的思维成了思考的工具。这是一个螺旋：我们向世界中转移思维，使用它，完善它，然后再一次使用它。

我们将思维转移到世界中去的原因有很多。为了记忆、提示、记录；为了告知，为了影响，为了夸耀；为了考虑、计算、组织、重排、设计、创造；为了追忆过去，思考现在或者计划未来；为了向他人展示并且分工合作，这样我们的认知就确确实实地被建立在"同一张纸"上，可以用手去指，做手势，或者把各种想法挪来挪去，这可比用文字表达来得高效且准确多了。我们创造出一个共同的想法，它不只是你的，也不只是我的，所以我们双方都忠于这个想法。思维的表达可以借助鹅卵石的排列、沙滩上的线条、餐巾上的涂鸦、身体的动作，或者日晷、算盘、模具等物品。整理思维的标准做法是把它"写"在一个平整的表面上，比如洞穴的墙上、石头的表面、纸张上或者电脑的屏幕上。当然了，思维也已经被三维地转移到世界上来了，算盘、漏壶、日晷、结绳、鹅卵石、计算尺及分子和建筑模型都是例子。为了简洁起见，以下我会用"纸"来代称所有将思维转移到世界中的方式。把思维记录在纸上、石头上或者绳子上，我们就能将其随身携带，或者将其送给他人。现在，很多思维都存储在云端，随时随地都可以获取，比如模连接（Modulo connectivity）。

词汇可以表达思维，但口语中的词汇并没有什么固定的意思，哪怕那些写在纸上的词汇也是通过某个任意的符号间接表意的。表意更直接的要数写在纸上（或者半空中）的空间记号和空间位置。物质世界对思维的表达使我们能像铸造、切割和构建工艺品那样铸造、切割和构建想法。物质世界所表达的思维生来就是要被使用的，生来就是要成为工具的。

"将思维转移到世界中去"深刻地改变着我们的思维和生活。文字为大众带来了教育和信息。文字改变了我们对语言的理解，继而改变了语言。数学符号经过几百年的发展实现了高效的计算，而高效的计算又促成了政府的建立以及科学和工程的进步。地图改变了我们对世界的理解。想要夸大"将思维转移到世界中去"对我们的生活和历史的影响是很难的。地图、书籍、计算器、钟表、纸张、工艺品，还有红绿灯、自行车道、商店的标志等，甚至世界本身都是思维转移到世界中的例子，而这些还不是全部。

　　"将思维转移到世界中去"并不是什么新鲜事，一些古老的思维工具就能教给我们许多东西。这些古老的工具在不同的时间和地点被创造和再创造，在一代代人的反复试验中日臻完善。到目前为止，还没有人见到过黑猩猩或者倭黑猩猩有给同类画像、制作地图或者用契刻计数的情形。制作思维工具也许就是我们与其他现存哺乳动物之间那难以捉摸的不同之处吧，毕竟我们从思维工具的制作中得到了太多。

　　大多数人类早期制作的思维工具必然已经遗失了。画在沙子上的地图和用鹅卵石计数并不会长久。洞穴、石头和骨头能抵御风吹雨淋，所以它们成了保存古代思维表达的宝库，如图8-1所示，这是一幅描绘狩猎场景的岩石画。人们曾经在西班牙的一座洞穴中发现过64 800年前的手掌印、梯子的形状和模糊的动物画像。由于智人出现在此后20 000年到24 000年，所以可以判断这些有趣的图像一定是当时的居民、那些被错误地中伤的尼安德特人创造的。为什么偏偏留下了手印呢？手印在世界各地的洞穴中其实都有遗留。或许，在人们还不会写字的年代，手印就是他们的签名和证明。那只手代表着"我"，"我"曾经来过。

　　尽管如此，世界各地都在不断地发现外化思维的古老遗迹。其中经常能发现人、物品、动物、事件、工具、地图和计数符号的图像。这些图像也许都可以被解码，哪怕我们并不能读懂其中的含义。需要注意的是，人、物品、空间、时间、事件、数字，这些都是生活的要素，而且毫无疑问，直到今天都是生活中最常见的内容。随便瞥一眼任何一张报纸或者任何一个网站，你就能看到生物、物品、空间、时间、事件和数字的各种表征。这些都是人类存在的核心概念。核心到什么程度呢？核心到大脑也会特别留意这些要素中的每一个。

图 8-1 描绘狩猎场景的岩石画

注：位于美国犹他州普赖斯（Price）附近的九里峡谷（Nine-Mile Canyon），很可能由弗里蒙特（Fremont）部落于公元 950 年至公元 1250 年间创作。

物质世界是通过表征来表达思维的，这一点很重要。表征和符号一样，代表的都是自身以外的东西，但表征也和许多符号不同，它和自己所代表的事物之间是相似的。回忆一下比利时超现实主义画家雷内·马格利特（René Magritte）的烟斗。表征利用空间中的地点和记号传递意义。这些记号可以是绘画、图标、文字、符号和简单的几何图形（比如点、线和框）。其中，文字通常会单独出现或者以小组的形式出现，并不会像你正在读的这篇文章一样连成句或者段。也就是说，地图、图表、图示、草图等所有类型的图形都可以是多模式的，就像对话一样。

认知设计的两个原则

就在这一秒，新的思维表征正在被创造出来，比如菜肴的配方，对政治冲突的解释，股票市场的起伏，科学现象，组装说明、运行说明或舞蹈说明。设计者应该去考虑用户会如何理解和利用这些表征，但很显然，就像所有设计师一样，视觉设计师也并不能预见人们理解和使用其设计的所有可能性。实际上，新的理解和新的用途本身可能就是具有意义和创造性的。这些目标可以被归纳为两个认知设计的一般原则。

对应原则： 表征的内容和形式应该对应目标概念的内容和形式。
使用原则： 表征应该能促进目标任务的高效完成。

需要注意的是，这两个原则之间可能并且终将发生冲突，也就是说，根据不同的原则可能会得出截然不同的设计建议。这也是设计不断完善，解决方案不停演变的原因。以文字为例，全世界的文字都是从词汇和象形符号（也就是与事物形似的草图）的对应开始的。象形符号与事物之间的相似性很符合对应原则，但最终并不符合使用原则。这具体体现在，如果有几千个词语，那么就有几千个符号要学。况且，要怎么找到与"美丽""正义""革命"这些概念形似的符号呢？还有"否认""资质""假说"这些词语的形似符号呢？通常的解决办法是加入一些表征声音而不是形态的符号。于是，史上唯一一次，一种新的表征诞生了，它将声音与视觉（而不是意义）对应了起来。看，就是字母表！一首全美国的小孩都会唱的歌谣，尽管对失聪的人来说很难。

尽管有着各种缺陷，这种"标志加图形"的文字还是存活了下来。每天有超过10亿人在用这种方式阅读。用语素语言写的诗有一个用字母语言写的诗所不具备的特点。字母语言有头韵，是声音的文字游戏；语素语言也有头韵，但它还有另外一层功能，就是可以玩视觉文字游戏。这是多么令人愉悦啊！

我们能从文字的发展中学到重要的一课："最好的解决方案"基本不会存在。几乎每个人都会为英语拼写而苦恼。回忆一下**认知第一定律：没有代价就没有收益**。表现在这里就是每一种解决方案都有优缺点。大自然的设计，即进化也是如此。鱼儿游泳、鸟儿飞翔、蛇摇头摆尾地爬行，这些都是动物在世界上移动的方式，每一种方式都好用，但每一种都不一样。

空间，地图的设计

古老的地图揭示着许多关于思考的事实。许多早期的地图使用起来比现在很多"专家设计"的地图都要方便。图 8-2 展示的是目前被认为是世界上最古老的地图。这是一幅刻在石块上的"口袋"地图，重约 1 千克，15 000 多年前被遗留在西班牙北部的一座洞穴里。

图 8-2　世界上最古老的旧石器时代地图

注：来自西班牙的阿邦兹洞穴（Abauntz Cave），制作于约公元前 13600 年。

也许你能感受到发现这张地图的考古学家为什么会如此激动，因为这张地图上描绘着洞穴周围的道路和风景，包括高山和河流这种相当巨大的地标，河谷两岸还有成群的动物隐约可见。据考古学家推测，这张地图可能是当时被用来记录一次狩猎，或者是计划一次狩猎。高山、河流和动物都是场景中可见的部分，被放置在一个空间的布局中，于是这幅"画"一半是风景，一半是为这片风景所制作的地图。这幅地图同时展示了两个视角，一个是对这片区域的地形概览，一个是地形特征的正面视图。这种双视角、半绘画的表现手法当然既不如风景画写实，也不如地图抽象，但同样可以确定的是，这幅图是有用的，它对定位和计划都有帮助。

我们祖先的地图上不仅标注了大地，还标注了天空，其中的缘由我们只能去猜测。月亮的周期是许多早期历法的来源，而标注星星的原因则令人感到困惑。也许是因为星星令人生畏的美丽，也许是因为人们相信高悬天际的星体会观察我们，守护我们，控制我们，这种信念在当代占星学中也存在。古代星座图在许多地方都被发现过。法国南部著名的拉斯科洞穴（Lascaux Cave）中有一幅至少可以追溯到 20 000 多年前的昴宿星团图。

地图有很多种形式。美洲北海岸的原住民会通过标注他们略微折起的左手来制作地图。他们会把城市和城镇排列在食指和大拇指上，魁北克位于食指的指尖，蒙特利尔在第一个关节处，纽约在食指和大拇指与手掌的连接处。密歇根人会立起左手，伸直手指，模仿密歇根州的形状，这时休伦湖会处于食指与大拇指之间间隙的位置，然后他们就可以在手上指出家乡的方位。航行在格陵兰海岸线上的因纽特人会用木头刻出口袋大小的地图，木头的曲线对应着海岸的起伏。这种地图可以塞进手套里，用触觉追踪，这样就可以避免把手套摘下来冻僵手指了。哪怕掉进水里，它也会浮起来。真是聪明啊！

　　同样聪明的还有太平洋马绍尔群岛（Marshall Islands）的岛民，他们设计了竹竿贝壳海图。如图 8-3 所示，这种海图被用来在开阔的海面上进行长距离导航。竹竿代表的是海里的波浪、洋流和风，其实就是海洋里的高速公路，而贝壳代表的是岛屿，由于彼此之间离得太远，因而不太能看得出来。

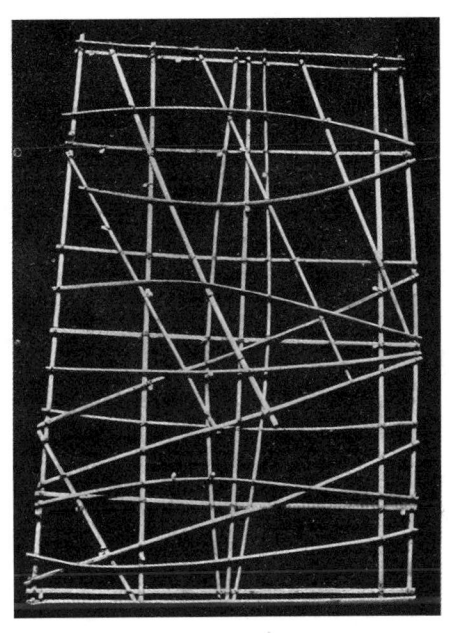

图 8-3　马绍尔群岛的水手们使用的由竹竿和贝壳制作而成的海图

　　在中世纪的欧洲，地图的制作是概要式的，而且绝大多数人都只是在想象中旅行，所以地图看上去就像是为精神、宗教和政治目的而服务的。像图 8-4 这种地图很常见，因其独特的形式而被称为 T-O 地图。地图的中央是圣地的位置，也就是耶稣诞生的地方。请注意，东方（Oriens）在这张地图的上方。在英语中，Oriens 是"升起"的意思，就是"升起的太阳"之"升起"，它也是"Orient"（东方）和"orient"（定位）这两个词的词根。图中"T"形的横条代表的是将亚洲从欧洲和非洲分离开的印度洋，竖条是分隔欧洲和非洲的地中海。当时的欧洲人认为整个世界都被一个大洋所包围。这张地图上事物的空间位置和大小都是模糊的，也没有边界。不过即使你看不清这张小小的地图也不用担心，关键是要看到它的版面非常简明扼要：圣地在世界的中心，当时仅知的三个大洲被大洋所分离。

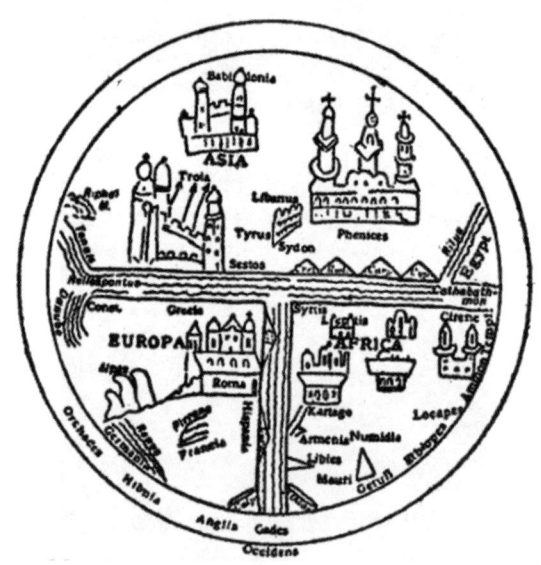

图 8-4　T-O 地图

注：绘制于莱比锡（Leipzig），11 世纪。

我们并不清楚为什么后来欧洲地图转了 90 度，变成北方朝上，并且一直保持了这种方向，但可以知道的是，这一视角上的改变几乎是从磁北被发现时开始的。一些被认为是由希腊数学家托勒密制作的更古老的地图同样是北方朝上。有人推断说这是出于实际操作的需求，因为当时所知的大部分陆地都是向东西延伸的。地图描绘的不只是空间，还有许许多多其他的东西。

虽然这些地图各种各样，充分体现了人们丰富的想象力，但它们还是有一些共同的核心特征。比如，这些地图的比例并不总是正确的；它们会把视角混起来用；它们既标注地点又描绘风景；它们会漏掉大量的信息，这倒并不是因为疏忽或者技术不到位，而是专门设计成这样的。不同的地图上显示的那些仅有的信息是不一样的。因纽特独木舟桨手需要的是海岸线进出的准确位置，马绍尔群岛的水手需要的是波浪和岛屿的位置，伊比利亚半岛的居民需要的是地形和动物的分布，中世纪的欧洲人需要的是为精神层面提供的服务。这些地图上包含的信息完全就是地图的使用者所需要的信息，完全没有被无用的信息干扰。

了解了地图的这些特征，现在让我们穿越千年，去看一张今天被几百万人使用的地图——伦敦地铁路线图（London Tube Map）。我不能把它重印在这里，但可以确定的是，英国工程师哈里·贝克（Harry Beck）设计的伦敦地铁路线图在 1931 年一经问世就成了全世界地铁系统竞相模仿的对象。不知道为什么，这张地铁图看上去跟马绍尔群岛岛民独有的竹竿图长得很像。不同之处是，竹竿图描绘的是洋流和群岛，地铁图描绘的是地下线路和地铁站点。

伦敦地铁路线图上绘制着各条地铁线路经过变形之后的简化框架，每条线路都被画成了纵向、横向或者斜向的线，绝不是对线路的准确写照。制作这张地铁图的灵感来自电子电路图，这种跨越时代的类比推理还真是让人着迷。对电流来说，地形一点用处也没有，重要的是线路和连接，以及从一条线路到达另一条线路的通道。贝克认为，通勤者也是一样，他们需要的不是准确的地理信息，而是车站与车站之间的线路以及线路与线路之间的连接。他的设计受到了当权者的阻挠，却立即在通勤者中大受欢迎。这张图实在是太好读了！每条线路用不同的颜色标记，横向、纵向、斜向的线路也很容易一眼就看出来；每个站点都标记了名字并且用垂直的光点标明位置，能换乘到其他线路的站点也都用圆圈标注得清清楚楚。伦敦地铁路线图甚至还提供了一些地理信息。很久以前，在智能手机地图还没有普及的时候，我曾经就是凭借这些信息成功找到了一个并没有标注在我使用的那张地图上的地方。

和那些古老的地图一样，伦敦地铁路线图也仅仅包含了全部信息中的一小部分。而且同样的，伦敦地铁路线图上的信息也完全是使用者通常所需要的信息，即线路和换乘地点，具体来说就是换乘和进出的地点。伦敦地铁路线图比古代地图更进一步的地方在于它扭曲了距离和方向的实际形状。敏感的读者应该会记得我们对环境的记忆也是如此。示意地图，即使是扭曲的地图，也可能很好用，甚至比写实的地图更好用，因为它易读、易懂，也容易使用。因此，想要设计出好的示意地图，两条认知设计的一般原则缺一不可。

也许你会好奇，漏掉和扭曲信息会不会让人感到困惑？其实，就像所有图表一样，甚至像任何一种沟通方式一样，设计地图的目的就是使其在情境当中被使用。情境可以是周围环境中能被感知到的东西，也可以是脑海中共享的知识。情境通常（但也不总是）能够提供缺失的信息，从而消除模棱两可和扭曲的问题。这些信息隐藏在沟通双方所默认的契约之中。使用者知道地图和其他图表都是这样工作的，它是为某个具体情境中的某群特定用户提供服务的，设计者也知道这一点。伦敦地铁路线图就是和伦敦地铁配套使用的，组装说明书就是和需要组装的东西配套使用的。我们理解语言也是这样。如果有人说："这里不冷吗？"我们明白这是在间接要求关窗或者调高空调的温度。如果你的乘客或者导航说："往右转。"你知道是在下一个交叉路口右转，而不是现在就转。

伦敦地铁路线图上还附加了文字和符号。大多数好的地图和图表都是多模式的，就像日常对话一样。我们在日常对话中所使用的远远不只词汇，诸如语调、手势和生活中的物件等也会用上。

地图可以被设计成多功能的，或者说，不同的地图可以被设计成不同的功能。我们可以用地图去寻找方向，探索某个环境，计划短途旅行，改变交通路线，定位自行车道，等等。地图可以建构基础以更好地解释历史，比如阿兹特克人就曾经在他们的手抄本中用彩色的绘画表现他们的祖先在时空中的迁徙。

地图可以解释战争，正如第二次世界大战期间，各大报纸每天都用地图来展示欧洲战场上各个部队的规模、行动和同盟关系。地图可以追踪疾病的传播，这是找到疾病起因的第一步。一位固执的内科医生约翰·斯诺（John Snow）在伦敦 1854 年的那场霍乱疫情中正是这样做的。当时没人知道是什么原因导致了霍乱。斯诺让人把每一例霍乱病例都记录在一张伦敦市中心的地图上，如图 8-5 所示。他观察到，许多霍乱病例都集中在布罗德大街的水泵周围，于是下令把水泵的把手拆除。

图 8-5　伦敦市中心地图

注：斯诺于 1854 年制作，图中黑点标记的是霍乱病例。

这个命令几乎终结了那场传染病，同时也开启了流行病学的科学篇章。直到现在，流行病学仍然在很大程度上依赖于地图的使用。无论是研究疾病的传播，还是追踪飓风的轨迹，地图都有助于其探查、推理、发现和预测。地图能帮助我们理解选民的投票模式、饥荒和洪水，以及人口变动和贫富差距等人口统计学数据。地图让我们得以解释社会、宗教、政治、语言、遗传和技术等方面的变化以及相应的结果。

试想一下我们生活中那些重要的事情，有没有哪一件是不需要在空间中移动的？这并不是个容易的问题。地图是展示空间的最佳选项，因为眼睛能够迅速看清地点、集群和方向。还记得格式塔组织和共同命运吗？地图可以促进我们对空间现象和空间运动的推理。个体、社会、政治、生物、化学和物理过程都发生在空间和空间运动之中。我们还可以制作概念地图和理论地图来展示思维之间的关系，以及思维的变化和关系的变化。

设计地图和其他事物的经验法则

以下是我们从古代和现代地图中总结出来的有关地图设计的 4 条经验法则，其中好几条都经历过这样或者那样的检验。总的来说，这些规则都遵循设计的两个认知原则，即不仅保证表征与目标概念之间的对应关系，而且保证表征在目标任务中是直接易用的。

- 将真实空间中的元素和关系映射到表征空间的元素和关系上去。这就是纸的作用，不论是虚拟的纸还是真正的纸。
- 只包含任务中会用到的信息，排除与任务无关的、可能会分散精力或者造成困惑的信息。
- 夸张，甚至扭曲有用的信息，使该信息易于寻找和追踪。

- 在需要的地方补充文字和符号，以便清楚地说明关键信息。

这些经验法则适用于地图，也适用于许多其他类型的图表。它们都是从观察、分析和体验中总结出来的最好的实践经验。但在具体案例中还有一些更直接的决定认知设计原则的方法，一些从实证研究中得出的方法。

路线地图的认知设计原则：展示路径和转弯处

路线地图是地图的一个特例，却是个常见的特例。路线地图会将你从 A 地点带到 B 地点。现在让我们稍微穿越一下时空，回到 20 世纪 90 年代末，去看看地理科学的一个意外发现。早在智能手机出现之前，在我办公的那条街上工作的两个研究电脑图像的研究生，想到了一个非常有远见的主意，即开发一套生成路线地图的算法，帮助人们方便地从 A 地点到达 B 地点。那时，能从网站上下载下来的传统地图都是重叠在高速公路地图上的，基本没有什么用。这种地图只有一种比例，所以像上、下高速公路这种真正棘手的部分往往因为太小而看不见，而且整条路线本身都被埋在不相关的杂乱信息之卜。这两位学生找到了我们之前对有效手绘地图的研究。我们和其他人的研究都显示，人们自己绘制的路线地图是概要式的示意图，即只展示相关路径和转弯处的地图，人们在使用中偏好这种地图，并在使用这种地图导航时有更好的表现，即使它在方向和距离上的描述并不那么准确。

这些地图的特征后来被专门用作地图的认知设计原则。任何一种思维工具都可以通过实践来开发它自己的认知设计原则。就地图而言，地图的设计需要明确显示路径和采取行动的地点，尤其是地标的位置。精确的距离和方向反而并不是那么重要。马尼什·阿格拉沃尔和 C. 斯托尔特（C. Stolte）应用这些原则开发的绝妙算法可以迅速生成大量 A 地点和 B 地点，在 Beta 测试中深受用户的喜爱。应用这些设计原则的好处是双倍的，其中一名学生因此获得了博士学位，并且这套算法后来也被卖出，被几百万人所使用。那时地图科技的迅速发展才刚刚开始，实际使用这套算法的人可能更多。这套算法的开发成了使用实证方法揭示认知设计原则并将其应用到其他设计案例中的范例。

3P 认知设计原则

我们开发了一套将资深用户招募为设计者的实际操作程序，目的是揭示具体的设计原则。该套程序在路线地图设计上的应用如下所述。生产（production）：由第一组专家设计地图，如本例中的路线地图。时至今日，几乎每个识字的成年人都是使用地图的专家。偏好（preference）：由第二组专家按照质量对上述地图进行评分。表现（performance）：由第三组专家使用高分地图进行导航。如果从生产中得到的特征能被用户所偏好，并且能对后续导航的表现有所帮助，那么棒极了，我们已经找到了路线地图的认知设计原则，以及设计其他图表和物品的程序。这一揭示认知设计原则的 3P 如今已经得到了更广泛的应用，并且取得了一连串的成功。另一个范例是组装说明书的认知设计原则，一会儿会讲到它。

数字与符号

现在我们从地图（最具体的外在表征）转移到数学（可能是最抽象的外在表征）上。继手指之后，最早被用来表征数字的外在形式之一是计数符号。就像示意地图一样，全世界似乎都使用过计数符号，它被不同时空下的各种文明发明了一次又一次。

计数符号是抽象的，一个记号代表着一个物体，无论这个物体是什么。计数符号没有描述，所以你没法辨别被计数的事物究竟是什么。像地图一样，计数符号的出现也有许多种形式，比如骨头、石头、竿子上的切口，绳子上的绳结，成堆的鹅卵石，等等。图 8-6 中的那根伊尚戈骨（Ishango bone）的两侧都是计数符号，也许还有其他什么东西。

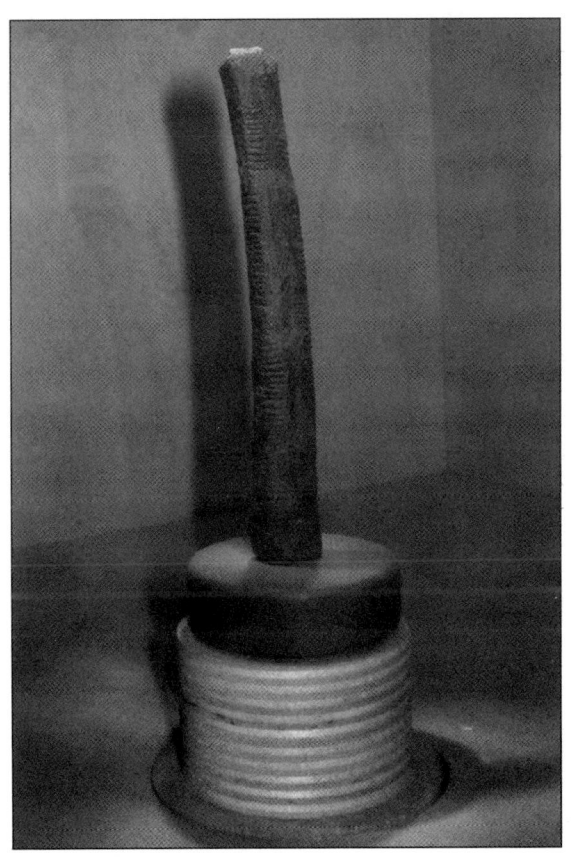

图 8-6　带计数符号的伊尚戈骨

注：发现于刚果，至少可以追溯到两万年前。

这根骨头是一只狒狒的腓骨，发现于现属刚果民主共和国的一座山洞中，它的出现至少可以追溯到两万年前，现在在布鲁塞尔的比利时皇家自然科学研究所展出。这根骨头上的记号聚集在一起的方式很奇特，因此引起了人们对这些记号究竟代表着什么的猜测。质数？不大可能，两万年前不太会出现如此令人震惊的高等数学。农历的月份？同样不太可能，因为之后在同一座山洞中发现的另一块骨头上的记号似乎是用来算数的。实际上，学术界在来来回回的争论中得到了一个共识，这些聚在一起的记号是算数符号，也许是用来计算什么东西的。我们不禁怀疑刻下这些计数符号的人，在多年之后还会不会明白这些符号都代表着什么。我就经常被一些我自己写的笔记搞得晕头转向。

计数符号、绳结和鹅卵石都提供了一种可视的、持久的计数记录，这与大声数数或者用身体计数相比是一个巨大的进步。这根骨头已经惊人地存在了约22 000年，远远超过了它的制造者，而有些骨头甚至更古老。但是注意了，计数并不能给出合计。如果想要求和，还得重新数出标记的数量或者将其与被计数的东西对应着排列起来。计数是一对一的对应关系，而求和需要的是数字的名称或者符号。在成长的某个时刻，还没上学的孩子们开始数出大串大串的数字，但是如果你问他们，某样东西一共有多少，他们就开始不知所措。直到他们从注意每一项事物跳跃到注意一整组事物，从注意一一对应的关系跳跃到注意集合的基数时，他们才知道该怎么回答"一共有多少"这个问题。数出一组东西的数量的基础认知系统和给出一组东西的总数的基础认知系统是分开的。人们会觉得这很奇怪，因为这两套系统在成人身上是那么妥帖地融合在一起。

计数和总数的用途是不一样的。计数追踪的是个体。比如，我放的每一只羊都回来了吗？开会的人手够不够？剧院里还有空椅子吗？要回答这些问题只需要将个体和计数符号进行一对一的比较。下次你问餐馆的服务员"有没有两个人的桌子"的时候，可以看看他用的那张表，通常是一张记录表，上面显示着餐馆里的桌子和椅子，占用掉的桌椅会被做上标记。服务员是不会去数数的，这没有必要，因为餐馆里一共有多少人在吃饭跟他眼前的问题没有关系。服务员要做的是帮你找到一张空桌子，然后把它标记好。你就这样被计数了。

有趣的是，在许多文化中都有关于数数的禁忌，对人或者牲畜这种珍贵的东西来说尤其如此。其中一个原因是数数将个体削减成了数字，另一个原因是数数可以被视为拥有财富的象征，因此可能会招致厄运。使用计数符号的某种形式则免去了数数的必要。

但是，得到最终的计数和总数都是计算的必然需求。其中比较典型的问题包括：你欠了多少税？或者，如果每只羊值 5 锡克尔（shekels）[1]，那么 12 只羊值多少锡克尔？会计学依靠计算，就像工程学、建筑学、科学和数学都要依靠计算。就复杂的计算而言，今天被广泛使用的符号系统有两大组成部分：数字符号和空间位置。世界各地的文明都分别将计数符号转换成具有计算功能的数字。最开始，大多数系统为一、十（或者十二，取决于基数是多少）、百、千等发明了符号。你已经能从这个"等"中看出这种表征系统的问题所在。表示 7846 需要 7 个"千"的符号、8 个"百"的符号、4 个"十"的符号和 6 个"一"的符号。这种系统被称为可加系统，笨重得很，既不易读，也不易使用。看看现在，我们只需要用到 9 个数字符号、零，以及从右到左表示个、十、百、千等的空间位置就可以表征各种数字。这是一套乘法系统。表示 7846 所需的一切就只是"7846"这几个数字。易读，也容易使用。

巴比伦人在公元前 2000 年，中国人在公元伊始，玛雅人在 3 世纪到 5 世纪分别发明了表征数字和使用空间位置进行计算的高效运算系统。算盘和计数

---

[1] 古巴比伦及希伯来的货币单位。——编者注

板使用的是空间位置，这是其核心所在。现在我们所使用的用 10 个符号和空间位置代表个、十、百等数值的系统，其基本原理是印度人在 5 世纪左右发明的，并于 13 世纪传到了欧洲。四则运算（加减乘除）的符号则在几个世纪之后才被发明出来。

在计数之前将计数这件事从脑子里提取出来，转移到物质世界中，对计数和保存计数记录都有帮助。但是，计数一旦进入物质世界就成了一种思维工具，就会像所有认知工具那样，可以被使用、设计和再设计。于是，符号和空间位置这些看上去那么自然的绝佳设计就成了大脑和纸张之间，试验和错误之间，给予和接受之间一次又一次交易的结果，同时还伴随着许多错误的转向和走不出去的死胡同。想要高估大脑与世界中的阵列之间的交易的重要性是很难的。这些交易靠的是将数学放置在一张虚拟的永久纸面上，比如算盘和计数板，这样就有了可以看、可以思考、可以重新排布的东西。心算、手算和借助身体都不够用。将计数和计算从脑子里提取出来放到世界上，将符号和空间位置放在纸上，反过来可以进一步促进社会、农业、工程、科学和数学的复杂发展。

数学被认为是最抽象的思维和表征思维最抽象的手段。它因为符号和空间位置的存在才得以发挥作用。D. 兰迪（D. Landy）和 R. L. 戈德斯通（R. L. Goldstone）在他们的一篇文章的题目中说道："形式符号即是图表。"他们发现人们在解决代数问题的时候，哪怕这个问题和空间并不相关，也会用空间作为分组的线索。正如他们所说："代数是物体在空间中移动的故事。证明过程则讲述着这个故事。"数学证明是讲故事……嗯……

数学图表与文化

稍微说些题外话，聊一聊数学图表的文化差异。西方人和亚洲人都认为亚洲的街景比西方的街景更复杂。也许就是这么巧，也或许不是，亚洲社会的互联程度和复杂性都比个人主义的西方社会要高。我们很好奇亚洲的这种对更大复杂性的倾向会不会也存在于图表中，尤其是数学图表中。于是我们在谷歌图片和百度图片上分别搜索了四则运算的加、减、乘、除，并且收集了每项运算前十位的搜索结果。我们把这些图片中的文字全部去掉，然后请欧裔美国人和中国人分别给结果打分。这个实验一共做了两次，中间间隔了几年时间。结果显示，欧裔美国人和中国人都认为中国的算术图表更加复杂。这让人不禁怀疑，街景的复杂性或者社会和家庭关系的复杂性是否能使人们更好地理解其他领域中的复杂性。

前文提到过，数学符号和地图虽然都是早期的认知工具，两者却形成了鲜明的对比。地图将大空间转换成小空间，将真实世界中的距离和方向收缩成纸张上的距离和方向，是空间与空间之间的直接对应。数学符号则不是这样。数学利用空间位置编码个、十、百等数值的做法比地图更间接、更符号化。对数学来说，无论是数字符号还是空间关系，都不与世界上的任何相关事物具有相似性。计数符号则是具有这种相似性的，哪怕是抽象的相似性。具体来说，对计数符号而言，物体的数量越多，记号也就越多，这是一一对应的关系，而"9"这个形状根本就不会表示它比"6"多3。地图上的空间反映了物质世界上的空间，即使有时这些空间是被扭曲的。数学中的空间，也就是我们做算术时需要正确排列的纵列，是有顺序的，从右往左依次递增，而且它表征的是一个纯概念的世界中的各种关系以及数学与这些关系的复杂联系。计数符号与数量有着高度的一致性，是一一对应的，但其在计算中的使用却极不方便。对数学符号来说，"使用原则"和"对应原则"是相互冲突的，并且在应用中前者比后者更为重要。

一直以来，数学符号对我们当下生活中的各个方面都发挥着非常重要的作用。我们在第 7 章中谈到过，人与其他许多动物一样，有一套可以用直觉进行估计和比较（如果比较双方都可见的话）的近似数字系统。但是，近似数字系统不仅是近似的，还满足对数定律，即同样的差异对小数字的影响大于对大数字的影响。这一定律不仅对数量判断成立，对亮度、响度等的判断也成立。纠正这种谬误的办法是用精确数字系统进行测量和计算。直到今天，世界上仍然有不使用数字的文化，而现代文明花了几个世纪才发展出今天人们（甚至学校里的孩子们）所使用的复杂系统。广泛存在于人类思维的估计系统中的系统谬误并没有被进化清除掉，这也许会让人感到惊讶，但可以肯定的是，近似数字系统一直都在用其他方式为我们服务。无论好坏（真理似乎总是这样），这些谬误都不是人类思维中唯一的系统谬误。一些系统谬误（但绝不是所有）可以通过测量和计算来修正或者减少。

符号：逻辑与物理

我不得不省去很多内容，比如符号在数学、逻辑、物理、化学、统计学和许多其他领域中那奇妙的发展过程。比如几何学这个复合系统，一部分是纯粹的空间概念，一部分是抽象的空间概念，还有一部分是符号。有趣的是，对古希腊数学家欧几里得来说，证据是存在于图表中的，文字的用途只是注释图表。可惜的是，欧几里得的原图现在已经找不到了。

欧拉图是一种逻辑工具。圆圈代表事物的集合，重叠的圆圈代表部分重叠的集合，分开的圆圈代表分开的、独立的集合，一个包着一个的圆圈则代表包含关系。甚至解释欧拉图所用的逻辑语言都跟图中所示是一样的。想想我们能从图 8-7 这张简单的欧拉图中得出多少推论。每个圆圈都代表事物的一个集合，比如艺术家和诗人；重叠的地方被称为两个集合的交集，代表的是既是艺术家又是诗人的人；圆圈之外的是既非艺术家又非诗人的人。

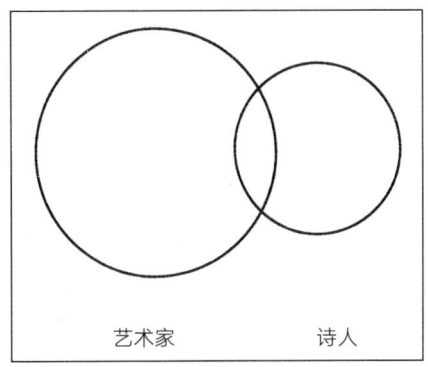

艺术家　　　　　诗人

图 8-7　用来推理实体集合的欧拉图

以下是图 8-7 中几个显而易见的推论：一些艺术家是诗人，一些诗人是艺术家，一些艺术家不是诗人，并非所有诗人都是艺术家，等等。这些关系在图中表现得很清楚。这张图让这些死气沉沉的命题一下子生动起来，这比从陈述中想象命题要容易得多。已经有文献充分证明，人能从结构清晰，尤其是设计优良的文章中构建空间心理模型，但这需要时间和努力。有了欧拉图，这种努力就可以省去了。

先把那些先验论证放到一边，在有关欧拉图在推理上是否优于陈述的实际证据中，各方观点其实都有。推理的过程是连续的，一部分接着一部分。欧拉图这种表现形式可能会妨碍推理过程，因为它把集合之间所有的关系同时都展示了出来。对数量庞大的关系来说，这样很难把论证中用到的不同命题分成不同的部分，而一份陈述清单却可以做到这一点，因为它会将关系的整体分成多个分散的部分。这似乎又是一个"使用原则"推翻"对应原则"的例子。

使用设计优良的图表进行推理的便捷性已然促进了新领域的发展。人们努力地在不失严谨的同时，将数学、逻辑学、物理学和计算机科学图表化，从而利用我们从图表中看到空间关系并对其进行推理的卓越能力。其背后的原理同样是图表能利用空间运动推理的能力去进行抽象推理。

马克·韦克斯勒（Mark Wexler）以前是一位物理学家，现在是一位研究知觉和心理意象的认知科学家。他还是物理学家时曾在工作中使用过图 8-8 所示的费曼图（Feynman diagram）。每一块灰色的框都代表着一个独立的宇宙，为了使宇宙协调，下面那块框里的扭曲形态必须恢复原状。他想象着用他的大拇指和食指分别抓住下面框中的两个椭圆，然后把它们扭向相反的方向，有点像翻绳游戏。这样一来他意识到，解开下面的宇宙会扭曲上面的宇宙，而解开这个扭曲形态的唯一方法是切断两个连接中的一个。这个结论对时空和量子引力都很有意义，但那超出我的知识范围了，还好这也不是本书要讲的内容。韦克斯勒后来做了一次严格的逐行证明，结论是，他的直觉是对的。

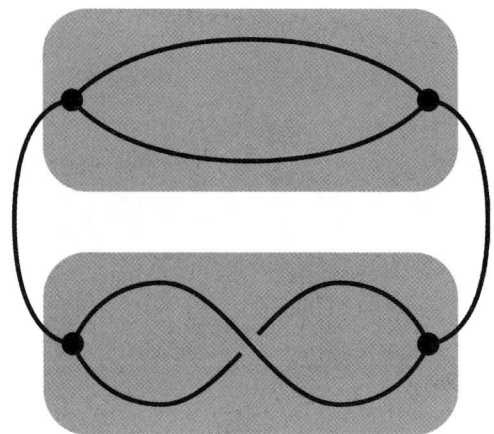

图 8-8　韦克斯勒为了"证明"某个定理，而在想象中用手指扭曲的费曼图

费曼图的深奥是公认的，同样深奥的还有它所代表的物理现象。但是，就

像所有有效的视觉空间表征一样，一旦人们学会了这张图，它就成了一种强大的思维工具。

符号：音乐与舞蹈

与字母表类似，音乐符号将声音和视觉对应了起来。就像文字语言和数学符号一样，从古至今，世界各地出现过许多种音乐符号系统。音乐既有深厚的文化意义，又有重要的个人意义。歌唱能将人们融为一体。不论是在婚礼这种欢乐的场合，还是在强行军这种痛苦的时刻，歌唱的韵律都能让人们动作一致。好的符号能促进音乐的创造、学习、记忆和表演。世界上很多孩子都在学习的音乐符号系统，主要将音乐呈现在两个维度上，在纸张上操作起来很方便。逐渐升高的音调在纵向的方向上展开，这是一种自然的标记手法。这既是因为低音产生在声道的低段，也是因为高音有更高的声音频率，虽然这一点在音乐符号被发明出来时并不为人所知。时间在横向的方向上铺展，这与大多数文化对时间的认知一致。音调被分为不连续的音符，这既与大脑感知声音的方式一致，又与大部分乐器演奏音乐的方式一致。这样一来，标准的音乐符号既遵循对应原则，又遵循使用原则。音调的纵向展开和时间的横向铺展都只是基础，人们一直在为丰富音乐符号不断进行探索，以便捕捉音乐的更细微之处。

舞蹈符号比音乐符号要难得多。交谊舞是业余舞蹈爱好者跳的舞，所以并不要求舞者掌握芭蕾或者其他舞蹈表演形式的技巧和知识。交谊舞主要是地面上小而简单的脚部动作，这些动作描绘起来相对容易，可以完全按照动作的形态来进行。但是，许多令人兴奋的舞种都包括手、腿、头和躯干的精巧动作，以及复杂的节奏。在此基础上还有双人舞、三人舞和群舞。迄今为止，创造一套舞蹈标注系统已经吸引了世界各地的众多参与者。匈牙利舞蹈家、舞蹈编导、舞蹈理论家鲁道夫·拉班（Rudolf Laban）在 20 世纪早期发明了后来被称为"拉班舞谱"（Labanotation）的标注系统。在这套舞谱中，人的身体被几条横线划分成了不同的部分，看起来很像乐谱，身体各个部分的位置用简笔的人形来描述。这套系统曾经被改编用来表示其他类型的运动。但是，它既难学又难用，而且捕捉不到舞蹈的许多方面，所以并不是标准的实际操作中的一部分。同样的情形也发生在其他类似的舞蹈标注系统身上，比如英格兰的贝尼什夫妇开发的贝尼什舞谱，以色列的埃什科尔和瓦赫曼开发的埃什科尔－瓦赫曼舞谱，以及其他国家的团队开发的舞谱。舞蹈至今仍然主要停留在荷马时代，由一代舞者和编舞传授给另一代舞者和编舞，但现在人们开始越来越多地借助视频。

时间，理解因果关系的关键

钟表可谓随处可见，街道上、墙上、电器上、我们的手腕上。我们不停地查看时间。我们所做的和理解的每一件事似乎都取决于当时的时间，做出的所有动作都建立在其可预测性和结果的基础上，而预测这种因果关系的关键就是时间，比如是走路还是坐车，什么时候接球，如何进入或者结束一段对话，喜剧的节奏，等等。

我们不能像用眼睛估计空间那样用直接的方式（虽然不太准确，但是直接）去估计时间。时间是看不见的。我们只能去测量时间的效应，也就是那些发生在时间之中，与时间的流逝亲密无间的过程。我们可以默默地数秒（一千，两千），但我们不会这么数上几个小时，更不用说几天了。日晷、漏壶、沙漏、燃烧的油（想想长达 8 天的光明节）或者蜡烛（"熄灭吧，熄灭吧，瞬间的灯火"）都曾被用来测量时间，这是通过观察那些发生在时间中的过程的可见结果。T. S. 艾略特曾在《J. 阿尔弗雷德·普鲁弗洛克的情歌》（*The Love Song of J. Alfred Prufrock*）中写道："我已经用咖啡匙量出了我的生命（I have measured out my life with coffee spoons）。"后来，人们又开始用放射性物质的衰变来测量时间。这些测量手段的优雅之处在于它们会自己测量自己。时间与我们能够读取的可视变化是相关的。在埃及，方尖碑（obelisk）不仅是太阳神的纪念碑，还是为远方的人们提供一天和一年的大致时间的日晷。毫无疑问，正是因为农业在我们生活中的重要性，巨石阵和玛雅神庙才对应着夏至或冬至，春分或秋分。抓住了水、沙子、影子的流动就抓住了时间。它们衡量时间的方式是显而易见的，直接把时间可视化了。在一个更大的尺度上，月亮的圆缺、星星的运转、太阳的角度，都可以被用来表明时间。

跟日晷、漏壶、沙漏和老爷钟相比，日历就不是那么直白了。日历需要人去创造。日历的历史是认知、天文、农业、宗教、政治等学科的神奇混合物，遗憾的是这里不能全部列出。我们在第 7 章中曾经提到过，世界各地的文化都按照阅读和书写顺序线性地（通常是横向地）思考、谈论和用手势表示时间。季节虽然是循环的，春天和冬天每年都会回来，但我们的生命却不会重复，生命是线性的，我们所经历的每个冬天都是一个新的冬天。日历也是一样，一些特例除外。令人惊诧的阿兹特克日历圆盘是墨西哥城那令人难忘的考古博物馆的亮点。玛雅、阿兹特克和其他中美洲的日历都是以太阳为基准的圆，代表的是一年的周而复始。我们并不知道谁使用过这些日历，也不知道如何使用这些日历。与之形成对比的是那些能追溯到公元前 1400 年的画着中国日历的甲骨，它是线性的表格。

现在，典型的（西方）日历会把时间进行线性和层次的排列：月份从左排到右，每个月中的每一周从上到下纵向排列，每周当中的 7 天从左排到右。这是时间线中的时间线，按照西方的阅读顺序组织排列，从左到右，从上到下。正如我们在第 7 章中所说的，我们认为时间是一条点缀着事件的线，就像我们认为空间是一个点缀着地点的平面一样。

时间是理解因果关系的关键。除了一些让人迷惑的神秘事件之外，"因"都出现在"果"之前。理解因果关系是理解自己和这个世界的基础。如果我放开一只杯子，它就会落下去。坐在高脚椅里的婴儿喜欢玩这种把戏，他们自己玩得高兴，而照顾他们的人却会为此感到烦恼。看着事情一件一件发生在眼前，是理解因果关系的第一步，控制这些事情的发生是第二步。这是多好的研究方法。因果关系是我们理解自身的行为、他人的行为，以及理解世界中的现象和控制世界的关键。

事件、人物、地点与事物

世界各地的考古和历史遗迹中普遍都有对事件的描绘，比如古埃及的石碑、欧洲和南非的洞穴、克里特岛的壁画、夏威夷的岩石画、古罗马的拱门和石柱、中国的卷轴、欧洲的挂毯、希腊的花瓶。它们描绘着各种日常活动、神话故事或者历史事件中的人、工具和动物。最近在克什米尔发现的一幅岩石画上记录了一个发生在大约 5000 年前的惊人事件——一颗超新星，也就是一颗星星的爆炸。对站在地球上的人来说，这看上去俨然就是两个悬在空中的太阳。这幅岩石画描绘了当时的整个场景：两个圆形的天体在一个狩猎场景的上方放出光芒；左边用简笔画画着一个男人，他正弯弓射向一头长角的大型动物；右边是另一个指向天空的简笔人形，还有一只小动物，也许是一只狗。

与描绘单独的戏剧性事件的岩石画不同，埃及墓穴中的壁画通常描绘重复性事件，比如图 8-9 所示的这幅帝王谷门纳墓中的壁画。这幅壁画本质上是一张逐步展示面包制作过程的图解，从播撒小麦种子到得到成品；还描绘了许多埃及早期复杂社会中不同类型的活动，从农业、测量到税收。这些事件的绘制是风格化的，不同事件用不同的背景，不同的参与者空间分组及其工具、活动和衣着区分开来。

图 8-9 埃及帝王谷门纳墓中的壁画

注：绘制于公元前 1420 年到公元前 1411 年，展示了埃及日常生活的场景。

回想一下我们在第 2 章中所提到的，这些知觉和动作特征正是不同场景和事件的特点。在之后的绘画中将会出现的是清晰的框架或者框，其中描绘着所有将场景与场景、事件与事件区分开的某个场景或者事件的特征，这些特征都朝着空间中的同一个方向运动。

事件的发生需要时间，有些很缓慢，有些则是一瞬间。无论是哪一种，绘画都将事件暂停了下来，捕捉到体现事件精髓的某个关键时刻或者一连串的关键时刻。我们将事件与动作区分来看，事件有开始、中间过程和结束，而动作没有。奔跑是个动作，跑一场比赛则是个事件。

大脑同样也会将事件冻结成几个关键的时刻，会将连续的事件转换成一系列的步骤。人们在被要求对日常事件的视频进行分段时，比如铺床或者组装家具，他们很轻易就能把连续的成套动作分割成单位和子单位，而且不同人分割片段的边界也彼此一致。这些片段的边界对应着动作在视觉上的剧烈变化，而这些动作恰恰也漂亮地对应着目标和子目标的达成。于是，这些片段将知觉和意义联系了起来，所以人们可以通过其中一个动作推断出另一个。值得注意的是，时间在片段切割中只扮演了一个"后台"的角色。当被问到发生了什么时，人们会报告一系列作用于物体上的动作，比如展开下面的床单，把下面的角落掖好，把毯子放上去，把枕芯塞进枕套里。那些单元和子单元的完成时间可能有长有短，但重要的是这段时间完成了什么。这样，事件的单元被串联在一条因果链上，负责完成那个终极目标——铺床。当人们被要求列出铺床或者组装家具所需要的步骤时，他们会列出与他们切割出的片段相同的步骤。

说明书的 3 个经验法则

在一步一步地描述事件和为这些事件制作指导说明之间只有一个小小的跳跃。这两者在帝王谷的壁画上都有。指导说明，尤其是视觉的指导说明，应该是简单而又直接的，但实际在大多数情况下并不是。我们中的许多人都曾经为了组装一辆儿童自行车或者一个新的烤肉架子而花上几个灰心丧气的日夜，对着盒子里令人困惑的说明书怨天怨地。很多产品附带的说明书都是一叠画着产品的图示而已。那么多零件，就是没有一份文字说明来提示组装的顺序和动作的程序。

曾经分别研究过地图设计的几个小组联合到了一起。我们觉得自己能做出更好的说明书，甚至觉得也许我们会发现如何制作有效说明书的设计指南。组装说明书似乎是个完美的范式任务，因为大多数人都熟悉组装说明书，也都能完成组装说明书的制作步骤，而且组装说明书代表着无数种需要遵循指示去完成的类似任务。我们选择了一个简单的组装对象，一件组装家具——电视移动支架。这个电视移动支架并不是宜家的产品，但是与之类似。我们请了几百位本科生在不同版本的实验中组装这个电视移动支架，那一整柜子坏掉的电视移动支架都是证据。我们认为将一件家具组装起来是他们教育中的一个重要组成部分。

最初几个实验的模式都差不多。本科生们先是用盒子上的照片做参考，把电视移动支架组装起来。每个人都成功了，只是其中一些人比另一些人效率更高。在他们成为电视移动支架组装专家之后，我们请他们转换成设计师的角色，为组装这个电视移动支架制作说明，从而帮助他人把电视移动支架轻松地组装起来。一些参与者被要求只能使用图示，一些参与者只能使用文字，另一些参与者则两者都要使用。我们还评估了他们的空间能力。有趣的是，空间能力高的人不仅在组装上更有效率，其制作的图示甚至文字说明也都更好。也就是说，空间能力好的人似乎对组装过程中的空间转换有更好的理解，而且也更善于用文字和图示去清楚地表达这种理解。

图8-10展示了一位具备很强空间能力的参与者制作的图示。你可以看到，这组图示带着你从头到尾一步一步地往下走，它展示了动作的视角，并且用箭头和指示线告诉你如何进行每个动作。每一个新动作的目的都是添加一个新的组件。许多图示是从一份组件"菜单"开始的（不过这张图不是），就像菜谱一样，然后用表示闪光的线条结束。好的图示是叙事式的，讲述一个故事，有开头，有中间过程，有结尾。空间能力较低的学生制作的图示是扁平的，没有角度，没有动作，有时候就只是一份组件菜单。

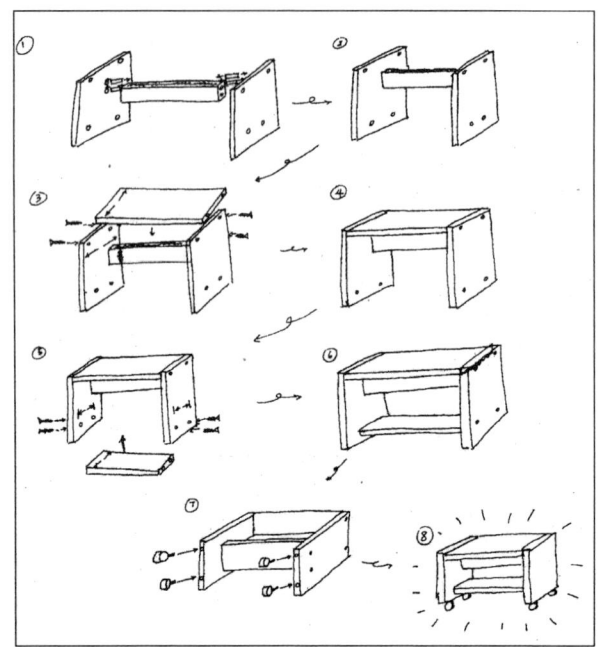

图 8-10   一位具备很强空间能力的参与者制作的电视移动支架组装说明书

　　尽管说明书设计的经验法则在该参与者所制作的图示中清晰可见，但我们还是按照 3P 认知设计原则继续对其偏好和表现进行了测试。事实证明，该图示展示每一个步骤，展示动作，展示动作的视角，其品质同样得到了新一批被要求为大量各式各样的说明书进行评分的参与者（无论他们空间能力的高低）的偏爱。最后，我们屏住呼吸，对参与者表现进行了测试。我们是从一组新的空间能力较低的参与者开始的，因为空间能力较高的参与者的表现无论如何都会很好。这组参与者中的一半使用的是盒子里自带的说明，这个说明并不算差，但远远不如我们的好。那些使用我们的说明书的参与者表现得更好，也更快。这下，终于放心了！

请注意图 8-11 所示的"我们"（也就是计算机科学家）所制作的说明书。它是用一套由计算机科学家开发的智能的算法制作而成的。这套算法从物体的模型开始，将该物体解构成组件，然后利用说明书设计的经验法则生成组装说明书。图示的透明度对规定的动作顺序有影响，图示和组装动作的设计必须同时进行，因为它们是同时产生作用的。这套算法还为其他事物制作了说明书，包括积木——视觉说明书的黄金标准。我想说，在全世界范围内，适合孩子的东西一定也适合成人，尤其是曾经是孩子的成人，但这样说也许会有些草率。我们许多人都会让孩子去组装家具，而结果是他们做得比我们好。

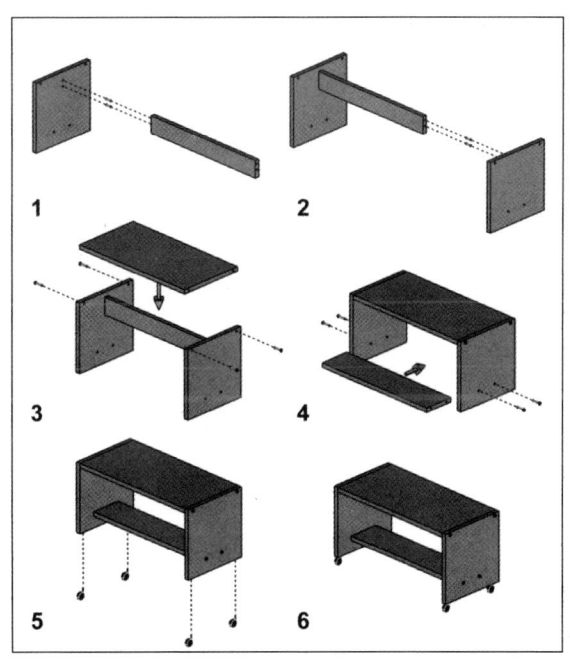

图 8-11　由遵循认知设计原则的算法生成的电视移动支架组装说明书

那么，下面就是组装说明书的 3 个经验法则：

展示每一步： 每一个新的组件都是一个新的步骤。

展示动作： 利用箭头和指示线。

展示动作的视角。

这些经验法则有很强的通用性。只需要一些微小的变化，这些经验法则就可以被应用到对事情发生过程的视觉解释上，也可以被应用到对如何做某事的指导说明上，比如心脏如何工作，雨如何形成，法律如何通过，革命如何发生。你应该已经注意到了，同样的经验法则不仅适用于文字的解释和说明，也适用于视觉的解释和说明。宜家的说明书也或隐或显地遵循着这些经验法则。你可以在网上找到一个让人看得心里直痒痒的视频，视频里是两个机器人在用宜家的说明书组装一把宜家的椅子。

图示的语义

我们现在可以勾勒出一套图示的理论了。图示利用空间中的位置和空间中的记号来传递意义。空间中的位置主要是左右、上下、中间和周边，可以排成横行和纵列。空间中的记号是有意义的图形、绘画、图标、文字、符号、点、线、框、箭头、圆圈、网，等等。这些记号通常被称作"字形"。图标通过相似性或者比喻的对应关系获得意义，如隐喻[①]和提喻[②]。点、框、线和类似的简单、抽象的形状通过其几何属性和格式塔属性获得意义。它们可以结合起来，创造出我们熟悉的形状，比如网络、流程图和决策树。

我们已经看到过很多这些视觉空间元素的组合所表达的常见意义，如空

---

① 如"司法尺度"中，"尺度"就是隐喻的用法。

② 提喻是用部分代表整体，如用王冠代表国王。

间、数字、时间、生物、物体、事件、因果关系。表达这些意义的目的是描述、解释或者复述。

狄德罗的图示

绘画的出现比图示要早。这可能有点让人吃惊，因为人们对空间、时间、事件和数字的表征出现得很早。法国启蒙思想家德尼·狄德罗（Denis Diderot）和达朗贝尔（d'Alembert）编辑了一部野心勃勃而又引人注目的《百科全书》，又称《科学、艺术和工艺详解词典》（*Systematic Dictionary of the Sciences, Arts, and Crafts*），图示的转折点正是该书中一组写实风格的图示。这部《百科全书》被人们亲切地称为"*L'Encyclopédie*"。18 世纪晚期的约 20 年间，这本百科全书被秘密地印刷出版，它的出版笼罩在法国大革命前夕政治和社会激变的阴影之下，被认为是 18 世纪启蒙运动价值观之精粹。近年来有一本讲这个话题的书，其副标题将这一价值观形容得很妙：理性、科学、人文、进步。

《百科全书》中收录了 3000 余张图示。这些图示的制作是系统性的，很多都有统一的设计。它们是对各行各业的视觉解释，正如图 8-12 中的那张图，画的是一间别针制造厂。

《百科全书》的编辑们显然认为有必要解释"图示"这个概念。他们还发明了一套系统，在图示中解释图示的概念。这样一来，书中每一张图示都既是一张图示，又是一节图示学课程。你可以看到，图 8-12 有两个部分，各自被一个框围住。上半部分画的是一个场景：一个大房间里，光线从窗户透进来，里面有门，有壁炉，墙上还有装饰，工厂的工人们正在用合适的工具开展他们的任务。人物与工具的规模、位置都是成比例的，光线是自然的，场景是立体有深度的。这张图的风格就像是一幅画，画的是风景或者家里的某个场景，这样的艺术让读者感到熟悉。图示的下半部分则非常不同，完全不是一个场景。它像墙一样扁平，只展示工具，而且这些工具都被整齐地排列成行或成列。工具被画成了一定的尺寸，使读者能够看清其各个部分，然而这个尺寸并不与其自然尺寸成比例。工具被按照功能而不是在工厂中的位置分组。工具与工具之间的光线和阴影并不一致，这是为了展示工具的特征，而不是反映自然光照。图上标有标签，还有指向图示之外信息的索引。图中还加入了一些工具的尺寸信息。

图 8-12　别针制造厂

注：这张图示有两个作用：一是展示工厂中的活动，二是为"图示是什么"提供视觉解释。该图绘制于 18 世纪晚期。

这一切对于我们的眼睛来说都不算难，但也许难住了 18 世纪人们的眼睛。这张图就像是一份目录或者一张网页。对 18 世纪的人来说，他们所熟悉的是自然场景。这张图通过将图示和自然场景进行对比，教他们应该如何看和理解图示。

《百科全书》恰如其分地从一组树状图开始它的讲述。它将知识分成三个分支——记忆、理性和想象，每个分支又各自有更为细致的区分。要记得树状图是网络的一个特例，是只有一个源头的网络，在这里，大想法细分成小想法。如此一部关于启蒙运动的里程碑式的著作，如此一部将记忆、理性和想象视为知识的基础分支的著作，一经出版就立刻产生了震荡人心的效果，同时也令当时的科学体系感到畏惧，对整个认知科学来说尤其如此。

正如你所看到的，狄德罗的图示使用了许多种图解元素：空间中的位置、空间中的排列、空间中的记号、空间中的绘画、文字和符号。所有这些都为了交流的目的而被特地重塑了。更重要的是，这幅图通过图示的方法对自身的作用和理解方式进行了解释。

空间中的位置

许多反映语言、捕捉思维的空间结构都被投射到了世界中，用于表征思维，比如线、框和网络。每个人都会看到图表，任何一个看到过图表的人都会注意到时间通常是从左到右，而任何数量上的增长都是从下到上表示的。这对我来说远不止习惯那么简单，它似乎反映着我们思考时间、思考任何其他东西的方式。就像我们在前面所看到的，人们认为时间是一条横向的线。这条线的方向各不相同，但通常与阅读和书写方向相对应，是一种文化产物。向上的方向反映了对抗地心引力所需的资源，几乎无论什么东西，只要有了更多，都能"向上"，比如高度、力量、健康、财富。树、大象和人类，长得越高就越强壮；健康的人站得笔直；更多的钱堆起来也就更高。这些都是大多数好东西都会朝上走的好理由。日子好的时候，我们如同站在世界之巅；日子不好的时候，我们犹如跌落谷底。大多数情况下，时间这种中性的维度一般是横向的，而负载着价值的维度，比如健康和财富，则是纵向的。

阅读与书写的顺序

如果时间按阅读顺序横着走，增加的东西往上走，这样的对应关系是自然的，那么，它们也许会出现在各种文化背景的小孩子身上。许多年前，我第一次着迷于人类向世界中转移思维的方式时，正在以色列休假。以色列为我提供了一个独特的研究机会，因为大多数以色列人是用从右往左阅读和写字的语言，即用希伯来语和阿拉伯语接受教育的。回到美国之后，我们添加了相同样本量的 1200 余位英文阅读者，从还不会阅读的 4 岁幼儿到大学生，各年龄段不等。我们请这些参与者对一些时间上、数量上和偏好上的概念进行排列，这些概念离空间思维一个比一个远，但可以被空间化，而事实证明，这些概念确实被空间化了，哪怕参与者是还没上过学的孩子。我们跟这些孩子们并排坐着，让他们把贴纸贴在一张方形的纸上来表示这些概念。比如，以时间为例，我们会说"想一想你吃早饭、午饭和晚饭的时间。我会贴一张贴纸代表午饭，然后你来贴上代表早饭和晚饭的贴纸"。实验者会将代表午饭的贴纸贴在方形纸的中间，然后让参与的孩子一张一张地以先早餐后晚餐或者先晚餐后早餐（抵消平衡）的顺序为另外两顿饭贴上贴纸。在数量的问题中，我们请参与者为糖果的数量（一把、一袋、一架子）贴贴纸。在偏好的问题上，贴贴纸的对象是参与者感觉无所谓的食物、喜欢的食物和讨厌的食物。我们请孩子们为每种概念中的两个例子贴了贴纸。

首先，我们想知道孩子们会不会把这些抽象的概念对应到空间中。答案是肯定的。孩子们没怎么犹豫，就把贴纸排列在了纸上，而且大多数情况下还是系统排列的。然后，我们就想知道孩子们是否会将时间、数量或者偏好视为维度。如果是的话，他们会将贴纸排列在一条线上。如果不是，他们也许会把贴纸叠在一起或者贴在整张纸的随便哪个地方。随便贴贴纸而不把贴纸贴成一条线，暗示的是绝对思维，这是一种相对容易的思维形式，而与之相对的是维度思维。一些四五岁的孩子确实是随便贴的，但大多数孩子还是把贴纸贴成了一条线，这就意味着他们明白这些事件是在一个潜在的维度上有序地排列的。会沿着一条线排列时间的孩子比沿着一条线排列数量的孩子年龄要小，而会沿着一条线排列数量的孩子比沿着一条线排列偏好的孩子年龄要小。这就说明，更加抽象的概念要在更大一些的年龄时才会被映射到空间中的线上。

横向的方向是中性的，而且可以遵循阅读的顺序。我们的下一个问题是这条线的方向。你永远也不知道做研究的时候会发生些什么，我们当时的发现确实出乎了意料：在时间、数量和偏好之中，只有时间是跟阅读（或者书写）顺序相对应的。英语使用者倾向于从左到右映射时间，阿拉伯语使用者则会从右向左映射时间，这一发现已经被其他研究者验证过了。希伯来语使用者则分成了一半一半，这可能是因为在说希伯来语的学校里数字是从左往右写的，而在说阿拉伯语的学校里数字是从右往左写的，也有可能是由于人们与西方语言的大量接触。下面就是让我们感到吃惊的事情：阅读和书写方向对数量排序和偏好排序的方向没有影响；绘图习惯对数量排序和偏好排序的方向也没有影响。也就是说，人们的排列顺序是他们自己发明的。在所有文化和年龄段中，"增长"都对应着向上、向左或者向右的方向，从来不会向下，因此"上"与"多"的联系是存在的，而阅读顺序和绘图习惯则跟方向没有什么联系。

　　这些结果并不像我们所期待的那样既干净又整齐，但将其添加到大量已有的语言证据中后，就能证明一些绘图的"习惯"不是随意产生的，而是根植于人们的思维方式中的："时间"是一个横着走的中性维度，"更多"是一个对抗地心引力，垂直向上的，具有价值的维度。这些经验可能会相互冲突，也可能会被推翻。经济学家将失业和通货膨胀这两种不讨喜的事情都画成向上的方向，但愿这并不是因为经济学家行为乖张，想必是因为数字是向上走的，而数字有优先权。

　　阅读和书写顺序是文化的产物，但其实它对认知也有深远的影响。许多年前，我在大英博物馆看过一个来自印度西北部的精美绝伦的宫廷画展。许多画上都画着一群美丽的女人追随着（实际上是追逐着）一位优雅又洋洋自得的印度大君（Maharajah）。在早期的画作中，女人们追逐的方向是往左的，但在某个时刻变成了往右。追逐方向的改变似乎就发生在当地文字书写方向发生改变的时候。人们觉得与阅读方向一致的运动更流畅、更自然，而反方向的运动则让人觉得是受人强迫或者耗费气力的。本书的英文版第一版封面是一个充满活力的向左奔跑的人形。把奔跑方向调转向右之后再看这个动作，立即变得优美流畅很多。像希伯来语和阿拉伯语一样，日语的阅读和书写顺序也是从右往左的，所以在把日本漫画翻译成西方语言的时候，图像复制总是会出现问题。西方足球裁判在观察向左的动作时也更容易喊"犯规"。

　　运动并不是唯一一个受阅读和书写顺序影响的特征。偏好和力量同样会受到阅读和书写顺序的影响。在西方语言中，被偏好的或者更有力量的形象似乎更常出现在左侧，比如男人出现在左侧的情形就比女人出现在左侧的情形要略微多一些。偏好和力量都和语言相同步。这表现在人们通常会按顺序排列偏好，把最喜欢的排在第一位，而在语言上，人们对动作的声明通常是从做动作的人开始的。

中心与四周

实际生活中以中心为焦点、以四周为周边的做法是从视觉中直接得来的。我们只是看到视野中心，也就是视网膜的中央凹处看到的东西，比周围其他位置看到的东西更清楚，也能看到更多细节。在聚焦的那一刻，无论我们正聚焦于什么，它都应该是对我们的思维最为重要的东西。以下论述支持这一观点，虽然也许有些异想天开：人们在画自己的社交网络时会把自己四四方方地摆在中央。有一个不知真假的非洲统治者的故事，说的是在 20 世纪初期，这位统治者想要一些现代的统治风格，于是就把全国上下调查了一番。当他听说首都并不在国家的中心位置时，他就把首都（地图上的首都）移到了中心的位置。这可比迁都容易得多了。

空间中的记号：字形

我们从狄德罗那里得到了框、线、树状图和网络，以及表格（行和列）。狄德罗当然不是最早开始使用这些工具的人，像他这样的人还有很多。为了丰富图示的意义，我们需要在图示中加入图标、符号、点、块、箭头，还有一些其他的东西。这些东西都有其意义，这些意义与其几何属性或者格式塔属性相关，并被某个社群所共享。想想看，三个最基本的形状——点、线和面，分别对应着零个、一个和两个维度。英语中的介词反映了它们的意义，分别是：在（at）、在之上（on）和在里面（in）。这些介词的空间意义可以拓展到时间和其他维度之中。比如，at 的用法有：在角落里（at the corner），在 2 点（at two o' clock），立正（at attention），有风险（at risk）；on 的用法有：在网球场上（on the tennis court），各就各位（on your mark，"预备，跑！"的意思），按时（on time），正吃着药（on drugs）；in 的用法有：在火车站里（in the train station），在一个小时之内（in an hour），陷入混乱（in a muddle）。许多这类工具的意义已经在只能称为经验语义学的研究中得到了确认。下面会引用一些这样的研究。

我们并没有一个很好的可以用来形容这些有意义的记号的术语，所以我们会"拿来"一个已经在使用中的术语——字形。一些字形是同义词，比如括号的作用是包围和分离，就像框一样。我们的键盘上有很多关于括号的图形:( )，[ ]，{}。括号自然而然地被人们解读为包围，因为它是两个彼此面对面的圆弧，包围着其括起来的东西。文本中其实充满着有意义的视觉和空间工具，比如括号和缩进。有一些字形（比如一些文字）是多义的，一个圆圈可以表示一块被包围住的区域，一块大致的区域，没有具体或者相关的形状，但是，如果只考虑圆圈的边而不考虑内部，它也可以代表一个循环，一个周而复始、没有尽头的过程。线可以将一个地方和另一个地方连接起来，就像在一张路线图上一样，或者把一个想法和另一个想法联系起来，就像在一个网络里一样。但是线也可以是界限、边界、底线或者红线，在潮汐中消失的线或者即使面对威胁依然会跨过的线，以及不能跨越的界线。

路线地图的元素：点、线、块

在进行更抽象的讨论之前，让我们回到真实的世界中，继续为这些工具的意义寻找实际证据。很多年前，我们在学生宿舍外面拦住了一些饥肠辘辘的学生，时间大概是下午 5 点。我们问他们知不知道一家人气很高的快餐店的地址，并请其中一半回答"知道"的学生画出一张去到那里的地图，另一半则被要求把到那里的路线写下来。这样，我们得到了各种各样的草图和路线，有一些很长、很详细，另一些则简洁明快。图 8-13 是其中两个例子。

如此多样的答案让人感到愉快，但我们还是好奇这些图示和文字描述是否有着同样的底层结构。答案是"是"。图示和文字都是被动作切割的，在这里是转弯。转弯通常会转到新的道路上去。确切的方向和距离都无关紧要，甚至对那些手绘地图来说也是如此。因为是示意图，这些地图本可以与实际情况十分相似，也可以较为准确地反映实际距离和方向，但最终得到的地图远非如此。用草图和文字给出的线路指引都是从起点开始，后面跟着一连串出现在选择点上的动作，通常是在需要转到另一条街道时，或者在路上的地标或交叉路口处，然后在这次实验的目的地塔可贝尔（Taco Bell）[1] 结束。手绘地图是一连串的线，上面附着一些代表道路和街道的情境信息，以及表示地标或者选择点的点或块，它是完整网络的一部分。实际上，在另一个实验中，当人们被要求为整个区域手绘一张地图的时候，他们所画的看起来就像一张网络，一张由点和线、地点和路径构成的地形图。

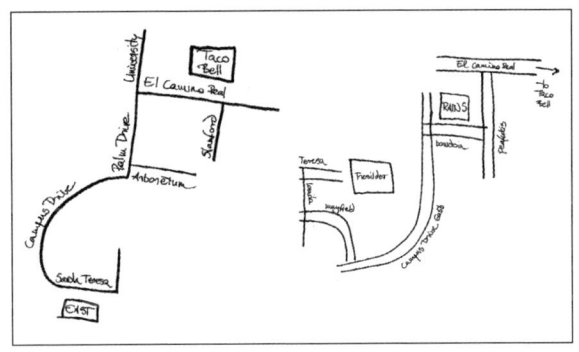

图 8-13　手绘地图

点

点是不会移动的，它只是站在那里，像在立正一样。一个交叉路口，一个火车站，一个城市都可以是地图上的一个点。你、卡车或者火车，从一条线上

———————
① 全球大型墨西哥风味快餐餐厅。——编者注

的一个点移动到另一个点，但那两个点仍然待在原地。点就像一个网络中的服务器，服务器待着不动，但信息排着队在服务器之间穿梭。点代表着任何可以被视为静止不动的东西，可以是一张概念地图上的一个想法，也可以是一个社交网络中的一个人，因为它们都是这不停变化的世界中瞬间的稳定。线可以通过移动将点连接起来，从一个地点移动到另一个地点，从一个人移动到另一个人，从一个想法移动到另一个想法。

线

线无处不在，从里到外，我对它感到着迷。世界上有用手画在纸上的线，也有眼睛看得见，实际上却不存在的线，也就是卡尼莎图形。卡尼莎图形是以展示它的人的名字命名的，图 8-14 就是一个卡尼莎图形。世界上有我们的身体在移动过程中创造的线，也有本身就存在的线，如街道、建筑、桥梁、平坦的大地及平行和垂直于它的一切。我们对世界的设计中也有线：摆放书籍和玩具的架子、剧院里成排的座椅、街道两旁成排的建筑、建筑外立面上一排排的窗户，还有地图和图表上的线。

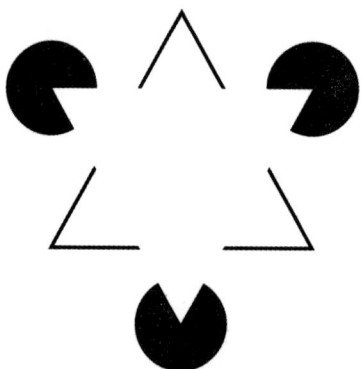

图 8-14　卡尼莎三角与错觉线

我并不是唯一一个为线着迷的人。荷兰画家蒙德里安的《百老汇爵士风钢琴曲》（*Broadway Boogie Woogie*）使他对线的着迷和欣喜在平行和垂直之间、在曼哈顿纵横的线条之间得以永恒。德国画家保罗·克利（Paul Klee）和俄罗斯画家瓦西里·康定斯基（Wasslly Kandinsky）是两位包豪斯（Bauhaus）传奇，他们被点、线和面这些简单的几何形状迷住了。这些形状并不是简单的几何形状，而是内涵丰富的概念。线尤其如此。线充满了意义，并且能创造意义。它可以通过拉长、弯折、弯曲、组合来创造我们能画出的一切和无数我们能想象出的东西。克利和康定斯基都是视觉艺术家，他们的艺术本身是静止不动的，但同时他们的艺术又都是运动的，这就是线条的作用。克利说："一条线就是一个点去散了会儿步。"康定斯基说："因此，线恰恰就是'点'这个绘画的原型元素的对立面。"为了创造一条线，你需要移动你的手。运动是线与生俱来的，而线也能表达所有类型的运动。对克利和康定斯基来说，运动的结果、过程和动作是世界的基本状态和自然状态。他们两人都曾经用绘画去探索、理解和创造运动。

线本身可以向上或者向下，可以是直的，也可以是锯齿状的，线的组合可以协调，也可以不协调，就像音乐一样。所有这些都是运动的方式。

容器：块，圆圈，框，条形

条形图和线形图随处可见，从严肃杂志到大众媒体，有时甚至作为玩笑。有时这些图表的使用会让人感到困惑，很好奇读者是如何理解它们的。我们推测，即使条形图和线形图展示的数据是一样的，它们表达的意思也不一样。线展示的是关系，说的是一条线上的点在同一个基本维度上有不同的值。这样的话，线就应该被理解为趋势。与之不同的是，条形是容器，说的是这里有几组不同的东西。这样一来，条形就应该被理解为离散的比较。我们向一组参与者分别展示了图 8-15 两张图表中的一张，然后请他们说出这张图说了些什么。

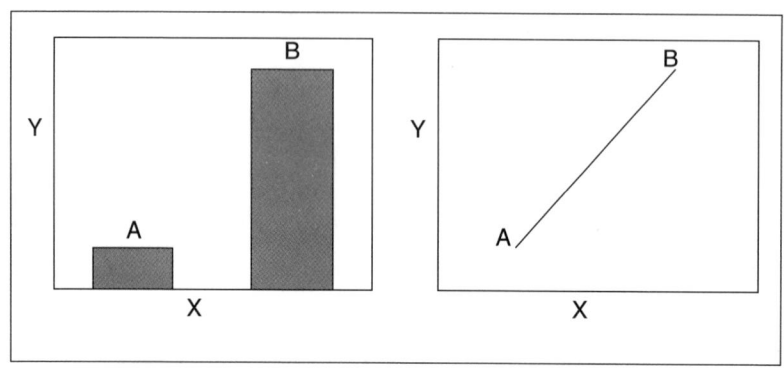

图 8-15　实验中，参与者被要求解释其中的一张图表

有些时候，这些图表会被贴上标签，比如 8 岁孩子和 10 岁孩子的身高，或者女人和男人的身高。用线表示这些"数据"的时候，人们会报告趋势：从 A 到 B 是一个递增的函数，身高随着年龄的增长而增长，等等。而当用条形表示这些"数据"的时候，人们则会报告离散的比较：B 比 A 更大，10 岁的孩子比 8 岁的孩子更高。如果这真的是这些图表的意义，那反过来应该也行得通。我们请另一组参与者为趋势和离散比较绘制图表。果然，人们会用线表示趋势，用条形表示离散比较。图表的形式——线形或者条形，在图表的制作和理解中的作用比基础数据的作用更大，不论这些数据是像身高一样连续的还是离散的。

线与框

下面，我们把对视觉形状的语义研究拓展到对视觉形状的探索、推理和发现上去，这些都是信息展示的重要用途。父母、经理和侦探都需要完成一个任务，就是在不同时间、不同地点追踪不同的人。对此，有一种可能是，人们会把人放在一张"时间 × 地点"的表格上。但是如果你感兴趣的是在时间和空间中对个体进行追踪，也许你会更想要每个人在不同地点的路线图。我们的 3P 认知设计原则为此提供了一些支持。我们在实验中加入了另一个非常受参与者欢迎的任务：向他们提供路线图或者表格，并要求尽量多地根据得到的路线图或者表格做出推论。我们对这些推论进行计数，发现推论比我们想象的要复杂得多（就像我说过的，研究永远会带来惊喜），而且根据表格得到的推论似乎比路线图更多，也更多样。与路线图相比，表格得到了更多有趣的社会和人格推论，远远超出实际信息的内容。比如，如果两个人出现在同一时间、同一地点，他们一定是朋友；那些晚上去健身房的人一定是夜猫子；那些不去健身房的人一定肌肉松弛。表格对思维的限制更小，暗示的推论也少，所以要求观察者投入更多的思考。线会把人们的理解引到对时间的推理上去。现在设计师们就要做出选择了：是要限制观察者的推理，还是要支持各种各样的推理，但要求观察者进行更多的探索呢？鱼与熊掌，不可兼得。

箭头

我们在对路线地图的研究中讨论过点、线与块（也就是一块被包围起来的区域）。有一种线具有一种特殊属性，那就是箭头。箭头是不对称的，通常在一端有一个指针，用来表达一种不对称的关系。就像线能在页面上显示路径和关系，箭头也可以，不过它显示的是不对称的路径和关系。

箭头的一些基本信息是从经验中得来的。从弓上射出的箭会飞向它所指的方向。水的侵蚀会让沙滩出现箭头的形状。但是，箭头并不像点、线和框那样在古代就已经出现，甚至也没有出现在文艺复兴时期。不过，人们曾经发现过引路的脚和指路的手：刻在以弗所（Ephesus）的石板路上的足迹指引着通往妓院的道路。中世纪的文稿中有指引方向的手。我们现在所熟悉的箭头似乎在 20 世纪才大量出现。看看这长势！像克利和培根这样的艺术家都把箭头用到了画作里。数学和化学已经将箭头的使用规范化了。箭头会出现在路标里，有时也会造成一些困惑。比如威尼斯，作为最难穿行的城市之一，在威尼斯选择点的路标本意是要引导你前往如圣马可广场或者里阿尔托桥那样主要的景点，但它的箭头通常会同时指向两个方向。图 8-16 就是众多例子中的一个。

图 8-16 威尼斯的指路箭头（往哪个方向走）

到现在为止，箭头已经积累了大量的意义。美国的学前儿童甚至在学会阅读之前就能正确地解释表示上下梯子运动方向的箭头，哪怕这些箭头的方向画得模棱两可。同样地，他们也能理解表示一系列事件的时间序列的箭头，哪怕这些箭头本身画得含糊不清。

为了揭开箭头的意义，我们像之前一样进行了研究。研究从自己和其他研究者在过去的研究中曾经使用过的"亲测好用"的图示开始：一个自行车打气筒，一个汽车刹车系统和一个滑轮系统。我们重新设计制作了两组图示，一组带箭头、能显示动作，另一组没有箭头。然后邀请了许许多多的本科生，交给他们 6 个图示中的一个，请他们用语言描述这些图示都显示了些什么。

箭头的存在完全改变了这些图示的意义。那些看到带箭头的图示的参与者会一步一步地描述这个系统的动作之间的因果关系。一份带箭头的自行车打气筒的图示描述如下："当你按下这个打气筒的把手，它会迫使空气进入气缸。这时把阀门打开，可以让空气流入与轮胎相连的导管中。"注意其中的动词，"按""迫使""打开""流"，全都是表示运动的动词。一份带箭头的滑轮系统的图示描述如下："绳子被拉动的时候，上面的滑轮就会运动起来，带动中间的滑轮也动起来，中间的滑轮又会引起下面滑轮的运动。"那些看到不带箭头的图示的参与者则会用诸如"是"和"有"这样的动词对各个系统的结构进行描述。一位参与者是这样对不带箭头的滑轮系统进行描述的："这个系统中有三个滑轮，其中一个挂在天花板上。"一位描述不带箭头的自行车打气筒的参与者是这样说的："自行车打气筒由一个气缸和一个把手组成，把手的底部有一个活塞。"我们仅仅根据动词的使用将这些描述编码成了"结构性描述"和"功能性（动作／行为／原因）描述"。

接下来我们对一批新的参与者进行了反向实验。我们向他们每一位提供了一篇某个系统的结构性描述或者一篇某个系统的功能性描述。他们的任务是根据这些描述为这个系统画一张图示。图 8-17 展示了其中两个例子。

图 8-17　根据描述画图

注: 左侧的图示使用了标签, 不用担心看不清的问题, 绘图者阅读的是一篇对汽车刹车系统的结构性描述; 右侧的图示使用了箭头, 绘图者阅读的是一篇功能性描述。

　　不出所料, 那些为功能性描述画图示的参与者使用了箭头, 如图 8-17 右侧的那张图。他们并没有给零件加上标签。与之相反, 那些为结构性描述画图示的参与者没有使用箭头, 并且给零件加上了标签, 如左侧的图所示。简而言之, 箭头在人们的理解中表示的是一系列因果动作, 在图示的制作中也是如此。作图和理解(表现)相互映射着彼此。箭头的语义是双向的, 就像线形和条形的语义一样。

　　在我们研究箭头和动画的同时, 蕾切尔·麦肯齐(Rachel MacKenzie), 一位勤奋的本科生, 收集了几百个出现在 STEM 教科书中的图示, 包括生物、化学、物理、工程。虽然箭头号称有 100 多种意义, 但我们大规模调查发现有 7 种左右: 连接, 比如把标签连接到零件上; 展示时间上的下一步; 展示因果关系的下一步; 展示运动; 展示运动的种类或者方向, 比如波浪形的箭头; 表示增加或者减少; 表示看不见的力, 比如风或者重力。在许多情况下, 人们并不会对箭头的不同用途进行清晰的说明, 而且在同一张图示中所使用的箭头经常出现三四种不同的意义。你根本无从得知一张岩石循环图或者氮循环图中的某个箭头表示的是运动，或是下一个时间上的步骤，还是一股看不见的力量。想象一下这种含糊不清的情形对学生们来说有多难！

动画

跟许多人一样，你也许在想为什么非要用箭头呢，直接用动画来表达随着时间展开的过程不就行了。毕竟用时间上的变化来展示时间上的变化非常符合对应原则。你不是一个人。这种想法让教育动画几乎出现在了你能想到的任何东西上，因为在时间里发生的过程太多了。但问题是，当动画被仔细地、恰当地与静态的图示进行比较时，它对理解和学习的效果并没有更明显。这让人感到困惑。我们试验了各种简化动画，依然没能找到动画相对于图示的优势。而像许多其他研究者一样，我们的确得到了"好图示比好描述更有助于学习"的结论。在看过很多动画之后，我们发现动画违背了使用原则。动画中的事情发生得太快，以至于人们来不及理解。有时候我们甚至不知道应该往哪里看。而且，动画只是展示，并不解释。好的解释会将过程按照作用于物体的动作、起因和结果进行切割。动画通常是实时展开的，但起因和结果却不一定发生在相同的时间段里。这并不是说动画不可能有效，它在帮助人们追踪时间和空间中的简单变化上已经证明了自己的作用。但是，创作出有效的说明性动画需要周到的设计并加以检查，从而确保它确实发挥了应该发挥的功能。

手势界面

手势界面之所以迅速地流行起来，无疑是因为它利用了人们使用双手表意的自然冲动。诀窍就在这里，把手势和意思对应起来。举个例子，我们发现，孩子们用不连续的手势在 iPad 上解离散数学问题（即加法）的时候比用连续的手势解题表现得更好。反过来，他们在估值任务中使用连续手势表现得更好。

好记的图示

教科书和媒体上的许多图示看起来都差不多。这并不奇怪，它们都是同一种制图软件的产物。想要使什么东西令人难忘，就要让它与众不同。未加修饰的点、线和框都了无生趣，为其赋予生命的一个方法就是把它们变成象形图或者图标。有时候，表示政客或者演员关系网的图示会用他们的脸作点。手绘的图表和图解可能是独特的、美丽的、令人难忘的。一种国际乐观主义情绪曾经悲剧般地萦绕在第二次世界大战前夕。当时，维也纳学派（Vienna Circle）的哲学家和语言学家正忙着创造世界通用的语言交流和绘图交流的方式，世界语和国际文字图像教育系统（International System of Typographic Picture Education，简称 Isotype）就是其中的一种。后来逃亡到英格兰的奥托·诺伊拉特（Otto Neurath）发明了许多种"Isotype"，比如拖拉机或者工厂的简易象形图。诺伊拉特在条形图的条形里装满了简易象形图，使读者很容易就能看出这些条形图对比的都是哪些变量。

图示的应用正在到处兴盛起来。其中一个有趣的应用是解决冲突或者预防冲突。协调者将不同组派聚集到一起，聆听他们的问题，然后把这些问题画到一块巨大的白板上，并在讨论过程中不断进行修改。人们在向协调者阐明问题的同时，也为自己和他人从头到尾厘清了这些问题。看到白板上或异或同的观点，往往可以帮助各利益相关方找到解决问题的方案。这可是相当神奇了！

图示的另一个应用，是艺术家和漫画家可以从事的新差事：做视觉笔记。图 8-18 是视觉笔记一个很可爱的例子。几年前我在纽约大都会博物馆一次令人难忘的"绘画—艺术—认知"聚会上做了一个演讲，这幅笔记就是巴赫为这场演讲所做的记录，其中某些部分剧透了下个章节的内容。

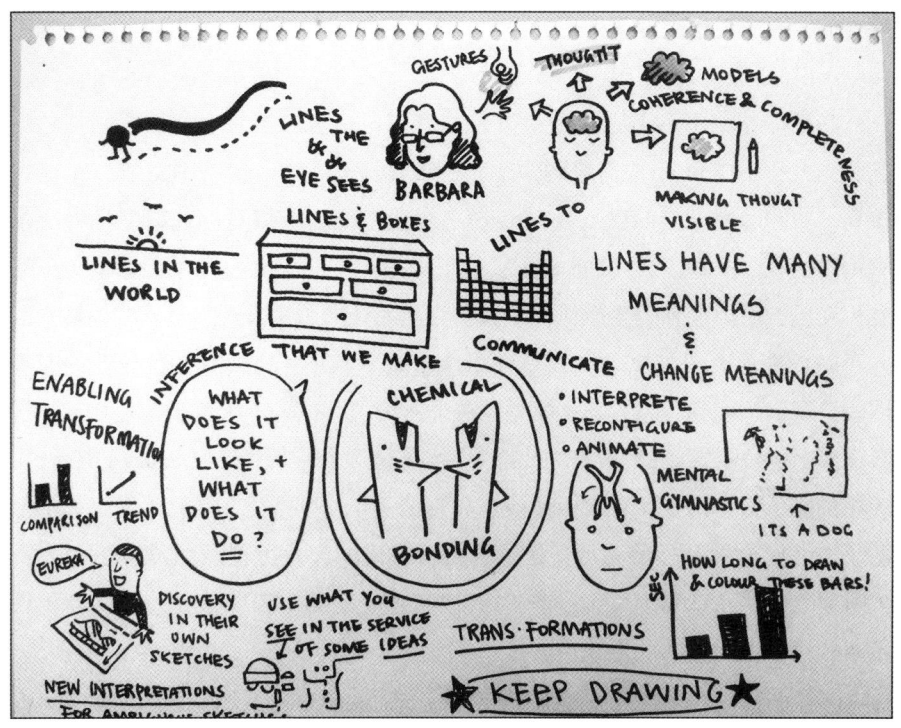

图 8-18 设计师尤恩·巴赫（Yoon Bahk）为芭芭拉·特沃斯基的一次演讲做的视觉笔记

有效图示的作用

数年来的大量研究显示，图示对学习、教学、记忆甚至说服都有效，通常来说比不加修饰的文章要有效得多。这一点对很多学科的教学、学习和解释（比如 STEM 这种重要角色）而言都成立。图示相较于文本的优势很容易理解，与文字相比，它对意义的映射更直接。这就使图示成了展示事物样子，展示做某事的方法，或者展示任何事物工作原理的神器。一直以来，好的设计都很重要。我们希望我们所做的可以为好的设计提供建议。当然了，文章也是如此，

261

对好的设计来说也同样重要。

如果你在故事和数据之间更喜欢前者，我这里就有一个好故事——一张拯救了几百万人的非常简单的图示。1997年，《纽约时报》的专栏作家尼古拉斯·克里斯托夫（Nicholas Kristof）写道，他之前撰写的一篇专栏将比尔和梅琳达·盖茨基金会（Bill and Melinda Gates Foundation）的使命从分配计算机变成了助力世界卫生事业。不过，克里斯托夫后来发现，造成这一转变的并不是他那篇真挚的文章，而是一张由吉姆·佩里（Jim Perry）设计的简单图表。我们追踪到了它，那确实是一张非常简单的图表，大部分都是文字，没有条形，也没有线，就只是一张表格，标题是"水与死亡"（Death by Water）。表格的左下方列出了4种水源性疾病和它们每年分别造成的死亡人数。表格的右下方，对应着每一种诱因，描述了每种疾病的痛苦过程。1997年的总死亡人数是353万人。我怀疑这么长时间以来还没有哪一张图表（或者文章的段落）比这张图表造成的影响更大。

创作有效的图示、图表、表格、信息图

创作的基础是信息和观众。你想要对谁说些什么呢？我们已经揭秘过制图的工具，很多设计原则、指南和经验法则。那些形状——点、线、框、条形、网络、树状图、表格（成排的框），每一个都在上下文中有自己的意思。地图上的线和图表中的线不会是同一个意思。就像"线"（line）在晾衣"绳"（clothesline）、一"系列"工作（line of work）或者买票的"队伍"（ticket line）中的意思都不同。我们要分开或者合起来使用这些形状，要考虑其意义和可能促进的推理。想一想空间中的位置，并且在这些位置上加上合适的图标、文字、语句和符号。还可以使用其他有意义的元素，比如颜色、纹理、字体样式和大小，等等。如果想要让你的图表被记住，就把它变得与众不同一

点。无论做些什么，把它变漂亮，至少要试着把它变漂亮。再用真人去检验你的设计直觉，理想情况下要用上那 3P 认知设计原则。记住，世界上没有哪种方法是最好的。就像美丽有很多种形式，唱歌有很多种方式，成为一名优秀的运动员、商务人士或者演员有很多种方法一样，好用的设计也有很多种。这就是创造还在不断进行的原因！现在我们来说一说信息。

论述的形式：描述、解释与故事

回忆我们给大学课本中的图示所做的一次大规模调查，从中发现了几种论述的形式，本质上就是描述、解释与故事。"描述"包括给一片叶子或者一个细胞的各个部分贴上标签，以及为不同种类的叶子或者细胞贴上标签。"解释"包括光合作用和细胞分裂。"故事"包括奥地利帝国生物学家格雷戈尔·孟德尔（Gregor Mendel）的遗传学发现或者美国生物学家詹姆斯·杜威·沃森（James Dewey Watson）和英国生物学家弗朗西斯·克里克（Francis Crick）的 DNA 双螺旋结构[1]。是的，它们是可以被画成图示的。

描述、解释与故事这三个巨头，同样也是纯语言论述的三大特征。每一个特征都建立在前者的基础上并且拓展着前者。任何一段论述，不论是描述性的还是绘图性的，都可能是这三种特征的混合体。"描述"呈现的是事情在空间或者时间上的一种状态比如一张地图或者一条时间线。"解释"加入了因果关系，比如滑轮系统是如何工作的，或者注册投标是如何操作的。"故事"在这一切基础之上还要加上一个关键的叙事声音，除此之外，还有悬念、戏剧性、

---

[1] 诺贝尔奖得主沃森与克里克一同发现了 DNA 双螺旋结构，其著作《双螺旋》全景讲述了 DNA 双螺旋结构发现的历程，有着好莱坞式的戏剧张力。该书的中文简体字版已由湛庐引进，由浙江人民出版社于 2017 年出版。——编者注

情绪、主角和反派，等等。可能你还没有注意到，"故事"如今是一个流行语，每个人都在寻找故事，每个人都在写故事（通常是描述和解释，就像你眼前的这个故事），这是有原因的。

故事对我们有着巨大的影响。故事中通常有角色，我们四处寻找的好人和我们讨厌的坏人。像我们一样，这些角色有时会产生相互冲突的愿望、目标和情绪。他们会惹上麻烦，然后从麻烦中解脱出来；他们会尝试，然后失败，或者尝试后成功。故事中的悬念和情绪会抓住我们，故事中的生动细节会让人念念不忘，故事中还有道德、经验教训或者重点信息值得我们去学习。记住**认知第一定律：没有代价就没有收益**，优点与缺点共存。

故事的大问题是，它在人们的脑海中会凌驾于事实之上。故事是彩色的、动人的、容易记忆的。故事与事实、数据形成了鲜明的对比。数据将个体简化成点或者数字，而故事则有生活并且围绕着生活展开。我们能从故事中学到人生的经验。数据是枯燥的，很容易混淆。一个恐怖袭击的故事能让几百万人陷入恐惧。一个幸运的彩票赢家的故事会让几百万人购买彩票。

还有两种论述的形式需要提一提，就是对话和辩论。对话是互动性的，对话的双方必须交替对这段对话做出贡献。一个人支配一段对话是不合适的。与此同时，人们对对话的内容和方向并没有太多控制，对话可以并且确实会到处游移。"现代"媒体的标志是所谓图示、信息图、动画、文学、音乐、戏剧和艺术的互动性。读者、观众、听众应该参与到意义的理解中去，他们确实也是这样做的。但是这种互动通常只是单向的，因此，给媒体冠上"互动"的形容可能会让人感到困惑。"互动"的意义似乎是你去看（或者听），得到一个想法，然后再去看（或者听）。因为这个想法的存在，你第二遍看（或者听）到的东西和第一遍已经不同了。这又是一个螺旋，这个螺旋是第9章所描述的许多创意事业的基础。

接下来是辩论，常见于政治和法庭的戏码之中。学术界同样不乏争论，人们会因为赞成或者反对某个理论、观点或者预测而争论个不停。人们在提出一个理由，构建一个论题的过程中，会拿出支持他们所主张的观点的证据或者分析。他们可能会预测反驳的出现，但通常这只是为了服务于他们自己的观点，目的是反驳这些反驳。

漫画，最具创造力的讲故事的形式

为了在讲故事的话题上多说几句，我们现在来讲讲漫画这个最具创造力的讲故事的形式。由于漫画会用到各种各样的绘画和各种各样的用词，所以我们所说的是具有非常广泛的适用性的内容，包括散文故事和视觉化效果。漫画通常展示的是身体在空间中的动作，这正是这本书的基本主题。漫画也是一种图示，用框进行容纳和分隔，把框排成行和列，在页面上分组。它用各种方式运用语言和符号。

用图像讲故事的方式随处可见。超级英雄们依然还在，他们已经成了神话一般的存在，让粉丝们在面对新的剧集时目瞪口呆。以漫画的形式呈现的严肃虚构作品正在启发着优秀的作者，并且正在向主流观众进军。历史、心理学、哲学、物理、化学、统计学，你能想到的几乎所有学科都有超棒的卡通指南。漫画新闻正在变得越来越多。家长、老师和图书管理员正越来越多地购买孩子们（从刚会走路的小孩到大一些的孩子）爱看的漫画书。

漫画对我们和孩子都有益

就像所有故事一样，漫画能为我们带来快乐。它可以是酸楚的、刺激的，也可以是幽默好玩的。漫画能成功地对我们进行教育并且传递信息。它能将媒体和其想要表达的信息对应起来，绘图好用的时候就用上各种各样的绘图，语言好用的时候就用上各种各样的语言，或者两种都用上，来个双重"打击"。漫画和文章里写的故事不一样，漫画教我们怎么看和看什么，这对一个越来越多地使用视觉的形式进行交流的世界来说是多么重要。漫画能吸引读者，尤其是年轻的、不喜欢读书的读者。到目前为止，已经有数十项研究显示，漫画是高效的老师。我必须尽力指出这一点，因为多年以来，漫画一直饱受责难，甚至美国国会也加入了这场混战。人们认为即使漫画没有让年轻人陷入暴力，它也过于简单了，算不上真正的阅读。没文化，就是漫画的污点。这不可能！漫画是一种艺术形式。

许多人都解释过漫画的作用和原理，其中就包括美国漫画家威尔·艾斯纳（Will Eisner）和阿尔特·斯皮格尔曼（Art Spiegelman）这样的传奇人物。斯科特·麦克劳德（Scott McCloud）是漫画这种媒介的另一位大师，他绘制了一本关于漫画的漫画，如今已经成了经典。后来的漫画吸收了他们的见解，也借鉴了认知科学的研究。我将重点介绍他们成功的原因以及他们所使用的众多精巧设计和实践中的几个。但是请记住，漫画的元规则就是：打破规则！

图片比文字更容易记忆

绘图是漫画的一个重要优势。图片不仅比文字更容易记忆，还具有比文字更大的辨识性，而且图片交流比文字交流更快，也更直接（回想一下第 2 章）。图片能展示文字不能展示的动作、情绪和环境上的细微差别。我们都见证了表情图（emoji）的爆发，它已经远远超越了像"LOL"（大声笑）和"OMG"（我的上帝）这样的网络用语。看看"GIF"（动图）是多么流行，人们在 2016 年平均每天都会发出 10 亿张动图。看看人们对"Instagram"（一款社交应用）的热情，2018 年每天都有 9500 万个新帖子发布。给图片一些自由的空间，世界将获得一个爆炸般的奇迹。

绘图会秀，文字会说

斯皮格尔曼将这种漫画风格称为"Co-Mix"，强调的是媒介的融合，绘图与描述的融合。这种融合会让每一种媒体都充分发挥自己所长，甚至使它们彼此协作、互动、互相增补、相互对比、相互冲突、相互结合、彼此调和。在这个意义上，漫画与电影，戏剧和电脑游戏都具有相似性，但漫画是无拘无束的，比其他多媒体产品包含着更多东西。漫画这种媒介允许，更确切地说是鼓励和庆祝那些打破惯例的、具有野蛮创造力的、使用绘图和文字的方法。

漫画鼓励并且奖励细致的观察

漫画的丰富性要求人们仔细研究其绘图和文字，既要分开研究，也要合在一起研究。这种阅读和了解漫画的习惯能转移到对实际生活的理解中去，比如看人、看情境、看情形，还能转移到对记录在纸上的生活的理解中去，比如看地图、看图解、看可视化效果和图示。像漫画一样，面对面的交流也是丰富的、多模式的，它是声音的混合体，如叹气、大笑、哼哼，还有各种语调的词语、短语、句子；它也是视觉的混合体，如微笑、皱眉、耸肩、点头、指手画脚，以及手和身体上的动作。

故事的三要素：开头、中间和结局

故事，哪怕远到亚里士多德的《诗学》（Poetics），据说都有一条叙事的弧线。德国戏剧理论家古斯塔夫·弗莱塔格（Gustav Freytag）将其视觉化为一个三角形：动作上升到高潮，张力在高潮处消解，动作随后回落到结局，各条线索在此时汇聚在一起。叙事弧造成了故事中明确的开头、中间和结局。但是，正如法国导演让－吕克·戈达尔（Jean-Luc Godard）的那句名言所说：

"一个故事必须有开头、中间和结局，但未必要按照这样的顺序。"

开头

引人入胜。漫画经常从一个醒目页面开始，故事中的片段像水花般飞溅在页面上，这通常需要两页的长度。醒目页面就像歌剧或者芭蕾舞的序幕一样，各种关于"将会发生什么"的暗示被巧妙地排布起来，就像戏剧中的演员阵容和故事设置，或者菜谱中的原材料。这种对整体的概览告诉你接下来要去看什么、要去期待什么。它诱惑着你，激起你对即将到来的故事的兴趣。

中间：切割

我们的大脑会对从世界中感知到的一切进行切割和连接，有时还会进行再连接。身体被分成各个部分，通过关节相连。物体也是一样，被胶水和钉子连接在一起，事件则被目标和子目标连接在一起。句子被话语中的停顿和纸页上的标点切割成从句和词组。通常，这种切割是分等级的，即部分和部分的部分。年被切割成月，月被切割成周，周被切割成天，天被切割成小时。我们对几乎任何东西的理解都是从拆分和组装开始的。分开的部分也像整体一样，各自有各自的意义。

漫画用框、页面和章节将故事明确地切割成各个层级。漫画将时间的片段装进框里，而这些框则在纸页的空间中成行地行进。文章是靠段落和章节切割时间的，注意了，缩进是一种视觉工具。漫画家的思考单位通常是两页纸那么多的框，也就是读者在翻页的时候所看到的东西。漫画的内容必须两页纸两页纸地进行，必须一个框一个框地进行。漫画家对框的使用是系统性的，他们用框为故事搭起一个空间结构。

接着来说说框之间的间隔，它被人们生动地称为"沟槽"。这些框之间是没有关节或者胶水的，框之间的沟槽是空的，等待着读者去填满，或者也会吊起读者的胃口。

漫画里需要填满的不仅是这些沟槽。我们从世界中得到的信息永远是不完整的，我们总是在做着不完整的事，从部分的信息跳到结论。我们从一部分面孔或者仅凭越走越近的脚步声就能猜到某位朋友。小孩子听到"作业"这个词语就知道要做些什么。只要听到警报声，哪怕不知道从哪里传来，你也知道有紧急情况发生了；身后出现阴影也是一样。我们不仅会填充物体，还会填充情境。当我们看到一个物体的特写，比如一只垃圾桶，对它的记忆就会像是从远处看过去，然后把那个场景填满。记住**认知第七定律：大脑会填补缺失的信息**。

漫画的框能做的不止有切割和容纳，它的形状还可以携带意义。它可以改变大小和形状，可以完全消失，可以倾斜，可以是圆的或椭圆的，可以是光滑的或锯齿状的，可以窄，也可以宽，任何形状都可以。它还可以重叠，或者钻到另一个框里去。框可以变成箭头和点，或者圆圈和卷。这些变体在讲故事的时候能够发挥很大的作用。

麦克劳德将漫画中框到框的变化进行了分类，有从瞬间到瞬间、从动作到动作、从主题到主题、从场景到场景、从侧面到侧面这几类。以下推论虽然不太符合逻辑，但我们会好奇它是不是真的：人们能在任何东西之间找到联系，而奇怪的组合会诱惑人们去找到这种联系。也许谁可以在文章的段落上试试这种分类，看看它好不好用。麦克劳德的分类与我们对事件认知的研究是一致的，即认为人们会在新动作、新物体、新人物、新场景出现的时候对实时事件进行切割。漫画中从瞬间到瞬间的变化包括将相对大的动作切割成小片段，从而延长这个瞬间，造成悬而未决的状态，比如一只蜘蛛不祥地爬上某人的身体。从侧面到侧面的变化的作用与之类似，这种变化将动作暂停，带领读者从不同的视角扫描当前的空间，促使读者对整个场景中不同的物体、不同的人物，以及每个人物能看到的东西进行思考，而不是思考动作本身。作者可以运用这些变化来把握节奏，从缓慢、沉思、神秘的节奏到快速、无序的节奏，而后又回到神秘的节奏。制造神秘感本身就很神秘。

中间：连接

要想使沟通简单又快捷，语言就必须前后连贯。语言有在句子和句子的各个部分之间搭桥的明确方式。你也许不知道"照应语"（anaphor）这个术语，但你应该会使用和理解它。它的意思是"带回来"。之前的句子里所有的"它"都是照应语。如果你能理解它们（又是一个照应语），就能理解照应语。照应语的原型是代词，比如"它""它们""他们""她"和"他"。

漫画能够也确实在使用视觉照应语来建立连续性和连贯性。在某一帧中出现的东西会被带到下一帧中去。有效的视觉说明也会这样做。美国当代漫画家阿德里安·远峰（Adrian Tomine）在《纽约客》封面刊登《架上书"生"》（*Shelf life*）[①]，用漫画的形式讲述了一本书的书"生"故事，从写作到出版，到印刷，到购买，到扔进垃圾桶，到被流浪汉烧来取暖。对作家来说，这个故事的确有些令人丧气。一本红色的书贯穿了这个故事的每一个画面，从一个画框到另一个画框，在营造连续性的同时也制造了故事的焦点，即这个故事是关于这本书的。

---

① 书"生"指书的一生。《纽约客》2008 年 2 月 15 日版采用的封面。——编者注

中间：不连接

漫画并不一定要去"连接"。漫画的各个部分是分离的，不像电影、戏剧或者文章那样是连续的。漫画可以轻易并且有效地跳来跳去。电影的跳跃来自剪辑，戏剧的跳跃来自"幕"，文章的跳跃来自段落和章节，但是在这些大的部分之内，这些媒介的语用学意义会使人产生对连续性的期待。漫画的语用学意义则允许大跳跃的存在，哪怕在跳跃之前不给信号都行。

中间：在框里

漫画真正的艺术性在框里面。你需要通过推进这个故事、这个动作来建立情境，来创造视觉趣味，创造扣人心弦的步伐和变化的节奏。究竟是要强调动作还是强调情境，这是一个重要选择。文化和语言对这个选择造成了很多令人惊讶的影响。人们认为东方文化比西方文化具有更强的互联性，西方文化强调的是个人主义。动作，比如拥抱、敲打或者追逐，都显示着人与人之间的关系，因而东方漫画对动作的描绘应该比西方漫画更为频繁。有一些语言，比如英文和中文，表达动作方式的词汇很丰富，比如神气活现（swagger）、蹑手蹑脚（slink）、蹦跶（scamper）、大摇大摆（sashay）；还有一些语言，比如意大利语和日语，有表达进、出、上升和跑的词汇，但用来表达动作方式的词汇却很少。使用具有丰富运动词汇的语言的漫画对动作的描绘也应该更频繁。我们曾经到世界各地的漫画店收集各种语言和文化的漫画，玩得很开心。我们把漫画中的文字摘出来，请欧裔美国人和亚洲人对每一个画框中的画进行评分，评分的主要根据是：漫画主要展示了一个动作还是设置了一个场景。虽然文化背景不同，但这些评分者的观点倒是一致，我们的两个预测都得到了支持。漫画所使用的语言如果有很多表达动作方式的词汇，漫画中的动作也会更多。中国漫画诞生于一个有很多描述动作方式的动词的东方文化之中，其动作数量高居榜首。

结局

我们收集了每一本漫画整本的动作评分，所以可以来看看漫画的叙事弧。确实，从整体上讲，我们发现动作会上升到峰值继而回落，直到最后确定下来。

漫画创造意义的独特方式

漫画有许多创造意义的独特方式。我会在下面着重讨论其中的一些，还会附上一些可以被公开使用的图片资料。

多视图

有时候，漫画既能展示动作，又能设置场景。弗兰克·金（Frank King）创作的长篇连载漫画《汽油巷》（*Gasoline Alley*）就经常将时间重叠在空间上。图 8-19 展示的是他众多例子中的一个。

整个页面都在展示着这个故事的背景，它是对某个场景（比如海滩上或者街区中）的概览。故事通过排列的框被叠加在场景中，这是常见的做法。你从背景中理解故事的设定，通过一个个画面理解故事，而这两者是发生在同一时间、同一地点的。电影当然也能做到这一点，但漫画能将背景和处于动作中的人物的特写同时呈现出来，而且是原地不动的，你可以反复观看。

漫画的视框可以通过拆分视框或者插入某些片段来同时描述两个故事。这样，正在描述的故事就成了另一个故事的背景，"图形"和"背景"颠倒了位置。

图 8-19　弗兰克·金创作的同时展示空间和时间的封面

注：不用担心看不清文字，那并不是重点。

这种技巧可以用来讲述同时但独立发生的事件，或者给出正在进行的事件的背景事件。以下是一个悲伤的例子。前景中，一个胡子拉碴的年轻人正在凌乱不堪的客厅里热切地浏览着电脑上的约会网站，完全没有注意到其他任何事情的发生。背景中，他那迷人的伴侣正坚定地搬着几个满满的手提箱，离开他们的家和他们的生活。拆分场景在荷兰文艺复兴时期的作品中很常见。荷兰风俗画家彼得·德·霍赫（Pieter de Hooch）就经常把家的内部和外部画在同一幅画上。无论从视觉还是社会层面上来说，这都给予了观者许多可以比较、对比和思考的东西。

视框可以同时展示两种视角。在杨谨伦（Gene Luen Yang）的经典漫画《美生中国人》（*American Born Chinese*）的一个页面中，左侧画的是课堂上学生们看到的东西——老师正在向同学们介绍一位身材矮小的戴眼镜的中国男孩，右侧画的是这个男孩看到的东西——课堂上那些不友善的白人孩子的脸。这是镜子和相机才可以达到的效果。在一幅漫画中，一个年轻女子正骄傲地向镜头展示着她抓到的鱼，而镜头却聚焦在她的露肩吊带衫，而不是鱼。

克里斯·韦尔（Chris Ware）是这类技法的大师。他把故事建筑在建筑（双关语）之上和之中，展示建筑物、人、物体的整体和部分以及这些"部分"的插图，由近及远，转换焦点，不停地变换角度，就像眼睛和大脑所做的那样。

文字及其他

漫画有众多运用书面语言片段的方式，其中许多可谓古怪透顶。比如我们所熟悉的聊天气泡，长着弯曲的箭头，向下指向说话的人，还有从正在想事的人身上升起来的思考气泡，先是小气泡，升起来就成了大气泡。语言片段在空间中的分布完全是靠聊天气泡和思考气泡呈现出来的，你必须把剩下的东西填充进去。视框的顶部和底部通常会有对故事的叙述，这些成行的标准文字本身又被一个更小的框包围起来。噪声、气味和没法刊印的脏话也会以"#&$&"的形式出现。字母本身也可以充满表现性，勇敢或者胆小，暴力或者温柔。尖锐的、有锯齿的形状，比如"tekata"这种无意义词汇，意味着强烈的、被强调的事件。柔软的、光滑的、模糊的形状，比如"meluma"这种无意义词汇，意味着柔和缓慢的事件。

文字与图片的对比

就像麦克劳德和其他人所指出的那样，文字和图片能够互为补集，相互补充，形成对比，甚至彼此冲突。文字和图片之间的冲突能创造出戏剧性的讽刺效果。在伊朗漫画小说作家玛赞·莎塔碧（Marjan Satrapi）的《波斯波利斯》（*Persepolis*）中，9 岁的玛赞无意中听到父母描述监狱中的叔叔所遭受的折磨。她听到他被"切成了碎片"，但画面中描绘了玛赞对这句话的理解：她的叔叔躺在屠夫的案板上，像鸡一样被切碎。在英国作家尼尔·盖曼（Neil Gaiman）和英国艺术家戴夫·麦基恩（Dave McKean）创作的《暴力案件》（*Violent Cases*）中，一个同样是 9 岁的孩子被一位来家里做客的叔叔讲的阿尔·卡彭（Al Capone）的故事迷住了。叔叔说，有人反对卡彭，所以他被"抹去"了。在英式英语中，"抹去"既可以是"擦除"的意思，也可以是"谋杀"的意思，但这个孩子只知道前一种意思，所以在他的想象中，一张匪徒的脸被擦掉了。在这些漫画中，你能读到这些让人战栗的词汇，也能看到这些思绪背后的画面。

绘画中的象征

漫画和卡通中所使用的人物描写、双关语、隐喻、明喻、提喻、头韵等技法比希腊人的名字都多。美国动画电影之父温瑟·麦凯（Winsor McCay）在一幅漫画中对这些技法进行了惊人的利用：曼哈顿的街道逐渐卷入一位体面的商人脚下的跑步机里，成了他的跑步带。在图 8-20 中，小尼莫正睡着，陷入了梦乡，就像是被床运进了梦里。在结尾之前梦境忽然终止，床把小尼莫倒回了床上。与这幅漫画有所共鸣的作品还有很多，此时请在脑中播放斯蒂芬·赖克（Stephen Reich）和菲利普·格拉斯（Philip Glass）的音乐。这幅漫画与另一位杰出的视觉艺术家莫里斯·桑达克（Maurice Sendak）的作品的任何相似之处都是真实的。桑达克崇拜麦凯，大量借鉴他的画作，这是表达尊敬的一种视觉体现。

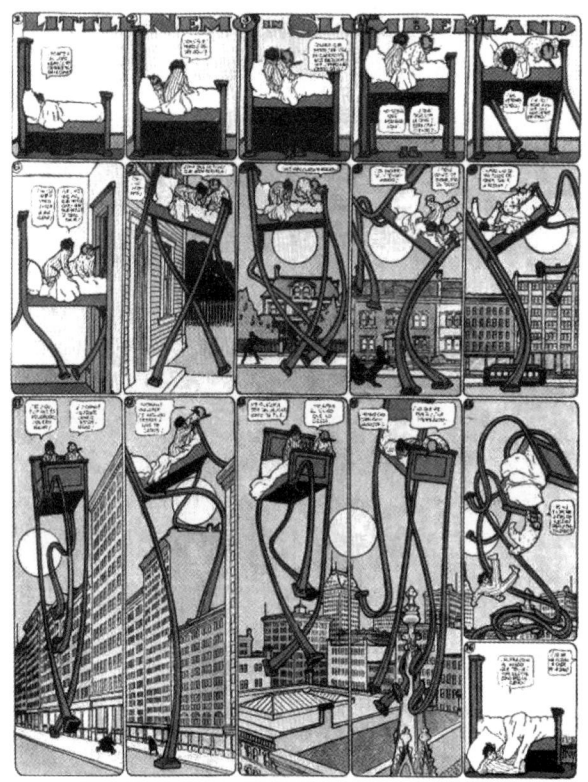

图 8-20　温瑟·麦凯的《小尼莫》

注：尼莫的梦将他传送到另一个世界中，然后又把他倒回了床上。同样，不用担心看不清文字，那不是重点。

接下来就是也许可以称之为"自我描述漫画"（self-describing comics）或者"视觉头韵"（visual alliteration）的漫画。图 8-21 是麦凯的《小萨米的喷嚏》（*Little Sammy Sneeze*）。萨米打喷嚏的时候，他周围的框裂开了，这让他感到不知所措。

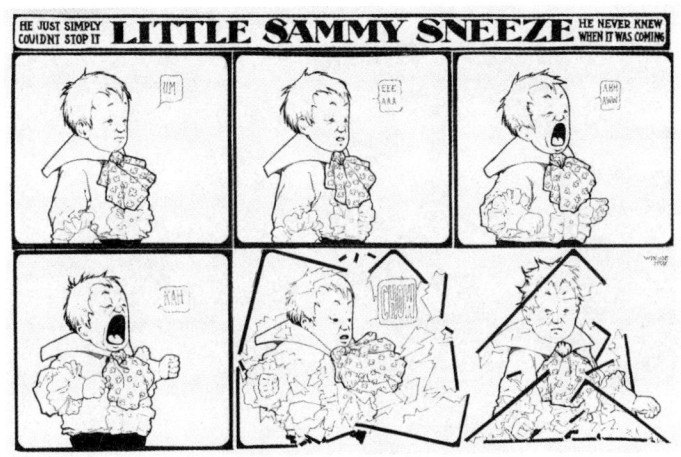

图 8-21　萨米的喷嚏震碎了他的视框

为了表现一个不顾一切的、气喘吁吁的追逐场景，图 8-22 中《疯狂猫》（*Krazy Kat*）的视框是斜向下的。

漫画能表现、模仿、赋予生命。美国科普漫画家拉里·戈尼克（Larry Gonick）在为各种学术话题（如遗传学、历史、代数和化学）创作的《卡通指南》中，以一种滑稽的方式做到了这一点。比如，孟德尔会向你解释遗传学基础，豌豆荚被排列在越来越抽象的图示中。山丘在图表中变成斜坡，然后在解释坡度的时候又变成可以重新排布的长条。一条鱼骄傲地爬出水面，炫耀道："我将成为陆地上的第一条鱼。"但就在他身后的另一条鱼却说："嗯，问题好像已经出现了。"化学元素长出了头、胳膊和腿；它们彼此交谈，解释并且规定要如何结合成分子；弱的元素瘦一些，强的元素则肌肉发达。函数方程是一个输入输出的装置，被拟人成一只会吃、会排泄的小鸡。令人难忘的绘图和色彩丰富的文字毫无缝隙地交织在一起，这与一贯的教科书形成了鲜明的对比。

图 8-22 《疯狂猫》的视框

注：为了加强速度感，美国连环漫画大师乔治·赫里曼（George Herriman）把视框画斜了。

多重意义

　　视觉作品还有另一个拿手好戏，它可以同时表达很多种意义，却不会造成双关语带来的那种尴尬。在一位女超人的英雄故事的一页中，她在页面的左侧对着一台老式电话（有弯曲的电话线的那种）说话。电话线缠绕着她右侧附近三个小一些的视框，每个视框里都是跟她通话的人。画中的电话线成了字面意义的电话线，作为视框，围起了她的每一个同谋，作为一个整体，它告诉读者她已经把他们拉进了合谋之中。在吉姆·奥塔维亚尼（Jim Ottaviani）的《双拳科学：科学家的故事》（*Two-Fisted Science: Stories About Scientists*）中，画中的伽利略正在工作，在他身后是一个分成 4 份的圆，其中 3/4 是他的望远镜发现的部分天体，右下角的 1/4 是使他观察到这些天体的圆形窗户的一部分，望远镜就在这扇窗户旁边。正如我们所看到的，在这里面圆形和其他图形都有许多种意义。在斯皮格尔曼的《我的明细》（*Breakdowns*）中，每一章都从一个圆开始，有时是他的眼睛，有时是一个棒球。在美国插画师鲍勃·斯塔克（Bob Staake）的《纽约客》2008 年 11 月 18 日版封面中，圆形身兼惊人的三重职责。这版《纽约客》出版于奥巴马第一次激动人心的当选之后。封面上除了一轮明亮的圆月之外都是黑色。这个圆同时还是"约客"（Yorker）的O 和奥巴马（Obama）名字里的 O，它正将光芒投射在林肯纪念堂上。纪念堂前的反思池中是光柱模糊的倒影。

　　漫画处处都在打破着规则。漫画的操作是把故事装在框里，随着时间在页面上推进。但是你可以打破这些框，你可以把玩时间。在奥塔维亚尼的费曼故事中，左侧的视框画着费曼的女友正在哥伦比亚跟一个男人跳舞，右侧的视框画着费曼在麻省理工学院逗乐一群女人。在他们两人之间还有一个视框，画着东海岸的地图。费曼的胳膊向后伸出他的视框，绕过那张地图，给他正在跳舞的女友递了一封信。设计师马特·费泽尔（Matt Feazall）使用了一种类似的视觉设计，在打破一个视框的同时进入另一个视框，以达到去到未来但同时又身处过去的效果。漫画中的他饥肠辘辘却身无分文，于是他从现在的视框抛了一根渔线到未来的视框里，好钓些钱买晚饭。这把未来的他搞得很烦。

所以，如果你想要离开一个故事，你只需要离开那个视框。在美国插画师大卫·威斯纳（David Wiesner）那令人愉悦的《三只小猪》（The Three Pigs）的故事中，第一只小猪在被狼吃掉之后就是这样做的。在沟槽中的一个安全地点，他把脑袋伸回一个视框中，让第二只小猪出来和他一起逃走。第三只小猪也逃出来了，然后三只小猪一起把故事的视框推倒在地，还在上面重重地踩了几脚以示抗议。孩子们是懂的，他们知道故事在这些框里，所以从框里出来就是从故事里出来。从一个故事中出来后你就进入了另一个故事，一个关于故事的故事。

在美国作家克罗格特·约翰逊（Crockett Johnson）那本受人喜爱的《阿罗有支彩色笔》（Harold and the Purple Crayon）中，阿罗是个能让每个孩子和大多数成年人都产生认同感的小胖子。他用一支紫色笔画出他走过的世界，开启了一场冒险之旅。饿了，他就画出一棵结着苹果的树，但他又想往前走，于是就画了一条龙守护这些苹果。这条龙可把他吓着了。他手里握着笔，颤抖着，不经意间画出了很多波浪。阿罗发现自己周围全是水，于是画了条船救自己。故事就这样继续着，直到他在自己画的月亮的指引下安全地回到床上。也许这一切都是一场梦。

杰出的南非艺术家威廉·肯特里奇（William Kentridge）对一切事物有着演员般细致的理解，他的身体和思维在空间中移动而创造故事。他发明了一种新的艺术形式。他的视频在视频网站上及世界各地的博物馆和歌剧院中都找得到。他用木炭画出一个场景，为这幅画拍照，然后修改这幅画，再拍一张照，最后将这些照片串成一部动画。有的动画中有人物，比如一个抽着雪茄的肥胖的实业家和他那美丽迷人的艺术家妻子。是的，这是一段风流韵事。有的动画是动物的迁徙和人的迁徙，流离失所的人们成群结队，鱼贯向前。有的动画中有地点，比如房间、办公室、城市的街道、海滩和大草原。事物会在动画中变成其他事物，就像思维一样：迁徙的动物幻化成流淌的水，身体变成风景，星星被线连接起来变成了头像，一间空荡荡的孤独的房间变成早晨户外的景色。艺术家的思绪飞到报纸上，随风飞向他的爱人。鸟儿涅槃重生。这些故事喧闹又真实，却没有用上一个文字。

Mind
in Motion

第 9 章

纸上空间的对话：
设计、科学与艺术

在本章中，我们用绘画串联起艺术和科学。我们将看到人们在纸上铺展思维，用眼睛、手和记号去进行一场没有文字的对话，去看、去思考、去分辨、去创造。我们从纸上走出来，再回到脑海中，去揭示通往创造力的钥匙。

想知道接下来要画些什么，就得开始去画。

——毕加索

20 世纪西班牙画家

绘画中最宝贵的东西恰恰都是无法言说的。

——乔治斯·布拉克（Georges Braque）

20 世纪法国立体主义画家

素描、艺术与科学的结合

素描，为了看见和发现

　　达·芬奇曾经不停地画素描。他通过素描去看、去思考、去创造。就连他那种令人不可思议的大脑都装不下他那些想象的非凡的想法，他必须用手把这些想法呈现在眼前。素描能揭示事物的结构，而对达·芬奇的思考而言，更重要的是能揭示事物的动作、它们如何运转、它们能做些什么。静态的素描可以活起来。为了确定身体是如何运动的，他画出了连接在人和其他动物的骨头和关节上的肌肉和韧带；为了了解树木是如何生长和开枝散叶的，他画出了树木分权的过程，并在此过程中发现了树木分权的比例规则；为了了解血液的流动，他画出了动脉的分支。他把自己对各种设计的计划也画了出来，包括水泵、乐器和飞行器，以便彻底搞清楚其工作机制。为了看清并且理解水是如何回旋、如何翻腾的，他一遍又一遍地画水。旋涡拉扯着他，令他着迷，而他则把这些都画了下来。他发现手上的素描动作与他正在试图理解的运动有相似的地方，于是就用手去理解这些运动。他不用数学，他的思维是视觉的、空间的，他通过图案、形状及形状的类比进行推理，比如头发上的卷与水的旋涡，子宫里的胎儿与包裹在壳里的种子。他画，观察，思考，然后再画。如此重复。达·芬奇通过素描去探索和完善想法，也通过素描去创造新的想法。他是最早一批有意识地将素描用作一种经验方法的人物之一。其他人追随他的脚步，直到今日。

素描必然是抽象的，比色彩画抽象得多。素描没有颜色，只有脑子里想的和手里画的线条。世界上的线可以说太多，也可以说太少，素描也许是从脑子里来的，而不是看到的。但无论怎样，大脑决定着要画哪几条线，怎么画，以及其代表什么。毕加索可以用几条弯曲的线条召唤出一个身体，瑞士画家阿尔贝托·贾科梅蒂（Alberto Giacometti）可以用一众狂野的线条画出一张脸。对他们两人来说，画中缺失的比存在的更多。"抽象"打开了许许多多的可能性。观赏者将缺失的部分填充进去，每个人填充的东西都可能不同，每一次看到这些作品时所填充的东西也可能不同。也许这就是好的艺术的趣味之所在。

达·芬奇是一位富有远见的神经科学家和心理学家。他了解当时盛行的认知和情绪理论，并且在大脑和身体中寻找其所在。那些理论影响了他的所见和所画。像所有人一样，他先是试着确认它们，但他对大脑和身体的素描最终驳斥了这些理论，而他选择与他的画站在了一起。素描是实证研究的一种方式。仅仅对头颅、骨骼、肌肉、心脏和腔室进行观察是不够的。直到你把它们画下来，揭示其形状和连接方式，你才能真正地看见它们，了解它们。其他科学家曾经仔仔细细地研读达·芬奇的画，以便从中获取知识。

达·芬奇的一些设计在那个时代被草草摒弃，却在几百年后得到了证实。

比如画在一张手稿边缘的降落伞，还有他向奥斯曼帝国苏丹（Ottoman sultan）提议的横跨金角湾（Golden Horn）的优美木桥。苏丹觉得在金角湾上建木桥根本不可能，于是就拒绝了这个提议。这个计划在消失了 400 年后重新浮出了水面，因为挪威艺术家维比恩·桑德（Vebjorn Sand）决定用达·芬奇的设计取代挪威的一座人行天桥。这座优雅的拱形结构已经在 2001 年投入了使用。

在将素描用作一种实证研究方法上，达·芬奇从来都不是一个人。歌德虽然是一位文学巨匠，凭借他的小说、剧作和诗歌声名显赫，但这并不影响他成为一名素描高手。他相信他的素描最能表达他的思考，而不是他的文字。他热爱自然和其中的一切，热爱自然本身，也将自然视为某种寓言。像达·芬奇一样，歌德相信自然会通过其形态揭示其功能，而素描则是同时发现两者的途径。同样地，他也深信相似的形态意味着相似的功能。

我们了解艺术家保罗·克利（Paul Klee）是通过他那无尽的充满创造力和俏皮的画作，但克利却为运动而着迷。他的许多作品都是对运动的研究，是捕捉和理解运动的本质的方式。现代艺术家杰玛·安德森（Gemma Anderson）将歌德和克利的素描技巧，即观察、思考、诉说，然后进行素描，转化成探索发现的工具。她和生物学家、拓扑学家以及其他科学家团队合作，来理解形状和形状的形成。这些项目采用素描和雕塑的形式，既推动了科学的进步，又创造了艺术，一举两得。

素描，为了理解和学习

达·芬奇的素描技巧并不仅仅是为罕见的天才和老练的科学家而准备的。把想法画在纸上对普通人（包括小孩子）理解科学都非常有效果。我们自己的研究显示，与课堂上一贯的文字解释相比，理科生在为科学现象创作视觉解释之后，对这些现象的理解更深，学习得也更好。以下是我们发现这一现象的过程。一批初中生首先学习了一个有相当难度的 STEM 概念——化学键。他们就是按照一般的学习方式，通过课本和通过课堂教学及讨论这两种方式进行学习，两者都有丰富的视觉资料。学习结束之后，我们立即对他们在分子结构和化学键的结合过程上的知识和理解进行了测试。学生们随后被分成了两组，一组进行了视觉解释创作，另一组进行了文字解释创作。接着我们又进行了第二轮知识和理解测试。第一个令人惊讶的结果是，即便没有任何教学或者学习的介入，两组参与者在第二次测验中的表现都有所提高。学生们的知识和理解仅仅通过创作解释就得到了提高。第二个令人印象深刻的发现是，那些进行视觉解释的学生比进行文字解释的学生提高得更多。

下面这两个视觉解释画得怎么样？一个是图 9-1，另一个是图 9-2。你很快就会发现这些都是学生们大脑的创作，不是他们从课本或者课堂上看过的图示，也不是其他视觉资料中照搬来的东西。你还能看到许多可爱的隐喻，比如抓电子的鲨鱼或者一脸高兴地拿出电子的简笔小人。它们都被编织到了一个叙述、一个故事的过程当中。这里，就像之前（和之后）的图片一样，文字并不总是那么清晰易读，但真正重要的是他们都画了些什么。

现在我们可以自由地畅想为什么创作视觉解释会比创作文字解释带来更好的理解和学习效果。答案的第一个部分对你来说应该并不陌生，就是将物质世界中的过程映射到一页纸上比映射到文字上更直接。此外，图示还有其他好处，比如它提供了一个完整性检验，即所有部件都在这里了吗？它还提供了一个一致性检验，即这个图示说得通吗？达·芬奇的做法想必也是以素描创作的这三个特征为基础的，即直接映射、完整性检验、一致性检验。另外还有第四个特征，它还是推理的平台。

图 9-1 一位学生对化学键的视觉解释

图 9-2 另一位学生对化学键的视觉解释

素描，为了创作

事情的真相是，在廉价纸时代，不论是一个人，还是一群人，为了思考而画素描似乎都已经是司空见惯的事。我们都知道鸡尾酒餐巾纸的存在，就是那些正在谈话的科学家、橄榄球教练、工程师、发明家、数学家、舞台设计师、建筑师、商业改革者和专业律师（这里仅举几例）一伸手就拿起来的餐巾纸。有个标题是这样写的："你需要知道的关于投资的一切，都涂在鸡尾酒餐巾纸上。"现在你还能找到收集鸡尾酒餐巾纸画作的网站和书籍，也能找到教你如何在鸡尾酒餐巾纸上作画以及如何使用这些画的网站和书籍。你还可以为你的作品报名参赛。《建筑实录》（*Architectural Record*）杂志从 2010 年起就开始赞助最佳鸡尾酒餐巾纸画作的比赛。一些科学实验室利用素描和图示来系统地追踪他们的理论和实证研究进程，用"？"来表示研究过程中的未知数，这些未知数就成了日后的研究问题。

建筑和设计依赖素描。素描是计划，是路线图，是对建造建筑物和物体的指导说明。建筑师、工程师、产品设计师等人员在实际操作中都需要使用一系列不同类型的素描、照片和模拟。它们都按照不同的预期用途进行了不同形式的标注。素描是设计师和工程师的思维工具，是将模糊的想法往具体的方向加工的方式，也是检验这些想法的连贯性和可行性的方法。据说，设计师会跟他们的素描对话。他们一遍一遍地思考、画素描、观察，再思考，再画，如此这般，逐渐完善某个设计。我们可以对设计师与素描之间的对话进行观察和研究，请设计师在设计或者回顾的过程中大声说话，然后把整个设计过程中的想法、素描和观察联系起来加以研究。由于这种设计本身在很大程度上都是眼睛、手和纸张上的标记之间的互动，所以这种回顾性报告不会与设计的思考过程相互干涉，效果往往会更好。设计师给出的报告往往能够揭示设计过程的迷人之处。

随着设计过程的展开，设计的基础也会得到阐明。我们想要捕捉这个设计的过程。为此，我们邀请了2位资深建筑师和7位新人建筑师分别设计1幢建在山坡上的博物馆，并且其中可容纳100幅画作、1个雕塑花园、1个售票处、1间咖啡店、1个礼品店以及停车场，等等。建筑师们绘制草图的过程被拍摄记录了下来。其中一幅设计草图如图9-3所示。我们可以看到，这幅草图是概要式的，没有固定的形状，各种结构和规划设计也都是模糊的，简而言之就是模棱两可。结果证明，"模棱两可"正是创造性思维的关键之一，因为它允许甚至鼓励人们对事物做出新的解释。出于类似的原因，"抽象"也扮演着一个类似的角色。在设计阶段结束之后，研究者们根据每一位建筑师的视频，从头到尾地询问了他们每次拿起铅笔在纸上做出标记时的想法。研究者们煞费苦心地对每个设计的每个片段所试图表现的内容进行了编码，包括形状、空间关系、功能关系、背景等。内容相同的片段即使并不相连，也被视为一个整体。建筑师们报告了他们当时所思考的大致想法，以及他们在工作过程中获得的体会和想法上的改变。

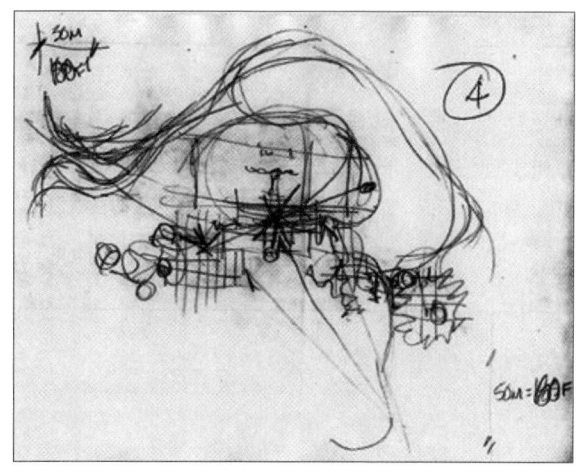

图9-3 建筑师早期的博物馆设计草图

　　资深设计师与新人设计师有两个惊人的不同之处：新人设计师的观察和体会大多来自知觉关系，而资深设计师绝大部分的时间都在思考功能关系，并将此与其他思考联系起来。知觉关系指的是草图本身能直接反映的、显而易见的关系，比如某种形状、图案或者主题。功能性观察则要求观察者根据草图进行推论，经常让草图动起来，从而获取不能从草图中直接读取的信息，比如交通的流动、光线在一天或者一年之中的变化。新人与专家之间的区别在于，新人能看见草图、图示以及其他可视化的内容，并且将它们运用到设计之中，而利用图示去想象图中并没有表现出来的东西则需要天资或者专业知识，这就是"专业"的关键意义。其他领域的"专业"也是如此，比如国际象棋、工程和音乐。

　　设计师通常会报告说，他们把一个想法画下来，然后再次看到这幅画时，就会看到新的东西。他们会从自己画的草图中得到意外的发现。也就是说，他们重新对自己画的草图进行了解释，这种现象正是得益于草图的"草"。实际上，我们捕捉到了很多这种意外的发现。我们在对其中一位专家的草案进行了细致的分析之后发现，意外的发现通常发生在建筑师对草图中的元素进行重组的时候、在他看到新的图案的时候、在新的组织方式出现的时候。知觉重组刺激了一个良性循环：重组产生新的理解，新的理解又产生重组。看看图 9-3 中这位资深建筑师的草图。它充满了不确定性，而正是这些不确定性使新的组织方式、新的理解和发现成为可能。那些由电脑程序生产出来的高度矫正的产品是不会让新的解释在它们身上开出花来的。

　　为了直接测试这一观点，我们设计了一个普通人也能完成的任务。我们设计了一些如图 9-4 所示的模糊的草图。

　　我们将每一张草图反复呈现给本科生们，请他们每次看到某张草图就给出一个新的解释。其中一半参与者被告知重组零件是找到新解释的好方法，另一半参与者则仅仅被告知要看仔细。我们对每位参与者在最终放弃之前所给出的所有新解释的数量进行了统计。随后，我们向参与者询问了他们所使用的策略。包括孩子甚至成年人在内的参与者，并不总是按照被告知的话行事。一些被告知重组零件的参与者并没有重组零件，而一些被要求"看仔细"的参与者却报告说他们重组零件了。因此，我们也重组了他们，把他们分成"报告重组零件"组和"报告没有重组零件"组。实际上，那些报告说他们注意到并且重组了零件的参与者找到的新解释的数量，是那些没有注意到零件重组的参与者的两倍。前者在任务中坚持的时间也更长，想必是因为在不同零件身上投放不同的注意力给他们提供了一种产生新解释的有用策略。

图 9-4　通过反复呈现来产生新解释的草图

一项后续研究发现，资深设计师比普通人更善于找到新的解释。我们因此开始研究（专业知识之外的）能力对寻找新解释的影响。在另一个实验中，我们发现了两种能够预测新解释的数量的能力。这两种能力本身是不相关的。一种是在更大更复杂的组合中发现某一个特定形状的能力，我们把这种能力测试称为"镶嵌图形测验"（embedded figures）。这种技能是知觉技能，要求人们对零件进行仔细观察。另一种能力是找到远距离词汇之间的关联，比如哪个词语同时与寡妇、咬和猴子相关？答案是蜘蛛。或者，哪个词语与睡觉、垃圾和豆子相关？答案是袋子。或者，哪个词语与鸭子、折叠、美元相关？答案是纸钞。这种能力是文字性或者是关联性的，要求有发散性思维。一方面是知觉技能，另一方面是认知技能。前者是自下而上的，后者是自上而下的。这两种技能被整合到我们所谓的"建构知觉"之中，即在搜寻意义的过程中对某种外部表征进行重构。拥有其中任何一种技能都能提高新想法的数量，同时拥有两种技能则会得到翻倍的收益。建构知觉似乎是眼睛、大脑和纸上的标记之间进行成功对话的关键。

在后来的研究中，我们尝试了其他有助于产生新解释的方法。与重复展示同一草图相比，穿插展示不同草图更能提高新想法的"产量"。或许，对不同草图进行穿插展示，或者对同一张草图进行间歇性展示能产生新的联系。这一现象与想法的酝酿以及与从牛角尖中解放出来都有关系。这种效应在创造力和解决问题方面众所周知。有趣的是，或多或少由于相同的原因，间歇性练习比集中练习对学习更有帮助。

对零件进行重组是一种自下而上的知觉策略。由于建构知觉同时包含着知觉和认知技能，我们推测，自上而下的认知策略对提高新解释的数量应该也是有效的。像之前一样，我们向参与者多次展示了每一张草图，并且请他们每次看到草图就给出一个新的解释。其中一组参与者接收到的是自下而上的指示，他们被告知对这些草图进行重新组织、重新组合或者重新分组，从而获得不同的观察方式，以便得到新的解释。另一组参与者接受的是自上而下的指示，他们被告知去思考新的领域、新的环境、新的物体或有机体的种类，从而获得新的解释。在这样的条件下，相比不使用策略的控制组，只有使用自上而下策略的参与者产生了更多的解释。我们认为这是由于普通成年人拥有广泛的自上而下的知识，因此对他们（我们）来说，生成新的类别、新的事件和新的环境，并且利用这种方法在各种情境下对物体进行新的解释是相对简单的。然而，普通成年人不太可能在解构和重组模棱两可的草图上拥有广泛的实践和经验。因此，普通人能轻易地使用自上而下的策略，却并不善于利用自下而上的策略。自下而上的策略利用的是摆在眼前、画在纸上的世界。这种策略是从纸上回到脑海之中，而脑海中存储着大量的人、地点、事物、类别、转变、网络和策略，所有这些都能被激活并生成新的想法。我们是在大脑中找到创造力的钥匙的。

换位思考，创造力和解决问题的核心

以上我们讨论了达·芬奇、建筑师和设计师。那我们其他人呢？我们在许多场合下都需要进行即兴创作。鞋带开了，菜谱里的原料不见了，行李箱的把手掉下来了。即兴创作是指找到解决问题的方法，通常是找一个替代品，如给鞋子装一个安全别针或者回形针，用醋代替菜谱里的柠檬，用绳子代替把手。这些都是对熟悉事物的新的、不熟悉的用法。为熟悉的事物寻找新的用途是设计课的热身运动，就像弹钢琴要练音阶，踢足球要学障碍滑雪一样。我们顺着这个任务，看看能否找到某种策略，使人们能够为熟悉的事物找出更多、更新颖的用途。我们现在已经离开世界中的草图，向着脑海中的草图而去了。

看上去，我们似乎都逃脱不了时代思潮的影响。21 世纪早期时代思潮的两个关键因素——创新和心智，促使人们投身于科研当中。每个人都想成为创新型人才，每个国家都想成为创新型国家。有些人甚至把从哈佛辍学作为一种策略，看看辍学是如何成就比尔·盖茨的！每个人都想振奋精神，有些合法，有些不合法。任何一篇提及心智的文章，任何一场提及心智的表演，立即就能吸引人们的注意。无论是正念还是心智游移，人们都全然投入，努力尝试，完全看不到其中的矛盾所在。预告一下，创新和心智的关键都是视角采择。你已经发现了，视角是我迷恋的另一个话题。

许多研究都声称心智游移对创造力非常有益。研究表明，心智游移能提高人们从熟悉的事物身上找到新用途的数量。如果真是这样，那真是个好消息，知道白日做梦对我们是有好处的正是我们一直以来所期待的。得把这件事告诉那位棒球教练，或者那位教五年级的老师。好吧，也许"心智游移能提升人们的想法的数量"是合理的，毕竟心智游移能把人们从牛角尖里解放出来，从没完没了的重蹈覆辙中解脱出来。这是一个所有人包括专家都会有的问题。让你的脑子随心而去，歇一会儿或者散个步都会有所帮助，都能带来新的关联，有些关联可能还会激发新的思维方式。但是心智游移（或者在世界上游荡）所带来的随机关联并不一定与你所思考的问题相关，也并不一定富有成效。心智游移虽然能使你摆脱困境，但并不能让你重回正轨，也不能为你提供好的能够找到新的解决方案的办法。

保罗·安德鲁（Paul Andreu）是一位极富远见的建筑师，他是巴黎的夏尔·戴高乐国际机场以及世界各地超过40座美轮美奂的机场和公共建筑的设计者。有一次我问他："你从哪里开始？"

"从里面。"他说。

他的意思是，他是从"你"开始的。你所处的空间得让你高兴，你需要被毫不费力地指引到你想去的地方。作为一名设计师，你必须从你不能设计的东西开始，从将要使用你的设计的人（或者其他生物）开始。从事实际项目设计（如偏远地区的净水工程、新兴国家的廉价燃料，以及重新设计购物车或者某种电子设备）的设计公司（比如 IDEO 公司[①]）用的是他们称为以人为本的设计方法。我们不妨把这种方法叫作"共情"设计。他们对某一用户群体进行大量的研究，看人们究竟在做些什么，什么样的新产品或者新服务能够提高他们的生活质量，融入他们的生活并且可以持续。共情视角确实能提供一种富有成效的搜索策略，因为这种思维在思考人们的生活，采用用户的视角。

在标准的发散性思维任务中，我们对心智游移和共情这两种策略进行了比较，比较的内容仍然是为熟悉的物品找到新的用途。我们对使用的物品预先进行了测试，以确保人们确实能为其找到新的用途。我们的实验使用了一把伞、一只鞋、一把扫帚、一把椅子、一只手电筒和一个智能手机。参与者被要求尽可能多地为每个物品找出各种用途。心智游移组被要求让他们的思维四处漫游。共情组被要求思考不同职业的人（如园丁、艺术家、消防员等）会如何以新的方式使用这些物品。换句话说，就是采用他们的视角，每种职业都有一个不同的视角。由于这些职业都为人所熟知，参与者要站在他们的角度思考并不是什么难事。两组参与者均被如实告知，推荐给他们的策略经证明是有效的。我们还增加了一个控制组，这组参与者并没有被建议使用任何一种策略。

大比分取得胜利的是共情视角。心智游移组并没有比控制组表现得更好。实际上，许多控制组的参与者告诉我们，他们的方法就是让自己的思维到处游荡。两种视角似乎都为思考者提供了使他们的思维摆脱牛角尖的方法，但只有共情的

---

① 享誉国际的创新设计公司 IDEO 创立于 1991 年，由三家设计公司合并而成。公司总裁蒂姆·布朗的著作《IDEO，设计改变一切》带领我们深度了解"设计思考"。该书的中文简体字版由湛庐策划，由浙江教育出版社于 2019 年出版。——编者注

方法能让人们找出大量新的用途。采用其他视角让人们能够提出更多新的用途及更多有创造性的新用途。创造性的用途指的是只有一个或者几个人能想出来的用途。比如，用雨伞串烤串或者珠宝，用鞋子当鸟笼或者隔音设备，用手电筒把肉敲软或者调一杯马提尼鸡尾酒。本章从艺术开始，又以艺术结束，与之非常匹配的事实是，最有成效的角度是艺术家的角度！艺术家可以从任何事物中创造艺术。

视角采择

共情的方法并不会对所有设计问题都起作用，当然也不会对达·芬奇所面对的一些现实生活中的挑战起作用，比如利用水和风的力量。但是，共情的核心是视角采择（perspective taking），比如在前面的例子中采择不同使用者的视角。视角采择和视角转换的策略足够普遍，所以几乎对任何事情都有效。这个视角不一定要是"人"的视角，即使的确是人在进行思考和创造。数学家报告了一个他们使用的解决问题的策略，即从几何的角度看代数问题或者从代数的角度看几何问题（达·芬奇研究的全都是几何，这句话描述他正合适）。

仿生学也会促进新视角的产生。建筑师和设计师利用仿生学获得了令人愉悦又高效的成果。蜗牛启发了楼梯的产生；鲨鱼皮上细小的"牙齿"激发了一系列比赛泳衣的灵感；一只鸟的喙成就了日本子弹头火车，即新干线的车鼻子；在瑞士阿尔卑斯山上，粘在远足者裤子上的牛蒡子正是魔术贴的灵感来源。

换一种介质，就换了一种视角。青铜、铁、铝、铁氟龙、钢筋混凝土、钛和硅等，都会带来创新。建筑师要是变成优秀的糕点师傅，他们的作品会惊艳到让人舍不得动叉子。纵观历史，技术的进步带来了视角的转变，思维方式的转变和生活方式的转变。火、农业、轮子、拱门、悬臂、书写方式、数学符号、印刷机、指南针、廉价纸、蒸汽机、电、互联网、望远镜、显微镜、X光、CAT 扫描仪、扫描隧道显微镜……后面的几个例子带来的是新的观察方式、新的视角。一开始，这些新材料、新技术和新的观察方式仅仅取代了传统的用法，但很快它们就开启了新的用法。想一想苹果手机，它已经很少被用来通话了，而是被用在其他几千个用法上，有一些还是始料未及的用法，当然也是非推荐用法，比如撞到行进中的车或者其他人身上。

美国科学史学家托马斯·塞缪尔·库恩（Thomas Sammual Kuhn）所注意到的科学范式的改变其实是视角的改变，就是字面意义上的"视角"的改变。从托勒密到哥白尼，从亚里士多德到牛顿，再到爱因斯坦，"过程"即一个初始状态后面跟着一系列事件，最终形成一个结果，它在包括生物学在内的许多学科中一直是基础。"过程"能讲出好故事，有开头，有中间，有结局。将生物学视为"过程"的视角，阻挡了人们对稳态的观察和理解，稳态也是生物学和其他科学及工程学的核心。稳态是一系列连续的周期性事件，没有头，也没有尾。稳态的所谓"结果"是用相反的变化来对抗已经发生的变化，从而保持稳定的状态。一个典型的例子就是恒温器：如果温度降低到设置温度以下，暖气就会开启；温度升高到设置温度时，暖气就会关上；气温过高的时候，空调就会开始工作。它没有开头，没有结束，除非你把它关掉。

另一个例子是印度裔美国医生悉达多·穆克吉（Siddhartha Mukherjee）在《纽约客》中的生动描绘。癌症治疗的主流比喻一直都是"战争"。外来细胞入侵身体，在身体里殖民、繁殖，还袭击其他器官。癌症，这个冷酷无情、痛下杀手的敌人，必须要把它消灭掉。消灭它的武器是手术、放疗和化疗。当然，这样一来，敌我双方都会遭受损失，但这是战争。研究者们直到最近才开始采用一个不同的视角看待它。有些癌症会移植（注意这里的措辞）到身体里，但不会扩散。人们在对死于其他原因的死者的尸检中发现过很多这样的聚落。那么，癌症为什么只定居不繁殖呢？接下来就是一个新的视角、新的比喻。癌症是一颗种子，需要适宜的土壤才能生存。如果真是这样，就应该去关注土壤。采择这种土壤的视角已经带来了新的研究方式和新的疗法，即破坏土壤。

找到新视角的方法

我们现在来说一说预测未来的事，那些超级预言家的故事。耐心一点儿，我会告诉你他们是干什么的。你大概已经猜到他们做的事情与视角采择有关系。许多年前，美国心理学家菲利普·泰特洛克（Philip Tetlock）开始研究专业预言家，就是那些通过预测未来一年或者未来 10 年内会发生什么来谋生的人，主要是经济和政治预测。未来对经济学家、生意人、政治家，实际上对我们所有人而言都很重要。经济和政治事件的难以预测是出了名的。同样难以预测的是哪首歌、哪部电影、哪条推特、哪本书会火起来。甚至预测天气也很难。泰特洛克在 10 年的时间里研究了很多自我标榜的高薪预言专家。他们的表现并不比猴子扔飞镖好到哪里去。（人们为什么要咨询他们，却又不太相信他们，但还要给他们钱？）即便如此，或许正因如此，泰特洛克和他的合作者们改变了视角。他们开始好奇世界上有没有人真的善于预测未来。他们举办了至今仍然在举办的预言比赛。在比赛中，自愿参赛的选手们被要求做出具体的预测，比如，X 国在 21 世纪的某一年的国民生产总值会是多少？或者，Z 国在 21 世纪的某一年会发生革命吗？这些都是可以被检验的预言。他们找到了一小批人，这些人就是超级预言家，他们的成功率高于机会水平，也高于其他人，而且不止一次，是连续许多年。

自然，研究者们还有我们其他人都想要找出这些超级预言家如此善于预言的原因。当然，他们都是受过教育的聪明人，但也并没有聪明透顶。当然，他们是新闻迷。当然，他们对概率有着敏锐的感觉，并且这种感觉比"肯定、也许、不可能"这"三件套"要细致得多。当然，他们热爱这项挑战，充满好奇心，又思想开明，而且他们都坚持不懈。有趣的是，他们都很谦虚。他们懂得这个世界有多么不确定。

但是在我（带着倾向性的）眼里，他们所拥有的最重要的特质是视角采择。他们会仔细地构建一个支持他们预感的分析。第一步是确认偏差。实际上，这个第一步还挺不错的，如果找不到强有力的支撑，干脆马上放弃掉。接下来他们会修改自己的分析：什么地方会出错？少了什么吗？这是一种对抗的立场，确认偏差已经不需要了。他们会问：像 X、Y 或者 Z 及其他政经界或经济界的知名专家会做出何种预测？ A、B、C 或者其他理论会如何评估这种情况？超级预言家的思想足够开放，这使得他们的预言能被他人完全不同的分析所改变。

其他人也做了类似的推荐。T. 施瓦茨（T. Schwartz）在杂志《哈佛商业评论》里建议道："永远挑战你的信念。"他将此称为"深化"（deepening），并且加上了"拓宽"（widening，采取多种视角）和"延长"（lengthening，考虑长期的结果和影响）。

视角采择不仅仅是创造力和解决问题的核心。或者可以说，生活中的很多事情就是解决问题，并且需要创造力的加持，比如交际，无论是国际上还是国内，无论是在家里、办公室还是在大街上。角色扮演就是视角采择，认知行为疗法也是视角采择，共情也是。我并不是说视角采择容易，大部分情况下它真的很难。确认偏差会来捣乱，自我保护会来捣乱，情绪也会来捣乱。视角采择不能确保成功，但它是个很好的选择。也许它很难，但它最终的确能克服偏差，分散情绪，并保护自我。

我们已经见过很多种找到新视角的方法。比如重组零件，比如根据不同角色、地点、事件、类别、生物、物理过程、材料、研究方法、学科观点、国籍、哲学、宗教、意识形态而采用不同视角，比如作为自己的反方挑战自己的观点。这个清单还可以继续列下去。其中一些方法我们已经从生活和学习中有所了解了，所以从其他角度进行思考通常只需要一个提醒。

视角：内部和上方

现在我们可以跳到空中，去获得一个关于"视角"和各个视角的宽泛的概览。列出一长串寻找到不同视角的方法清单，需要我们去探索周围的世界，一个概念性的世界。探索沿着一条路前进，穿过一个思维的空间，这个空间中的每个方位都为我们提供一个不同的视角。探索本身采用的是一个内在的视角。还记得大脑的那个了不起的绝技吗？利用从内部探索世界的方式来创建一张自上而下的俯视地图。一个概览中包含着许多个视角，其数量之多，远远超过我们从任何一个视角中所能看到的一切。现在想一想**认知第一定律：没有代价就没有收益**。这种宽泛的概览必然会损失掉一些嵌入其中的视角的细节，而这种损失所换来的则是抽象。概览留下的是每个方位、每个视角的核心特征，但会损失细节。个体特征消失，一般特征得以保存。概览展示着各个方位之间的关系，在这里是指各种想法之间的关系。

以下是找到新视角的方法：

四处走走。采用其他人或者其他事物的不同视角。
往上走。学会抽象，找到视角之间的共同之处，找到视角之间的联系。改变这些共同点、特征和参数，改变其联系。重组，然后重复。

艺术与生活

现在我们从脑海中回到纸面上，回到草图和艺术上。美国具象派画家安德莉亚·坎特罗威茨（Andrea Kantrowitz）不仅自身是一名优秀的艺术家，还研究了其他优秀艺术家的创作实践。她采用了我们研究建筑师的方法，对 9 位经验丰富的艺术家的绘画过程进行了拍摄，并随后与他们讨论了各自的视频记录。她试过让这些艺术家在绘画的同时说一些话，但说话打扰了某个非语言的过程。这些艺术家已然投入了大脑、手和纸上的标记之间的无言对话之中。于是，坎特罗威茨就从外部进行观察，将艺术家用手填充纸页的过程记录下来。他们用手将标记填充在空间中的模式表现出了有趣的风格差异。有的艺术家来来回回地重新画之前画过的地方，有的则一往无前，很少回头。他们所有人都在探索。

绘画阶段结束之后，这些艺术家在回顾他们的视频时有许多关于创作过程的话要说。他们将绘画视为一趟旅程。他们用来描述当时所做的事情的语言是一种探索的语言，而不是漫无目的。在一开始，艺术家会摸索他们的道路，此时他们画下的标记是试验性的，容易修改，也容易继续绘制成其他东西。牢固的约束力还没有形成。艺术家凭着经验相信，从这些标记和探索中会有收获，哪怕得到的东西并非受到某个计划的驱使，或者更可能的是，恰恰因为没有受到某个计划的驱使。他们说有时会让自己迷失方向或者犯错误。一些人会故意迷失方向，故意给自己惹麻烦，这样他们就不能走捷径，从而会找到一种新的方法。一些人说他们走进了另一个世界，一个令其可以放心探索的世界。而且就像一段旅程一样，他们有时会意识到自己转错了方向，于是就会回到错误发生的地方，重新开始。大多数人会找到错误并且加以修正，一些人会把错误擦掉，其他人则喜欢留着这些旧涂层，作为画作的一部分。最终，画作开始成形。这个时候，艺术家说画作会跟他们对话。他们为自己看到的东西而感到惊奇和兴奋。他们发现了把部分结合成整体的方式。形状逐渐被显现（注意被动语态）之后，需要被填充的空间得到了创作者的注意，继而被填满。是画自己把自己画在了一起。

一次探索的旅程，既不是说走就走，也不是事先定好，而是即兴的，也许会拐错几个弯，也许会错过一些地方，总之是一次发现之旅。对设计师来说，同样的探索与发现之旅会创造新的建筑、产品或业务。科学家、侦探、数学家、分析师，或者就此而言可以是我们所有人，在解决问题时都会经历同样的探索与发现之旅。对艺术家来说，绘画不仅仅是一趟旅程，还是一个故事，有开头、中间和结局，充满了曲折、情绪起伏和戏剧性，充满了惊喜、失望、挫折感、不确定性、发现、兴高采烈和悬而未决。这就像任何需要创造力的努力一样，就像生活一样。

Mind
in Motion

第 10 章　　　**用空间思维图解世界**

　　在本章中，我们会看到在空间中的动作是如何设计这个世界的；这些设计是如何创造出抽象的图案来吸引眼球，启发思维的；这些动作是如何抽象成手势，作用于思维的；这些图案是如何抽象成图示，传递思维的。空间中的动作创造了抽象，这个螺旋上升的过程被称为"空间动作抽象"。

城市是一座机器，由人类的手势积累而制造出来的零件不计其数。[1]

——R. 索尔尼特（R. Solnit）

当代美国作家

J. 杰利－夏皮罗（J. Jelly-Schapiro）

当代美国地理学家

----

[1] 出自《未停歇的都市：纽约市地图》（*Nonstop Metropolis: A New York City Atlas*）。

设计世界

我上小学的路上要经过一棵特别大的橡树，它宽大的树干低处有两个突兀的直角弯。传说，这是 18 世纪末波塔瓦托米（Potawatomi）部落制作的路标。这棵树在一个巨大的公园里面。公园的其他地方还保留着一小片一小片荒野的痕迹，但是有另一棵树在更早些年时就被折成了路标。

公园里还有铺好的道路、一个棒球场和一个溜冰场。我曾经一周之内在这个溜冰场里两次摔断手臂。这个公园是被修整过的，边界都是整整齐齐的，旁边是一排一排的小房子、我的小学和几家商店。图 10-1 是思维设计的世界，图 10-2 是大自然设计的世界（除了那条柏油路）。图 10-3 则是我们设计的世界。

图 10-1　思维设计的世界

图 10-2　大自然设计的世界

图 10-3　我们设计的世界

　　想要找到世界上尚未被人类行为设计过的地方该有多难。我们生活的世界与游牧祖先生活的世界该是多么不同。在家里，我们把书摆在架子上，把盘子堆在碗柜里，把工具摆放在盒子里，把衣服收纳在抽屉和衣柜里。我们不会直接把物品扔到架子上或者抽屉里，而是会分门别类，分成类别和子类别。盘子要放到架子上，按照大小不同分别堆在一起，碗也是一样。这就是大类别中的小类别，即嵌入和等级。毛衣装在一个抽屉里，袜子和内衣装在另一个抽屉里。抽屉柜内有不同的独立抽屉。世界上除了物理容器和物理边界之外，还有概念容器和概念边界。按照话题、日期或者大小进行分类的书放在一个房间里，也就是一个大一点儿的盒子，盘子放在另一个房间里，衣服放在第三个房间里。每个房间都有不同的主题，不同的东西因为一个共同的目的，比如阅读、做饭、穿衣服和脱衣服，而被放到一起。穿衣服的时候，我们会从内衣、上衣、下身和脚上要穿的衣物里各拿出一件。摆桌子的时候，我们会给每个人一个盘子、一张餐巾、一套餐具和一个杯子。这些都是一一对应的。

世界从内部看起来就是这样。现在再从外部看一看（见图10-4）。城市是街道构成的图案，街道两旁是建筑，可以分为住宅、商业建筑、教育建筑和休闲建筑等，还有更多的分类。你立刻就能从建筑外立面上成行的窗户或者阳台中看出建筑的对称性、重复性和一一对应的关系。这些图案或者模式是我们用双手的动作所创造出来的。这种布局中携带着信息，一种不需要文字，就能被婴儿、孩子和外国人读懂的信息。这是一种空间语言。**认知第九定律：用在大脑中组织事物的方式组织世界**。世界反映着思维。同时，就像我们之前所看到的，思维同样反映着世界。世界和思维的关系看似是一个循环，其实是一个螺旋。

图10-4　意大利帕多瓦的百草广场

设计自己

我们不仅设计和重新设计了这个世界，还设计和重新设计了我们自己。首先是我们的身体。几乎每个人都意识到衣服的存在。穿衣服可以避免受伤，还可以保持温暖。身体上的装饰、图画、面具、珠宝等，在很久之前的考古遗址中都有发现。没人知道这是为什么，但许多人还是给出了他们的猜测。我还是个孩子的时候，曾经沉迷于芝加哥的菲尔德自然史博物馆里的一排青铜雕像，它描绘了来自全球各地的人，有的头部被重塑，有的有磨尖的牙齿，有的身上有标记，有的因为戴着一排无法摘除的颈环而长着非常长的脖子。一个多世纪前的中国女人就已经不再裹脚了，但今天的芭蕾舞者，尤其是志向远大的芭蕾舞者还在继续这种做法。年轻的女孩子迫不及待要去打耳洞，仿佛那是一种长大的仪式。一代人所讨厌的东西在下一代人看来却很酷。文身既古老又年轻，现在就像衣服和发型一样，成了一种时尚的艺术形式。

走得更远更轻松

那些增进了人们在世界中的移动方式、感知方式和动作方式的设计，比为了美（或者美的文化意象）而形成的设计更有意义。这是对人的手、脚能力和感觉的增强。鞋子很早就出现了。从古时候起，牧羊人就用起了拐杖，母亲们就用手臂或者背带背婴儿，人们就把篮子扛在头顶，背在身后，挎在胳膊上，或者小心翼翼地将其平衡在肩上的扁担两端。贵族坐轿子，平民就坐在家人的肩膀或者胳膊上，或者用独轮车、雪橇出行。马、骆驼、驴子、狗和驯鹿曾经带着我们的祖先去到脚走不到的地方。现在，做这项工作的是婴儿车、轮椅、小型摩托车、溜冰鞋、飞机和火箭。

回想一下瑞典统计学教授汉斯·罗斯林的研究：经济水平跃升的关键是走

到世界上更远的地方。在第一级的水平，你所拥有的只有自己的双脚；要达到第二级，你就需要一辆自行车；要从第二级到达第三级，你就需要一辆小型摩托车；要达到第四级，你就需要一辆汽车。去到世界上更远的地方不仅会带来经济上的机遇，还会开启新的远景、新的视角、新的知识。走得更远意味着"收集"到更多的人、地、物，也就是收集到更多条线路，获得一张更大的地图。走向远方能拓展各种各样的机会。多年以来，人们发明出各种技术，好让更多的人越走越远。有些人甚至在全世界其他人的注视下踏上了月球。

"越走越远"的话题止步于此，现在我们已经再也不需要离开我们的扶手椅了。在一些科技让我们越走越远的同时，另一些科技正在把世界拉得离我们越来越近，无论我们身处何地。信件在很早之前只有富人才能用得起，现在我们只需要动动指尖，瞬间就能寄封信出去（不过这件事也是喜忧参半），信中还可以附上视频和声音。电话曾经是令人震惊的通信手段，现在正在被电子信件所取代。现在我们根本不用移动身体，就可以用智能手机、增强现实和虚拟现实环游世界。医生们倒是建议我们多多运动，所以我们需要运动的时候就在健身房的跑步机上移动双脚，而真正的移动距离绝不超过到健身房的路程。在跑步机上，我们可以进入一个自己选择的虚拟世界，可以去到不用爬山的马丘比丘（Machu Picchu）[①]与不会堵车的曼谷。或者我们也想要一些社交活动，跟在远方的派对上的朋友进行虚拟聊天，或者跟分散在各地的工作伙伴来一场虚拟会议。只要有能将我们虚拟地带到任何地方的设备和高速网络，这些事情就都能实现，那只是另外一种移动方式而已。你会选高速网络还是高速飞机呢？增强现实和虚拟现实的体验感会被实际动作加强，也会被实际感觉加强，所以当我们在虚拟现实中去到马丘比丘时，还可以感受到脚下的石头，闻到那稀薄的空气。什么都感受到了，就是不会有高原反应。

[①] 秘鲁著名的印加帝国古城遗址，建于 15 世纪，也是世界新七大奇迹之一。——编者注

我们已经增强了身体在空间中的移动能力，还增强了知觉和双手的动作。我们中的许多人没有眼镜就活不了。眼镜、望远镜、显微镜都能增强视觉，让我们看得更远，几乎能看到宇宙的终点和时间的起点；也使我们看得更细微，几乎能看到构成宇宙中的一切的最基础的微小粒子。当然了，这些粒子处于不断运动之中，天体物理学家需要深入到地球上的洞穴中去捕捉它们。麦克风和耳机增强了听觉。假臂和假手、机器人以及其他类型的器械增强了双手的动作。可以列出来的东西太多了，并还在不断增多。

增强思维

比改进世界、增强动作和知觉更重要的是增强思维。教学、合作、教育，这些都极其依赖社会互动，并且在人们很小的时候就已经开始进行。这些事情所需要的无非就是其他人，不过使用书本、玩具这些工具会更有效。木棍和石头也同样有效。人们经常模仿他人，这个现象在小孩子身上往往会有些可笑。黑猩猩和倭黑猩猩也会模仿，它们就是这样相互学习的。一只黑猩猩找到一种砸开坚果的好方法，其他黑猩猩就会模仿。不同部落的黑猩猩会发展出不同的方法。有趣的是，黑猩猩会模仿另一只成功的黑猩猩，却不会去模仿以相同方式完成同一个目标的机器。

但是黑猩猩不会彼此教学，而人类会。人类在很小的年纪就已经在游戏中打下了这种基础。"小馅饼"① 这种游戏不仅包含着模仿，还包含着对时间的控制、同步和交替，就是伙伴之间的轮换，像对话一样。这些游戏是合作性的，要求参与者彼此注意、彼此协作，还要给予任务共同的注意力。对人类而言（注意了，对猿类不成立），教学和合作在看护者的演示和指导下得到了增强。

---

① 一种拍手游戏。——译者注

手势在指导和教学的过程中扮演了重要的角色。用语言来引导这些互动，在西方文化中尤其如此，但这个命名游戏本身就依赖于共同注意和手势，以及用眼睛（如果不是用手的话）去指。这个话题上可以说的还有很多，但那就需要再写一本书了。

思维的游戏

我们在空间中生活、行动、移动。在大多数情况下，是我们的双脚在空间中移动着我们的身体。当我们从世界上的一个地方走到另一个地方，脚下的路会在大地上留下痕迹，也会在我们的脑海中留下痕迹。一条路走得多了就会变厚实，于是逐渐形成了可以转变成地图的路径。路和地点形成网络，就像大脑中的神经元网络、身体中的血管、地球上的河流、计算机系统中的信息和政府中的权力一样。人们常去的地方形成了社区或者中枢，并逐渐变得密集起来。这些地方积累起更多动作。有时它们都由同一个部分负责，可能是大脑、心脏或者总统，于是这个网络就成了一棵树，只有一个根。网络的形态既是时间形态，也是空间形态，是有节奏的点和线，是重复、秩序和循环。时间和空间是分不开的。流水线、编织、音乐、网球游戏、打扫房子，这些都是一连串被标注在时间和空间上的动作、路径和地点。它们造就了那些被用来代表想法和想法之间关系的形式。

现在我们来聊一聊手。在大多数情况下，手以其惊人的灵活性完成着作用于事物上的动作。碰、搓、举、推、拉、组合、拆卸、伸、组织、扔、撒、混合、翻、重组、分类、构建、解构，手有上千种作用于物体上的动作。与此同时，我们的眼睛会瞥、端详、检视、来回地看。注意这些动词，它们与我们用来谈论思考的动词是一样的。思考是作用于精神事物（即想法）上的精神动作，而非作用于物理事物上的物理动作，所有的思考都发生在大脑中。现在我们说说手势。手势是物理动作，但并不作用在物理事物上。手势是作用在看不见的事物上的动作，是作用在想法上的动作。这些想法只存在于做手势的人或者对话对象（如果有这么一个人的话）的大脑中。相信你一定记得手势的底线：手势能帮助思考。如果思考是内化的动作，那么将作用于思维上的动作外化为具化动作的手势，对思考来说应该是有益的。事实也的确是这样，对我们自己的思考是这样，对他人的思考也是这样。

同样的道理也适用于所有形式的图形、草图、图解、图表、图示、模型、鹅卵石、鸡尾酒餐巾纸。它们将思维外化并借此完善思维。把大脑中的想法从大脑中拿出来，放到世界上，放到我们的眼前，不仅有助于我们自己的思考，也有助于他人的思考。将思维放置到世界中是合作的关键，是人们在一起工作的关键，是人类社会的核心（即共同动作）的关键，也是生存的关键。

手势和图表都是抽象的。它们会进行缩短、删减、图表化和概括。手势并不能抓住动作的整体，只能抓住其中很小的一部分。这一点跟动作的用词很像。"提"并不能告诉你这个物体是如何被提起的，是用一根手指、一只手、两只手还是八只手，或者是用机器、叉车。无论你是从地板上"提"起一片碎屑还是"提"起一架钢琴，用的都是同一个词语。手势其实可以变得更具体一些，如果有用的话，它能展示出某个事物是如何被提起的。手绘地图是对某条路径的概括，很多信息都被忽视掉了，绘制出来的信息也是简化的、变形的。

与图示和其他图表一样的是，手势也是以其他方式抽象化思维的。手势能在空间中创造出整体的架构，为想法搭建出一个舞台。比如，比较和对比就是一个非常好用因而很常见的例子。一只手把一些想象中的东西放在身体的一侧，另一只手把另外一些想象中的东西放在身体的另一侧。这就是所谓的"一方面"和"另一方面"。成行成列的东西可以写在纸上，想象的行和列可以在空中比画。然后你就可以在比较的过程中来来回回地指，现在每个方位都代表着一批不同的想法。你对这个比较进行展示，并不需要说话。另一个例子是沿着一条水平线排列一个顺序，可以是时间上的事件的顺序，也可以是对电影、餐馆或者棒球队的偏好的顺序。"画"一个圈，表示循环的事件。"画"一条垂直线，往上走的那种，可以表示气温、成就、力量或者情绪。这又是一种形式。那么我现在是在说纸上的图示，还是在说空中的手势呢？两个都是。手势和图示都会把思维转移到世界上，整理思维并且抽象化思维。手势和图示都在思维的游戏中把棋子摆上棋盘，在思维的戏剧中把想法摆上舞台。

这些就是我们收集的所有图案和形式：我们的双脚在行进中创造的点、路径、框、网络、树状图和圆形，我们的双手在设计世界的过程中创造的东西：框、线和圆形（又是这些）、行、列、对称、重复以及一一对应。我们会把这些放在纸上，用来代表各种各样的想法和想法之间的各种关系。它们会形成地图、表格、图解和图示，会组织我们大脑里的思维，将其展示给他人，并且帮助我们产生更多的想法。在数学、物理学、生物学、化学、工程和艺术中还有其他很多种形式和图案。这些空间图案和空间形式是每门学科的基础。它们被形成、被变形、被旋转、被转变、被拆分、被组装……想想拱形、水晶、巴克球和莫比乌斯带。

设计的世界说着空间的语言

我们所创造的空间形式和图案，以及我们身边的各种空间形式和图案都释放着大量的信息，其本身也具有丰富的信息。它告诉我们它是什么、要如何与之互动。它还会表达抽象的概念，那种在逻辑、数学或者计算机科学中常常会使用到的抽象概念，比如书架和流水线上的线性顺序，橱柜里、装衣服的抽屉和超市货架上的类别以及类别的等级，摆桌子时候的一一对应，建筑的对称性和重复性。房间是按主题布置的：厨房里放做饭用的炊具，浴室里放个人护理用品，客厅里放社交和放松用的东西。这些组织方式并不是由自然界创造的，而是由人类的行为和有意识的大脑所创造的，是为了某个目的而创造的。架子、窗户和建筑的行和列形成有规律的图案，都是很好的格式塔，是表格和图示。它吸引着人们的眼球，邀请人们探索其意义，探索其如此排布的原因。我们通常能找到其中的答案。每个家庭成员，包括孩子，都会得到一个盘子和一套餐具，还有一份美味。盘子按类别堆在架子上，床和枕头放在卧室里，毛巾和浴盆放在浴室里。我们在脑海里、在家里、在马路上，用的都是同一套组织方式。

马路还有另外一个层次。马路的组织方式跟家里和超市一样，是按照框、线、行、列、顺序等排布的。但马路更进了一步，它带有标记和标签，有时这些标记和标签会像图示一样带有文字，但通常情况下不会。整个世界都已经变得像一连串篮球场、高尔夫球场、足球场和棒球场一样。不同颜色和风格的线条指示着人行横道、公交专用道、自行车道、行车道、单行道、转弯车道，以及停汽车、摩托车和自行车的地方。不同的功能被标记得很清楚：人行横道是斑马线；自行车道是绿色的；停车处是成对的对角线或者平行线，有能把车停进去的空隙，是汽车大小的框；行车道上有箭头，告诉你不能拐弯或者必须拐弯；画在地上的自行车告诉你别把车开到自行车道上，也不要在自行车道上走路；开车的时候不要横穿双黄线。那些指示停车、转弯、横穿及不能横穿的线条都具有法律效力。法律不仅写在街道上的线条里，还出现在不同形状和颜色的标志上，六边形表示停车，三角形表示礼让，特定的符号表示不许掉头，箭头表示单行道。至于红绿灯，上面的红灯表示停，下面的绿灯表示行。这真是很神奇，法律不用文字来呈现，而是用马路的线条和马路两旁的标志来呈现。

世界已经被图示化了。我们已经把我们的集体思维牢牢地系在了世界上。

这个世界的图示携带着丰富的信息，告诉你你在哪里，你四周都有什么；告诉你哪里可以去，什么时候可以去；告诉你哪里不能去，什么时候不能去；告诉你什么可以做，什么不可以做。它具有控制、引导功能，使你在世界中移动和行动的方式成为可能。从这里进，从那里出，这样一来，人们就不会撞到彼此。绿灯的时候过斑马线；把可回收物放到绿色的垃圾桶里，长长的缝隙用来投放纸张，圆圈用来放瓶瓶罐罐。它贴着标签，就像超市里买来的水果，一排一排摆在形状合适的盒子里，盒子上还装饰着颜色和用来作为行动说明的符号。被设计好的世界犹如一张图示，通过方位和空间中的标记揭示自身的意义，指导我们的行为。外部的视角是一张地图。内部的视角告诉我们行人可以在哪里走路，轿车、公交车、自行车可以在哪里行驶，什么时候停，什么时候行，在哪里停车，从哪里进，从哪里出。我们的书架上、衣柜里、饭桌上和大楼立面上的各种图案表达着抽象的想法：类别、等级、重复、一一对应关系、线性顺序。我们用组织思维和生活的方式组织着这个世界。

那些由我们的行为，由线、行、列、堆所创造出来的图案并不是随机的，与散落在地上的落叶、在沙丘上翻滚的沙子以及散落在林中的树木不一样。它规则而整齐，平行又垂直，对称又重复。它具有包围、分割功能，是世界上其他事物的脚手架。它的发生并非偶然，它的存在一定是有原因的。我们能够读懂这些原因，有时都不用费力尝试就能读懂，并且能使用这些信息去指导我们的思维和行为。

地面上的形式和图案是我们的双脚踩出来的，比如地点、道路、圆圈等。建筑、桌面和电脑屏幕上的形式和图案是我们的双手做出来的，比如行、列、堆、顺序、嵌入、对称性等。这些形式和图案都是很好的格式塔，既吸引眼球，又为大脑提供信息。我们将动作和图案与它们的来源分离，并用它们来代表其他很多事物，它们就成了非常好用的动作和图案。这些发生在纸上或者空中，也发生在世界上。我们用手在空中画出的手势将创造这些形式和图案的动作抽象出来。这些手势将作用在实际物体上的实际动作转变为作用在虚拟物体和想法上的概要式动作。它成了作用在思维上，甚至任何一种思想上的动作。我们用手在纸上画出的图示将我们用来排布世界上的事物的图案抽象出来。我们用这些图示在纸上排布想法，创造有助于思考的思维工具。我们每个人都会从中受益。所有一切都是从我们在空间中的动作开始的。这是一个永远向上的螺旋：空间中的动作创造抽象。

图 1-1: OpenStax College, *Anatomy & Physiology.* OpenStax CNX. July 30, 2014.

图 3-1: Tversky, B., & Hard, B. M. (2009). Embodied and disembodied cognition: Spatial perspective-taking. *Cognition, 110*(1), 124–129.

图 4-3: Kosslyn, S. M. (1980). *Image and mind*. Cambridge, MA: Harvard University Press.

图 4-4: Novick, L. R., & Tversky, B. (1987). Cognitive constraints on ordering operations: The case of geometric analogies. *Journal of Experimental Psychology: General, 116*(1), 50–67.

图 4-5: Wai, J., Lubinski, D., & Benbow, C. P. (2009). Spatial ability for STEM domains: Aligning over 50 years of cumulative psychological knowledge solidifies its importance. *Journal of Educational Psychology, 101*(4), 817.

图 5-1: Guidonian hand from a manuscript from Mantua, last quarter of fifteenth century (Oxford University MS Canon. Liturgy 216. f.168 recto) (Bodleian Library, University of Oxford).

图 8-1: Photo by Scott Catron. May 14, 2006.

图 8-2: Courtesy of Professor Pilar Utrilla. Utrilla, P., Mazo, C., Sopena, M. C., Martínez-Bea, M., & Domingo, R. (2009). A paleolithic map from 13,660 calBP: Engraved stone blocks from the Late Magdalenian in Abauntz Cave (Navarra, Spain). *Journal of Human Evolution, 57*(2), 99–111.

图 8-3: British Museum, Department of British and Mediaeval Antiquities and Ethnography, *Handbook to the Ethnographical Collections* (Oxford, England: Trustees, British

Museum, 1910), 170.

图 8-4: "Map" in *Encyclopaedia Britannica* (11th ed., Vol. XVII, p. 638).

图 8-5: Snow, J. (1855). *On the mode of communication of cholera* (2nd ed.). London, England: John Churchill.

图 8-6: Intitut Royal des Sciences naturelles de Belgique, Bruxelles.

图 8-8: Courtesy of Mark Wexler (1993).

图 8-9: Swetz, F. (2012). *Mathematical expeditions: Exploring word problems across the ages*. Baltimore, MD: Johns Hopkins Press. Photograph by Jon Bodsworth between 2001 and 2011.

图 8-11: Agrawala, M., Phan, D., Heiser, J., Haymaker, J., Klingner, J., Hanrahan, P., & Tversky, B. (2003, July). Designing effective step-by-step assembly instructions. *ACM Transactions on Graphics (TOG), 22*(3), 828–837.

图 8-12: Diderot's *L' Encyclopédie* (1762).

图 8-13: Tversky, B., & Lee, P. (1999). Pictorial and verbal tools for conveying routes. In C. Freksa & D. M. Mark (Eds.), *Spatial information theory. Cognitive and computational foundations of geographic information science. Lecture Notes in Computer Science* (Vol. 1661). Berlin, Germany: Springer, Berlin, Heidelberg.

图 8-14: Fibonacci.

图 8-15: Zacks, J., & Tversky, B. (1999). Bars and lines: A study of graphic communication. *Memory & Cognition, 27*(6), 1073–1079.

图 8-17: Heiser, J., & Tversky, B. (2006). Arrows in comprehending and producing mechanical diagrams. *Cognitive Science, 30*(3), 581–592.

图 8-18: Visual notes courtesy of Yoon Bahk. Photo courtesy of Andrea Kantrowitz.

图 8-19: Courtesy of *Chicago Tribune* and estate of Frank O. King.

图 8-20: McCay, W. (c. 1913). Seite des Comicstrips Little Nemo in Slumberland.

图 8-21: McCay, W. (1905, September 24). *Little Sammy Sneeze* comic strip.

图 8-22: Carlin, J., Karasik, P., & Walker, B. (Eds.). (2005). *Masters of American comics*. Los Angeles, CA: Hammer Museum and the Museum of Contemporary Art, Los Angeles, in association with Yale University Press.

图 9-1: Bobek, E., & Tversky, B. (2016). Creating visual explanations improves learning. *Cognitive Research: Principles and Implications, 1*(1), 27.

图 9-2: Bobek, E., & Tversky, B. (2016). Creating visual explanations improves learning. *Cognitive Research: Principles and Implications, 1*(1), 27.

图 9-3: Suwa, M., & Tversky, B. (1997). What do architects and students perceive in their design sketches? A protocol analysis. *Design Studies, 18*(4), 385–403.

图 9-4: Suwa, M., & Tversky, B. (2003). Constructive perception: A metacognitive skill for coordinating perception and conception. *Proceedings of the Annual Meeting of the Cognitive Science Society, 25*(25).

第 10 章中的所有照片都是由作者本人提供的。

第 1 章 身体的空间，以行为为导向的空间

大脑皮质区域选择性地由物体、面部和身体激活

Grill-Spector, K., & Weiner, K. S. (2014). The functional architecture of the ventral temporal cortex and its role in categorization. *Nature Reviews Neuroscience, 15*(8), 536–548.

Kanwisher, N. (2010). Functional specificity in the human brain: A window into the functional architecture of the mind. *Proceedings of the National Academy of Sciences, 107*(25), 11163–11170.

Weiner, K. S., & Grill-Spector, K. (2013). Neural representations of faces and limbs neighbor in human high-level visual cortex: Evidence for a new organization principle. *Psychological Research, 77*(1), 74–97.

观察物体的最佳视角

Palmer, S., Rosch, E., & Chase, P. (1981). Canonical perspective and the perception of objects. In J. B. Long & A. D. Baddeley (Eds.), *Attention and performance,* IX. Hillsdale, NJ: Erlbaum.

Tversky, B., & Hemenway, K. (1984). Objects, parts, and categories. *Journal of Experimental Psychology: General, 113*(2), 169.

感官小矮人

Azevedo, F. A., Carvalho, L. R., Grinberg, L. T., Farfel, J. M., Ferretti, R. E., Leite, R. E., & Herculano Houzel, S. (2009). Equal numbers of neuronal and nonneuronal cells make the human brain an isometrically scaled-up primate brain. *Journal of Comparative Neurology, 513*(5), 532–541.

特定的个体神经元

Perrett, D. I., Harries, M. H., Bevan, R., Thomas, S., Benson, P. J., Mistlin, A. J.... Ortega, J. E. (1989). Frameworks of analysis for the neural representation of animate objects and actions. *Journal of Experimental Biology, 146*(1), 87–113.

名称比图像更抽象

Morrison, J. B., & Tversky, B. (2005). Bodies and their parts. *Memory & Cognition, 33*, 696–709.

物体部件的比喻用法

Lakoff, G., & Johnson, M. (2008). *Metaphors we live by*. Chicago: University of Chicago Press.

Tversky, B., & Hemenway, K. (1984). Objects, parts, and categories. *Journal of Experimental Psychology: General, 113*(2), 169.

婴儿的大脑发展

Bremner, A. J., Lewkowicz, D. J., & Spence, C. (2012). *Multisensory development*. Oxford, England: Oxford University Press.

Eliot, L. (1999). *What's going on in there? How the brain and mind develop in the first five years of life*. New York, NY: Bantam Books.

Posner, M. I., & Rothbart, M. K. (2007). *Educating the human brain*. Washington, DC: American Psychological Association.

扭曲视觉的镜片

Mack, A., & Rock, I. (1968). A re-examination of the Stratton effect: Egocentric adaptation to a rotated visual image. *Perception & Psychophysics, 4*(1), 57–62.

Stratton, G. M. (1897). Vision without inversion of the retinal image. *Psychological Review, 4,* 341–360, 463–481.

工具的使用扩大身体图示

Maravita, A., & Iriki, A. (2004). Tools for the body (schema). *Trends in Cognitive Sciences, 8*(2), 79–86.

Martel, M., Cardinali, L., Roy, A. C., & Farnè, A. (2016). Tool-use: An open window into body representation and its plasticity. *Cognitive Neuropsychology, 33*(1–2), 82–101.

Quallo, M. M., Price, C. J., Ueno, K., Asamizuya, T., Cheng, K., Lemon, R. N., & Iriki, A. (2009). Gray and white matter changes associated with tool-use learning in macaque monkeys. *Proceedings of the National Academy of Sciences, 106*(43), 18379–18384.

以为橡胶手臂是自己的手臂

Beauchamp, M. S. (2005). See me, hear me, touch me: Multisensory integration in lateral occipital-temporal cortex. *Current Opinion in Neurobiology, 15*(2), 145–153.

Botvinick, M., & Cohen, J. (1998). Rubber hands "feel" touch that eyes see. *Nature, 391*(6669), 756.

Ehrsson, H. H., Wiech, K., Weiskopf, N., Dolan, R. J., & Passingham, R. E. (2007). Threatening a rubber hand that you feel is yours elicits a cortical anxiety response. *Proceedings of the National Academy of Sciences, 104*(23), 9828–9833.

婴儿对目标导向行为的理解

Falck-Ytter, T., Gredebäck, G., & von Hofsten, C. (2006). Infants predict other people's action goals. *Nature Neuroscience, 9*(7), 878–879.

Sommerville, J. A., & Woodward, A. L. (2005). Pulling out the intentional structure of action: The relation between action processing and action production in infancy. *Cognition, 95*(1), 1–30.

Sommerville, J. A., Woodward, A. L., & Needham, A. (2005). Action experience alters 3-month-old infants' perception of others' actions. *Cognition, 96*(1), B1–B11.

镜像神经元

Rizzolatti, G. (2005). The mirror neuron system and imitation. *Perspectives on Imitation: Mechanisms of Imitation and Imitation in Animals, 1,* 55.

Rizzolatti, G., Fadiga, L., Gallese, V., & Fogassi, L. (1996). Premotor cortex and the recognition of motor actions. *Cognitive Brain Research, 3*(2), 131–141.

运动共振

Fadiga, L., Craighero, L., & Olivier, E. (2005). Human motor cortex excitability during the perception of others' action. *Current Opinion in Neurobiology, 15*(2), 213–218.

Iacoboni, M. (2009). Imitation, empathy, and mirror neurons. *Annual Review of Psychology, 60,* 653–670.

Iacoboni, M. (2009). *Mirroring people: The science of empathy and how we connect with others.* New York, NY: Picador.

人类的镜像神经元

Mukamel, R., Ekstrom, A. D., Kaplan, J., Iacoboni, M., & Fried, I. (2010). Single-neuron responses in humans during execution and observation of actions. *Current Biology, 20,* 750–756.

儿童根据运动路径判断物体是否有生命

Gelman, R., Durgin, F., & Kaufman, L. (1996). Distinguishing between animates and inanimates: Not by motion alone. In D. Sperber, D. Premack, & A. J. Premack (Eds.), *Causal Cognition: A Multidisciplinary Debate* (pp. 150–184). Oxford, England: Clarendon Press.

专家的大脑对观察到的动作反应更活跃

Calvo-Merino, B., Glaser, D. E., Grezes, J., Passingham, R. E., & Haggard, P. (2005). Action observation and acquired motor skills: An fMRI study with expert dancers. *Cerebral Cortex, 15*(8), 1243–1249.

运动员比教练更善于预测罚球是否能投进

Aglioti, S. M., Cesari, P., Romani, M., & Urgesi, C. (2008). Action anticipation and motor resonance in elite basketball players. *Nature Neuroscience, 11*(9), 1109–1116.

Knoblich, G., Butterfill, S., & Sebanz, N. (2011). Psychological research on joint action: Theory and data. *Psychology of Learning and Motivation, 54,* 59–101.

根据移动关节上的光点理解动作

Johansson, G. (1973). Visual perception of biological motion and a model for its analysis. *Perception & Psychophysics, 14*(2), 201–211.

Kozlowski, L. T., & Cutting, J. E. (1977). Recognizing the sex of a walker from a dynamic point-light display. *Perception & Psychophysics, 21*(6), 575–580.

从看到的动作中识别自己比识别他人更容易

Loula, F., Prasad, S., Harber, K., & Shiffrar, M. (2005). Recognizing people from their movement. *Journal of Experimental Psychology: Human Perception and Performance, 31,* 210.

与他人的行为同步

Neda, Z., Ravasz, E., Brechte, Y., Vicsek, T., & Barabasi, A.-L. (2000). The sound of many hands clapping. *Nature, 403,* 849–850.

van Ulzen, N. R., Lamoth, C. J., Daffertshofer, A., Semin, G. R., & Beek, P. J. (2008). Characteristics of instructed and uninstructed interpersonal coordination while walking side-by-side. *Neuroscience Letters, 432*(2), 88–93.

不同物种的合作

Daura-Jorge, F. G., Cantor, M., Ingram, S. N., Lusseau, D., & Simões-Lopes, P. C. (2012). The structure of a bottlenose dolphin society is coupled to a unique foraging cooperation with artisanal fishermen. *Biology Letters,* rsbl20120174.

Hare, B., & Woods, V. (2013). *The genius of dogs*. London, England: One-world Publications.

Plotnik, J. M., Lair, R., Suphachoksahakun, W., & De Waal, F. B. (2011). Elephants know when they need a helping trunk in a cooperative task. *Proceedings of the National Academy of Sciences, 108*(12), 5116–5121.

Tomasello, M. (2009). *Why we cooperate*. Cambridge, MA: MIT Press.

Tomasello, M., & Vaish, A. (2013). Origins of human cooperation and morality. *Annual Review of Psychology, 64*, 231–255.

Visco-Comandini, F., Ferrari-Toniolo, S., Satta, E., Papazachariadis, O., Gupta, R., Nalbant, L. E., & Battaglia-Mayer, A. (2015). Do non-human primates cooperate? Evidences of motor coordination during a joint action task in macaque monkeys. *Cortex, 70*, 115–127.

协调联合行为

Knoblich, G., Butterfill, S., & Sebanz, N. (2011). Psychological research on joint action: Theory and data. *Psychology of Learning and Motivation, 54*, 59–101.

Knoblich, G., & Sebanz, N. (2008). Evolving intentions for social interaction: From entrainment to joint action. *Philosophical Transactions of the Royal Society of London B: Biological Sciences, 363*(1499), 2021–2031.

Sebanz, N., Bekkering, H., & Knoblich, G. (2006). Joint action: Bodies and minds moving together. *Trends in Cognitive Sciences, 10*(2), 70–76.

Sebanz, N., Knoblich, G., & Prinz, W. (2005). How two share a task: Corepresenting stimulus-response mappings. *Journal of Experimental Psychology: Human Perception and Performance, 31*(6), 1234.

Zacks, J. M., Tversky, B., & Iyer, G. (2001). Perceiving, remembering, and communicating structure in events. *Journal of Experimental Psychology: General, 130*(1), 29.

合作时的大脑

Frith, U., & Frith, C. (2010). The social brain: Allowing humans to boldly go where no other species has been. *Philosophical Transactions of the Royal Society B: Biological Sciences, 365*(1537), 165–176.

Hasson, U., Ghazanfar, A. A., Galantucci, B., Garrod, S., & Keysers, C. (2012). Brain-to-brain coupling: A mechanism for creating and sharing a social world. *Trends in Cognitive Sciences, 16*(2), 114–121.

Hommel, B. (2011). The Simon effect as tool and heuristic. *Acta Psychologica, 136*(2), 189–202.

Hommel, B., Colzato, L. S., & Van Den Wildenberg, W. P. (2009). How social are task representations? *Psychological Science, 20*(7), 794–798.

Sebanz, N., Knoblich, G., Prinz, W., & Wascher, E. (2006). Twin peaks: An ERP study of action planning and control in coacting individuals. *Journal of Cognitive Neuroscience,*

18(5), 859–870.

在交谈中合作以创造意义

Clark, H. H. (1996). *Using language*. Cambridge, England: Cambridge University Press.

模仿增加相似性

Chartrand, T. L., & Van Baaren, R. (2009). Human mimicry. *Advances in Experimental Social Psychology, 41*, 219–274.

Van Baaren, R., Janssen, L., Chartrand, T. L., & Dijksterhuis, A. (2009). Where is the love? The social aspects of mimicry. *Philosophical Transactions of the Royal Society of London B: Biological Sciences, 364*(1528), 2381–2389.

第 2 章　身体周围的空间：人、地点、事物

对人、地点、事物的快速判断

Biederman, I. (1972). Perceiving real-world scenes. *Science, 177, 77*–80.

Fei-Fei, L., Iyer, A., Koch, C., & Perona, P. (2007). What do we perceive in a glance of a real-world scene? *Journal of Vision, 7*(1), 10–10.

Greene, M. R., & Fei-Fei, L. (2014). Visual categorization is automatic and obligatory: Evidence from Stroop-like paradigm. *Journal of Vision, 14*(1), 14–14.

Greene, M. R., & Oliva, A. (2009). The briefest of glances: The time course of natural scene understanding. *Psychological Science, 20*, 464–472. doi:10.1111/j.1467-9280.2009.02316.x

Hafri, A., Papafragou, A., & Trueswell, J. C. (2013). Getting the gist of events: Recognition of two-participant actions from brief displays. *Journal of Experimental Psychology: General, 142*(3), 880.

Kahneman, D. (2011). *Thinking fast and slow*. New York, NY: Farrar, Straus and Giroux.

Kraus, M. W., Park, J. W., & Tan, J. J. (2017). Signs of social class: The experience of economic inequality in everyday life. *Perspectives on Psychological Science, 12*(3), 422–435.

Potter, M. C., & Levy, E. I. (1969). Recognition memory for a rapid sequence of pictures. *Journal of Experimental Psychology, 81*, 10–15.

失明者恢复视力后的问题

Sinha, P. (2013). Once blind and now they see. *Scientific American, 309*(1), 48–55.

Von Senden, M. (1960). *Space and sight: The perception of space and shape in the congenitally blind before and after operation.* London, England: Metheun.

大脑有专门辨别人、地点、事物的区域

Downing, P. E., Jiang, Y., Shuman, M., & Kanwisher, N. (2001). A cortical area selective for visual processing of the human body. *Science, 293*(5539), 2470–2473.

Grill-Spector, K., & Weiner, K. S. (2014). The functional architecture of the ventral temporal cortex and its role in categorization. *Nature Reviews Neuroscience, 15*(8), 536–548.

Kanwisher, N. (2010). Functional specificity in the human brain: A window into the functional architecture of the mind. *Proceedings of the National Academy of Sciences, 107*(25), 11163–11170.

Weiner, K. S., & Grill-Spector, K. (2013). Neural representations of faces and limbs neighbor in human high-level visual cortex: Evidence for a new organization principle. *Psychological Research, 77*(1), 74–97.

对日期的超凡记忆

LePort, A. K., Mattfeld, A. T., Dickinson-Anson, H., Fallon, J. H., Stark, C. E., Kruggel, F., McGaugh, J. L. (2012). Behavioral and neuroanatomical investigation of highly superior autobiographical memory (HSAM). *Neurobiology of Learning and Memory, 98*(1), 78–92.

事物的分类

Borges, J. L. (1966). *Other inquisitions 1937–1952*. New York, NY: Washington Square Press.

Brown, R. (1958). How shall a thing be called? *Psychological Review, 65*(1), 14.

Rosch, E. (1978). Principles of categorization. In E. Rosch & B. B. Lloyd (Eds.), *Cognition and categorization* (pp. 27–48). Hillsdale, NJ: Erlbaum. [I took the lovely Borges quote from Eleanor Rosch's influential paper summarizing her work on categorization.]

幼儿学习单词的速度很快

Miller, G. A., & Gildea, P. M. (1987). How children learn words. *Scientific American, 257*(3), 94–99. http://dx.doi.org/10.1038/scientificamerican0987

基本层级

Brown, R. (1958). How shall a thing be called? *Psychological Review, 65*(1), 14.

Markman, E. M. (1989). *Categorization and naming in children: Problems of induction*. Cambridge, MA: MIT Press.

Rosch, E. (1978). Principles of categorization. In E. Rosch & B. Lloyd (Eds.), *Cognition and categorization* (pp. 27–48). Hillsdale, NJ: Erlbaum.

部分连接起基本层级

Brown, R. (1958). How shall a thing be called? *Psychological Review, 65*(1), 14.

Rosch, E. (1978). Principles of categorization. In E. Rosch & B. Lloyd (Eds.), *Cognition and categorization* (pp. 27–48). Hillsdale, NJ: Erlbaum.

Tversky, B., & Hemenway, K. (1984). Objects, parts, and categories. *Journal of Experimental Psychology: General, 113*(2), 169.

面部的独特性

Diamond, R., & Carey, S. (1986). Why faces are and are not special: An effect of expertise. *Journal of Experimental Psychology: General, 115*(2), 107.

Liu, J., Harris, A., & Kanwisher, N. (2010). Perception of face parts and face configurations: An fMRI study. *Journal of Cognitive Neuroscience, 22*(1), 203–211.

Tanaka, J. W., & Farah, M. J. (2003). The holistic representation of faces. In M. A. Peterson & G. Rhodes (Eds.), *Perception of faces, objects, and scenes: Analytic and holistic processes* (pp. 53–74). Oxford, England: Oxford University Press.

面部识别能力

Wilmer, J. B. (2017). Individual differences in face recognition: A decade of discovery. *Current Directions in Psychological Science, 26,* 225–230. Summarized in Einstein, G., & May, C. (2018). Variations in face recognition ability: Stable, specific, and substantial. *APS Observer, 31,* 38–39.

面孔失认症

Calder, A. J., & Young, A. W. (2005). Understanding the recognition of facial identity and facial expression. *Nature Reviews Neuroscience, 6*(8), 641–651.

Duchaine, B. C., Parker, H., & Nakayama, K. (2003). Normal recognition of emotion in a prosopagnosic. *Perception, 32*(7), 827–838.

Rosenthal, G., Tanzer, M., Simony, E., Hasson, U., Behrmann, M., & Avidan, G. (2017). Altered topology of neural circuits in congenital prosopagnosia. *bioRxiv,* 100479.

Sacks, O. (2009). *The man who mistook his wife for a hat*. London, England: Picador.

情绪与合作

Harari, Y. N. (2014). *Sapiens: A brief history of humankind*. New York, NY: Random House.

感觉先行

Frijda, N. H. (2000). The psychologists' point of view. In M. Lewis, J. M. Haviland-Jones, & L. F. Barrett (Eds.), *Handbook of emotions* (pp. 59–74). New York, NY: Guilford Press.

Frischen, A., Eastwood, J. D., & Smilek, D. (2008). Visual search for faces with emotional expressions. *Psychological Bulletin, 134*(5), 662–676.

Roberts, N. A., Levenson, R. W., & Gross, J. J. (2008). Cardiovascular costs of emotion suppression cross ethnic lines. *International Journal of Psychophysiology, 70*(1), 82–87.

Zajonc, R. B. (1984). On the primacy of affect. *American Psychologist, 39*(2), 117–123.

共情

Chartrand, T. L., & Bargh, J. A. (1999). The chameleon effect: The perception– behavior link and social interaction. *Journal of Personality and Social Psychology, 76*(6), 893.

Hatfield, E., & Rapson, R. L. (2010). Emotional contagion. In I. B. Weiner & W. E. Craighead (Eds.), *Encyclopedia of psychology*, 4th ed. Hoboken, NJ: Wiley.

Madsen, E. A., & Persson, T. (2013). Contagious yawning in domestic dog puppies (*Canis lupus familiaris*): The effect of ontogeny and emotional closeness on low-level imitation in dogs. *Animal Cognition, 16*(2), 233–240.

Romero, T., Konno, A., & Hasegawa, T. (2013). Familiarity bias and physiological responses in contagious yawning by dogs support link to empathy. *PLoS One, 8*(8), e71365.

Saxe, R., & Kanwisher, N. (2003). People thinking about thinking people: The role of the temporoparietal junction in "theory of mind." *Neuroimage, 19*(4), 1835–1842.

Waters, S. F., West, T. V., & Mendes, W. B. (2014). Stress contagion: Physiological covariation between mothers and infants. *Psychological Science, 25*(4), 934–942.

Yong, M. H., & Ruffman, T. (2014). Emotional contagion: Dogs and humans show a similar physiological response to human infant crying. *Behavioural Processes, 108*, 155–165.

从面部辨别情绪

Ekman, P., & Friesen, W. V. (2003). *Unmasking the face: A guide to recognizing emotions from facial clues*. Los Altos, CA: Malor Books.

Oatley, K., Keltner, D., & Jenkins, J. M. (2006). *Understanding emotions*. Malden, MA: Blackwell.

Tracy, J. L., & Robins, R. W. (2008). The automaticity of emotion recognition. *Emotion, 8*(1), 81.

情绪与情绪识别的微妙变化

Barrett, L. F. (2006). Are emotions natural kinds? *Perspectives on Psychological Science, 1*(1), 28–58.

de Gelder, B., Meeren, H. K., Righart, R., Van den Stock, J., van de Riet, W. A., & Tamietto, M. (2006). Beyond the face: Exploring rapid influences of context on face processing. *Progress in Brain Research, 155*, 37–48.

Lewis, M., Haviland-Jones, J. M., & Barrett, L. F. (Eds.). (2010). *Handbook of emotions*. New York, NY: Guilford Press.

Russell, J. A. (1994). Is there universal recognition of emotion from facial expressions? A review of the cross-cultural studies. *Psychological bulletin, 115*(1), 102.

Russell, J. A., & Barrett, L. F. (1999). Core affect, prototypical emotional episodes, and other things called emotion: Dissecting the elephant. *Journal of Personality and Social Psychology, 76*(5), 805.

味道识别的微妙差异

How does our sense of taste work? (2016, August 17).

颜色、基本色彩和蜡笔

Berlin, B., & Kay, P. (1991). *Basic color terms: Their universality and evolution*. Berkeley: University of California Press.

Brown, R. W., & Lenneberg, E. H. (1954). A study in language and cognition. *Journal of Abnormal and Social Psychology, 49*, 454–462.

Crayola. (n.d.). Explore colors. Retrieved from http://www.crayola.com/explore-colors/

Rosch, E. H. (1973). Natural categories. *Cognitive psychology, 4*, 328–350.

情绪评估取决于语境和文化背景

Adolphs, R. (2002). Recognizing emotion from facial expressions: Psychological and neurological mechanisms. *Behavioral and Cognitive Neuroscience Reviews, 1*, 21–62.

Barrett, L. F. (2017). *How emotions are made: The secret life of the brain*. New York, NY: Houghton Mifflin Harcourt.

Barrett, L. F., Mesquita, B., & Gendron, M. (2011). Context in emotion perception. *Current Directions in Psychological Science, 20*, 286–290.

Mauss, I. B., Levenson, R. W., McCarter, L., Wilhelm, F. H., & Gross, J. J. (2005). The tie that binds? Coherence among emotion, experience, behavior, and physiology. *Emotion, 5*, 175–190.

Niedenthal, P. M. (2007). Embodying emotion. *Science, 316*(5827), 1002–1005.

库里肖夫效应

Baranowski, A. M., & Hecht, H. (2016). The auditory Kuleshov effect: Multisensory integration in movie editing. *Perception*, 0301006616682754.

Barratt, D., Rédei, A. C., Innes-Ker, Å., & Van de Weijer, J. (2016). Does the Kuleshov effect really exist? Revisiting a classic film experiment on facial expressions and emotional contexts. *Perception, 45*(8), 847–874.

Calbi, M., Heimann, K. Barratt, D. Siri, F., Umiltà Maria A., & Gallese, V. (2017). How context influences our perception of emotional faces: A behavioral study on the Kuleshov effect. *Frontiers in Psychology, 8,* 1684.

Mobbs, D., Weiskopf, N., Lau, H. C., Featherstone, E., Dolan, R. J., & Frith, C. D. (2006). The Kuleshov effect: The influence of contextual framing on emotional attributions. *Social Cognitive and Affective Neuroscience, 1*(2), 95–106.

眼睛中的心灵

Baron-Cohen, S., Wheelwright, S., Hill, J., Raste, Y., & Plumb, I. (2001). The "Reading the Mind in the Eyes" test revised version: A study with normal adults, and adults with Asperger syndrome or high-functioning autism. *Journal of Child Psychology and Psychiatry, 42*(2), 241–251.

Michaels, T. M., Horan, W. P., Ginger, E. J., Martinovich, Z., Pinkham, A. E., & Smith, M. J. (2014). Cognitive empathy contributes to poor social functioning in schizophrenia: Evidence from a new self-report measure of cognitive and affective empathy. *Psychiatry Research, 220,* 803–810.

New York Times. (2013, October 3). Can you read people's emotions [blog post].

Warrier, V., Grasby, K. L., Uzefovsky, F., Toro, R., Smith, P., Chakrabarti, B., . . . Baron-Cohen, S. (2018). Genome-wide meta-analysis of cognitive empathy: Heritability, and correlates with sex, neuropsychiatric conditions and cognition. *Molecular Psychiatry, 23*(6), 1402–1409. doi:10.1038/mp.2017.122

解读表情时，眼睛表情的重要性大于嘴部表情

Lee, D. H., & Anderson, A. K. (2017). Reading what the mind thinks from what the eye sees. *Psychological Science, 28*(4) 494–503. doi:10.1177/0956797616687364

通过面部快速判断能力，可以预测选举结果

Ballew, C. C., & Todorov, A. (2007). Predicting political elections from rapid and unreflective face judgments. *Proceedings of the National Academy of Sciences, 104*(46), 17948–17953.

Olivola, C. Y., & Todorov, A. (2010). Elected in 100 milliseconds: Appear-ance-based trait inferences and voting. *Journal of Nonverbal Behavior, 34*(2), 83–110.

Todorov, A. (2017). *Face value.* Princeton, NJ: Princeton University Press.

Todorov, A., Olivola, C. Y., Dotsch, R., & Mende-Siedlecki, P. (2015). Social attributions from faces: Determinants, consequences, accuracy, and functional significance. *Annual Review of Psychology, 66,* 519–545.

Todorov, A., Said, C. P., Engell, A. D., & Oosterhof, N. N. (2008). Understanding evaluation of faces on social dimensions. *Trends in Cognitive Sciences, 12*(12), 455–460.

从身体推测情绪

Aviezer, H., Bentin, S., Dudarev, V. & Hassin, R. R. (2011). The automaticity of emotional face-context integration. *Emotion, 11,* 1406–1414.

Aviezer, H., Trope, Y. & Todorov, A. (2012). Body cues, not facial expressions, discriminate between intense positive and negative emotions. *Science, 338,* 1225–1229.

Aviezer, H., Trope, Y., & Todorov, A. (2012). Holistic person processing: Faces with bodies tell the whole story. *Journal of Personality and Social Psychology, 103*(1), 20.

Coulson, M. (2004). Attributing emotion to static body postures: Recognition accuracy, confusions, and viewpoint dependence. *Journal of Nonverbal Be-havior, 28*(2), 117–139.

De Gelder, B. (2009). Why bodies? Twelve reasons for including bodily expressions in affective neuroscience. *Philosophical Transactions of the Royal Society of London B: Biological Sciences, 364*(1535), 3475–3484.

从身体辨别行为

Downing, P. E., Jiang, Y., Shuman, M., & Kanwisher, N. (2001). A cortical area selective for visual processing of the human body. *Science, 293*(5539), 2470–2473.

Kourtzi, Z., & Kanwisher, N. (2000). Activation in human MT/MST by static images with implied motion. *Journal of Cognitive Neuroscience, 12*(1), 48–55.

Liu, J., Harris, A., & Kanwisher, N. (2010). Perception of face parts and face configurations: An fMRI study. *Journal of Cognitive Neuroscience, 22*(1), 203–211.

Schwarzlose, R. F., Baker, C. I., & Kanwisher, N. (2005). Separate face and body selectivity on the fusiform gyrus. *Journal of Neuroscience, 25*(47), 11055–11059.

从注视（方向）辨别意图

Sartori, L., Becchio, C., & Castiello, U. (2011). Cues to intention: The role of movement information. *Cognition, 119*(2), 242–252.

从注视（方向）理解事件

Hard, B. M., Recchia, G., & Tversky, B. (2011). The shape of action. *Journal of Experimental Psychology: General, 140*(4), 586.

Mennie, N., Hayhoe, M., & Sullivan, B. (2007). Look-ahead fixations: Anticipatory eye movements in natural tasks. *Experimental Brain Research, 179,* 427–442. doi:10.1007/s00221-006-0804-0

Pierno, A. C., Becchio, C., Wall, M. B., Smith, A. T., Turella, L., & Castiello, U. (2006). When gaze turns into grasp. *Journal of Cognitive Neuroscience, 18,* 2130–2137. doi:10.1162/jocn.2006.18.12.2130

Sebanz, N., & Frith, C. (2004). Beyond simulation? Neural mechanisms for predicting the actions of others. *Nature Neuroscience, 7*(1), 5–6.

婴儿也了解意图

Brooks, R., & Meltzoff, A. N. (2005). The development of gaze following and its relation to language. *Developmental Science, 8*(6), 535–543.

D'Entremont, B., Hains, S. M. J., & Muir, D. W. (1997). A demonstration of gaze following in 3-to 6-month-olds. *Infant Behavior and Development, 20*(4), 569–572.

Sommerville, J. A., & Woodward, A. L. (2005). Pulling out the intentional structure of action: The relation between action processing and action pro-duction in infancy. *Cognition, 95*(1), 1–30.

Sommerville, J. A., Woodward, A. L., & Needham, A. (2005). Action experi-ence alters 3-month-old infants' perception of others' actions. *Cognition, 96*(1), B1–B11.

大脑处理场景的区域

Epstein, R. A. (2008). Parahippocampal and retrosplenial contributions to human spatial navigation. *Trends in Cognitive Sciences, 12*(10), 388–396.

Epstein, R., & Kanwisher, N. (1998). A cortical representation of the local visual environment. *Nature, 392*(6676), 598–601.

场景的分类

Tversky, B., & Hemenway, K. (1983). Categories of environmental scenes. *Cognitive Psychology, 15*(1), 121–149.

人类的场景识别能力极佳

Biederman, I. (1972). Perceiving real-world scenes. *Science, 177,* 77–80.

Epstein, R. A., & Higgins, J. S. (2007). Differential parahippocampal and retrosplenial involvement in three types of visual scene recognition. *Cerebral Cortex, 17,* 1680–1693.

Greene, M. R., & Fei-Fei, L. (2014). Visual categorization is automatic and obligatory: Evidence from Stroop-like paradigm. *Journal of Vision, 14*(1), 14.

Madigan, S. (2014). Picture memory. In J. C. Yuille (Ed.), *Imagery, memory and cognition* (pp. 65–89). New York, NY: Psychology Press.

Potter, M. C., & Levy, E. I. (1969). Recognition memory for a rapid sequence of pictures. *Journal of Experimental Psychology, 81,* 10–15.

Shepard, R. N. (1967). Recognition memory for words, sentences, and pictures. *Journal of Verbal Learning and Verbal Behavior, 6*(1), 156–163.

Standing, L. (1973). Learning 10 000 pictures. *Quarterly Journal of Experimental Psychology, 25*(2), 207–222.

Walther, D. B., Chai, B., Caddigan, E., Beck, D. M., & Fei-Fei, L. (2011). Simple line drawings suffice for functional MRI decoding of natural scene categories. *Proceedings of the National Academy of Sciences, 108*(23), 9661–9666.

Zhou, B., Lapedriza, A., Xiao, J., Torralba, A., & Oliva, A. (2014). Learning deep features for scene recognition using places database. *Advances in Neural Information Processing Systems, 27,* 487–495.

变化盲

Simons, D. J., & Rensink, R. A. (2005). Change blindness: Past, present and future. *Trends in Cognitive Science, 9,* 16–20.

分类与特征

Malt, B. C., & Smith, E. E. (1984). Correlated properties in natural categories. *Journal of Memory and Language, 23*(2), 250.

Tversky, A. (1977). Features of similarity. *Psychological Review, 84*(4), 327.

生物进化

Pagel, M. (1999). Inferring the historical patterns of biological evolution. *Nature, 401*(6756), 877.

纠正对世界的误解

Rosling, H., Rönnlund, A. R., & Rosling, O. (2018). *Factfulness: Ten reasons we're wrong about the world—and why things are better than you think*. New York, NY: Flatiron Books.

场景、行为和事件

Hannigan, S. L., & Tippens Reinitz, M. (2001). A demonstration and comparison of two types of inference-based memory errors. *Journal of Experimental Psychology: Learning, Memory, and Cognition, 27*(4), 931.

Intraub, H. (1997). The representation of visual scenes. *Trends in Cognitive Sciences, 1*(6), 217–222.

Lampinen, J. M., Copeland, S. M., & Neuschatz, J. S. (2001). Recollections of things schematic: Room schemas revisited. *Journal of Experimental Psychology: Learning, Memory, and Cognition, 27*(5), 1211.

Owens, J., Bower, G. H., & Black, J. B. (1979). The "soap opera" effect in story recall. *Memory & Cognition, 7*(3), 185–191.

Tversky, B., & Marsh, E. J. (2000). Biased retellings of events yield biased memories. *Cognitive Psychology, 40*(1), 1–38.

假设凌驾于感知之上

Bruner, J. S., & Potter, M. C. (1964). Interference in visual recognition. *Science, 144*(3617), 424–425.

感知偏差

Hastorf, A. H., & Cantril, H. (1954). They saw a game; a case study. *Journal of Abnormal and Social Psychology, 49*(1), 129.

确认偏差

Ross, L. (1977). The intuitive psychologist and his shortcomings: Distortions in the attribution process. *Advances in Experimental Social Psychology, 10*, 173–220.

Nisbett, R. E., & Ross, L. (1980). *Human inference: Strategies and shortcomings of social judgement.* Englewood Cliffs, NJ: Prentice Hall.

Wason, P. C, & Johnson-Laird, P. N. (1972). *Psychology of reasoning: Structure and content*. Cambridge, MA: Harvard University Press.

确认偏差引文出处

Nickerson, R. S. (1998). Confirmation bias: A ubiquitous phenomenon in many guises. *Review of General Psychology, 2*(2), 211.

感知的真实即所有思维之真实

Kahneman, D., & Tversky, A. (1996). On the reality of cognitive illusions. *Psychological Review, 103,* 582–591. http://dx.doi.org/10.1037/0033-295X.103.3.582

费曼论视觉思考

Feynman, R. (1988). "*What do you care what other people think?*" *: Further adventures of a curious character.* New York, NY: W. W. Norton.

第 3 章　我们周围的空间：这里、此刻、那里、那时

空间框架

Franklin, N., & Tversky, B. (1990). Searching imagined environments. *Journal of Experimental Psychology: General, 119*(1), 63.

想象别人的视角

Bryant, D. J., & Tversky, B. (1999). Mental representations of perspective and spatial relations from diagrams and models. *Journal of Experimental Psychology: Learning, Memory, and Cognition, 25*(1), 137.

Bryant, D. J., Tversky, B., & Franklin, N. (1992). Internal and external spatial frameworks for representing described scenes. *Journal of Memory and Lan-guage, 31*(1), 74–98.

Franklin, N., Tversky, B., & Coon, V. (1992). Switching points of view in spatial mental models. *Memory & Cognition, 20*(5), 507–518.

Tversky, B. (1991). Spatial mental models. *Psychology of Learning and Motivation, 27*, 109–145.

Tversky, B., Kim, J., & Cohen, A. (1999). Mental models of spatial relations and transformations from language. *Advances in Psychology, 128*, 239–258.

记忆取代观察

Bryant, D. J., Tversky, B., & Lanca, M. (2001). Retrieving spatial relations from observation and memory. In E. van der Zee & U. Nikanne (Eds.), *Conceptual structure and its interfaces with other modules of representation* (pp. 116–139). Oxford, England: Oxford University Press.

有时采用他人视角比采用自己的视角容易

Cavallo, A., Ansuini, C., Capozzi, F., Tversky, B., & Becchio, C. (2017). When far becomes near: Perspective taking induces social remapping of spatial relations. *Psychological Science, 28*(1), 69–79. doi:10.1177/0956797616672464

Tversky, B., & Hard, B. M. (2009). Embodied and disembodied cognition: Spatial perspective-taking. *Cognition, 110*(1), 124–129.

（目前已知）最古老的地图

Clarke, K. C. (2013). What is the world's oldest map? *Cartographic Journal, 50*(2), 136–143.

Utrilla, P., Mazo, C., Sopena, M. C., Martínez-Bea, M., & Domingo, R. (2009). A paleolithic map from 13,660 calBP: engraved stone blocks from the Late Magdalenian in Abauntz Cave (Navarra, Spain). *Journal of Human Evolu-tion, 57*(2), 99–111.

位置细胞与网格细胞

Fyhn, M., Molden, S., Witter, M. P., Moser, E. I., & Moser, M. B. (2004). Spatial representation in the entorhinal cortex. *Science, 305,* 1258–1264.

Moser, E. I., Kropff, E., & Moser, M. B. (2008). Place cells, grid cells, and the brain's spatial representation system. *Annual Review of Neuroscience, 31*.

O'Keefe, J. (1976). Place units in the hippocampus of the freely moving rat. *Experimental Neurology, 51,* 78–109.

O'Keefe, J., & Nadel, L. (1978). *The hippocampus as a cognitive map*. Oxford, England: Clarendon Press.

非自我中心的空间表征（从婴儿期就有）

Burgess, N. (2006). Spatial memory: How egocentric and allocentric combine. *Trends in Cognitive Science, 10*(12), 551–557.

Doeller, C. F., Barry, C., & Burgess, N. (2010). Evidence for grid cells in a human memory network. *Nature, 463*(7281), 657–661.

Ekstrom A., Kahana M. J., Caplan, J. B., Fields, T. A., Isham, E. A., Newman, E. L., & Fried, I. (2003). Cellular networks underlying human spatial navigation. *Nature, 425,* 184–188.

Jacobs, J., Weidemann, C. T., Miller, J. F., Solway, A., Burke, J. F., Wei, X. X., Suthana, N.,... Kahan, M. J. (2013). Direct recordings of grid-like neuronal activity in human spatial navigation. *Nature Neuroscience, 16,* 1188–1190.

Kaufman, J., & Needham, A. (1999). Objective spatial coding by 6.5-month-old infants in a visual dishabituation task. *Developmental Science, 2*(4), 432–441.

用于导航的神经基础

Epstein, R. A., Patai, E. Z., Julian, J. B., & Spiers, H. J. (2017). The cognitive map in humans: Spatial navigation and beyond. *Nature Neuroscience, 20*(11), 1504.

Marchette, S. A., Ryan, J., & Epstein, R. A. (2017). Schematic representations of local environmental space guide goal-directed navigation. *Cognition, 158*, 68–80.

伦敦出租车司机的测试

Knowledge Taxi. (n.d.). London knowledge.

伦敦山租车司机的海马变大

Maguire, E. A., Gadian, D. G., Johnsrude, I. S., Good, C. D., Ashburner, J., Frackowiak, R. S., & Frith, C. D. (2000). Navigation-related structural change in the hippocampi of taxi drivers. *Proceedings of the National Academy of Sciences*, 97(8), 4398–4403.

神经再利用

Anderson, M. L. (2010). Neural reuse: A fundamental organizational principle of the brain. *Behavioral and Brain Sciences*, 33(4), 245–266.

海马的情景记忆

Eichenbaum, H., & Cohen, N. J. (2014). Can we reconcile the declarative memory and spatial navigation views on hippocampal function? *Neuron, 83*(4), 764–770.

Poppenk, J., Evensmoen, H. R., Moscovitch, M., & Nadel, L. (2013). Long-axis specialization of the human hippocampus. *Trends in Cognitive Sciences, 17*(5), 230–240.

患者 H.M.

Corkin, S. (2002). What's new with the amnesic patient HM? *Nature Reviews Neuroscience, 3*(2), 153.

Milner, B., Corkin, S., & Teuber, H. L. (1968). Further analysis of the hippocampal amnesic syndrome: 14-year follow-up study of HM. *Neuropsycho-logia, 6*(3), 215–234.

Scoville, W. B., & Milner, B. (1957). Loss of recent memory after bilateral hippocampal lesions. *Journal of Neurology, Neurosurgery, and Psychiatry, 20*(1), 11.

海马规划未来事件

Addis, D. R., & Schacter, D. (2012). The hippocampus and imagining the future: Where do we stand? *Frontiers in Human Neuroscience, 5*, 173.

Bellmund, J. L., Deuker, L., Schröder, T. N., & Doeller, C. F. (2016). Grid-cell representations in mental simulation. *Elife, 5,* e17089.

Benoit, R. G., & Schacter, D. L. (2015). Specifying the core network supporting episodic simulation and episodic memory by activation likelihood estimation. *Neuropsychologia, 75*, 450–457.

Hassabis, D., Kumaran, D., & Maguire, E. A. (2007). Using imagination to understand the neural basis of episodic memory. *Journal of Neuroscience, 27*(52), 14365–14374.

Hassabis, D., & Maguire, E. A. (2007). Deconstructing episodic memory with construction. *Trends in Cognitive Sciences, 11*(7), 299–306.

Mullally, S. L., & Maguire, E. A. (2014). Memory, imagination, and predicting the future: A common brain mechanism? *Neuroscientist, 20*(3), 220–234.

Schacter, D. L. (2012). Adaptive constructive processes and the future of memory. *American Psychologist, 67*(8), 603.

Schacter, D. L., Benoit, R. G., & Szpunar, K. K. (2017). Episodic future thinking: Mechanisms and functions. *Current Opinion in Behavioral Sciences, 17*, 41–50.

网格细胞映射空间、时间和抽象关系

> 谨在此向这些年来帮助我了解海马－内嗅皮质的角色，以及做出这些推断的专家友人致谢，尤其是林恩·纳德尔、莫里斯·莫斯科维奇、丹·沙克特和安东尼·瓦格纳。最近几年，约翰·奥基夫、拉塞尔·爱泼斯坦（Russel Esptein）、兰迪·加利斯特、埃莉诺·马圭尔（Eleanor Maguire）的研究也使我受惠良多。当然，我对自己过度简化的推断负全责，我也希望这些推断不会令他们感到难堪。

Collin, S. H., Milivojevic, B., & Doeller, C. F. (2017). Hippocampal hierarchical networks for space, time, and memory. *Current Opinion in Behavioral Sciences, 17*, 71–76.

Constantinescu, A. O., O'Reilly, J. X., & Behrens, T. E. (2016). Organizing conceptual knowledge in humans with a gridlike code. *Science, 352*(6292), 1464–1468.

Deuker, L., Bellmund, J. L., Schröder, T. N., & Doeller, C. F. (2016). An event map of memory space in the hippocampus. *Elife, 5,* e16534.

Epstein, R. A., Patai, E. Z., Julian, J. B., & Spiers, H. J. (2017). The cognitive map in humans: Spatial navigation and beyond. *Nature Neuroscience, 20*(11), 1504.

Garvert, M. M., Dolan, R. J., & Behrens, T. E. (2017). A map of abstract relational knowledge in the human hippocampal-entorhinal cortex. *Elife, 6,* e17086.

Howard, M. W., & Eichenbaum, H. (2015). Time and space in the hippocampus. *Brain Research, 1621,* 345–354.

Stachenfeld, K. L., Botvinick, M. M., & Gershman, S. J. (2017). The hippocampus as a predictive map. *Nature Neuroscience, 20*(11), 1643.

Tavares, R. M., Mendelsohn, A., Grossman, Y., Williams, C. H., Shapiro, M., Trope, Y., & Schiller, D. (2015). A map for social navigation in the human brain. *Neuron, 87*(1), 231–243.

抽象思考中的空间图示

Gattis, M. (Ed.). (2003). *Spatial schemas and abstract thought*. Cambridge, MA: MIT Press.

Schubert, T. W., & Maass, A. (Eds.). (2011). *Spatial dimensions of social thought*. Berlin, Germany: Walter de Gruyter.

认知地图中的系统性扭曲

Byrne, R. W. (1979). Memory for urban geography. *Quarterly Journal of Experimental Psychology, 31,* 147–154.

Hirtle, S. C., & Jonides, J. (1985). Evidence of hierarchies in cognitive maps. *Memory & Cognition, 13*(3), 208–217.

Hirtle, S. C., & Mascolo, M. F. (1986). The effect of semantic clustering on the memory of spatial locations. *Journal of Experimental Psychology: Learning, Memory and Cognition, 12,* 181–189.

Holyoak, K. J., & Mah, W. A. (1982). Cognitive reference points in judgments of symbolic magnitude. *Cognitive Psychology, 14*(3), 328–352.

Maki, R. H. (1981). Categorization and distance effects with spatial linear orders. *Journal of Experimental Psychology: Human Learning and Memory, 7,* 15–32.

McNamara, T. P., & Diwadkar, V. A. (1997). Symmetry and asymmetry of human spatial memory. *Cognitive Psychology, 34*(2), 160–190.

Milgram, S. (1976). Psychological maps of Paris. In H. M. Proshansky, W. Ittelson, & L. Rivlin (Eds.), *Environmental psychology: People and their physical settings* (pp. 104–124). New York, NY: Holt, Rinehart & Winston.

Portugali, Y. (1993). *Implicate relations: Society and space in the Israeli-Palestinian conflict.* The Netherlands: Kluwer.

Sadalla, E. K., Burroughs, W. J., & Staplin, L.J. (1980). Reference points in spatial cognition. *Journal of Experimental Psychology: Human Learning and Memory, 6*(5), 516.

Stevens, A., & Coupe, P. (1978). Distortions in judged spatial relations. *Cognitive Psychology, 10*(4), 422–437.

Tversky, B. (1981). Distortions in memory for maps. *Cognitive Psychology, 13*(3), 407–433.

Tversky, B. (1993). Cognitive maps, cognitive collages, and spatial mental models. In A. U. Frank & I. Compari (Eds.), *Conference on spatial information theory* (pp. 14–24). Berlin, Germany: Springer.

Tversky, B. (2000). Levels and structure of spatial knowledge. In R. Kitchin & S. Freundschuh (Eds.), *Cognitive mapping: Past, present and future* (pp. 24–43). New York, NY: Psychology Press.

Tversky, B. (2005). Functional significance of visuospatial representations. In P. Shah & A. Miyake (Eds.), *Cambridge Handbook of visuospatial thinking* (pp. 1–34). New York, NY: Cambridge University Press.

Tversky, B. (2018). Spatial biases in thought and judgment. In T. Hubbard (Ed.), *Spatial biases in perception and cognition.* Cambridge, England: Cambridge University Press.

Wilton, R. N. (1979). Knowledge of spatial relations: The specification of information used in making inferences. *Quarterly Journal of Experimental Psychology, 31,* 133–146.

整体式结构

Miller, G. A., & Johnson-Laird, P. N. (1976). *Language and perception.* Cambridge, MA: Belknap Press.

Tversky, B., & Hemenway, K. (1984). Objects, parts, and categories. *Journal of Experimental Psychology: General, 113*(2), 169.

社会维度思考中的类似扭曲

Jones, E. E., Wood, G. C., & Quattrone, G. A. (1981). Perceived variability of personal characteristics in in-groups and out-groups: The role of knowledge and evaluation. *Personality and Social Psychology Bulletin, 7*(3), 523–528.

Park, B., & Rothbart, M. (1982). Perception of out-group homogeneity and levels of social categorization: Memory for the subordinate attributes of in-group and out-group members. *Journal of Personality and Social Psychology, 42*(6), 1051.

Quattrone, G. A. (1986). On the perception of a group's variability. In S. Worchel & W. Austin (Eds.), *The psychology of intergroup relations* (pp. 25–48). New York, NY: Nelson-Hall.

Rosch, E., Mervis, C. B., Gray, W. D., Johnson, D. M., & Boyes-Braem, P. (1978). Basic objects in natural categories. *Cognitive Psychology, 8,* 382–439.

Trope, Y., & Liberman, N. (2010). Construal-level theory of psychological distance. *Psychological Review, 117,* 440–463.

不对称的相似性

Rosch, E. (1975). Cognitive reference points. *Cognitive Psychology, 7*(4), 532–547.

Tversky, A. (1977). Features of similarity. *Psychological Review, 84*(4), 327.

认知地图

Baird, J. C. (1979). Studies of the cognitive representation of spatial relations: I. Overview. *Journal of Experimental Psychology: General, 108,* 90–91.

Landau, B., Spelke, E., & Gleitman, H. (1984). Spatial knowledge in a young blind child. *Cognition, 16,* 225–260.

Tolman, E. C. (1948). Cognitive maps in rats and men. *Psychological Review, 55,* 189–208.

世界可以解决模棱两可的问题

Tversky, B. (2002). Navigating by mind and by body. In C. Freksa, W. Brauer, C. Habel, & K. F. Wender (Eds.), *Spatial cognition III* [Lecture Notes in Computer Science] (Vol. 2685). Berlin, Germany: Springer. https://doi.org/10.1007/3-540-45004-1_1

第 4 章　思维转换，获得空间能力

物体的心理旋转

Shepard, R. N., & Cooper, L. A. (1986). *Mental images and their transformations.* Cambridge, MA: MIT Press.

Shepard, R. N., & Metzler, J. (1971). Mental rotation of three-dimensional objects. *Science, 171,* 701–703.

部分心理旋转

Just, M. A., & Carpenter, P. A. (1985). Cognitive coordinate systems: Accounts of mental rotation and individual differences in spatial ability. *Psychological Review, 92*(2), 137.

心理旋转空间能力测试

Vandenberg, S. G., & Kuse, A. R. (1978). Mental rotations, a group test of three-dimensional spatial visualization. *Perceptual and Motor Skills, 47*(2), 599–604.

旋转手部有助于心理旋转

Chu, M., & Kita, S. (2008). Spontaneous gestures during mental rotation tasks: Insights into the microdevelopment of the motor strategy. *Journal of Experimental Psychology: General, 137*(4), 706.

Wexler, M., Kosslyn, S. M., & Berthoz, A. (1998). Motor processes in mental rotation. *Cognition, 68*(1), 77–94.

心理旋转激活运动皮质

Zacks, J. M. (2008). Neuroimaging studies of mental rotation: A meta-analysis and review. *Journal of Cognitive Neuroscience, 20*(1), 1–19.

身体的心理旋转

Parsons, L. M. (1987). Imagined spatial transformation of one's body. *Journal of Experimental Psychology: General, 116*(2), 172.

Parsons, L. M. (1987). Imagined spatial transformations of one's hands and feet. *Cognitive Psychology, 19*(2), 178–241.

Zacks, J. M., Ollinger, J. M., Sheridan, M. A., & Tversky, B. (2002). A parametric study of mental spatial transformations of bodies. *Neuroimage, 16*(4), 857–872.

Zacks, J., Rypma, B., Gabrieli, J. D. E., Tversky, B., & Glover, G. H. (1999). Imagined transformations of bodies: An fMRI investigation. *Neuropsychologia, 37*(9), 1029–1040.

Zacks, J. M., & Tversky, B. (2005). Multiple systems for spatial imagery: Transformations of objects and bodies. *Spatial Cognition and Computation, 5*(4), 271–306.

失去一只手臂的人，手部心理旋转较慢

Nico, D., Daprati, E., Rigal, F., Parsons, L., & Sirigu, A. (2004). Left and right hand recognition in upper limb amputees. *Brain, 127*(1), 120–132.

实际转动身体有助于想象身体转动

Klatzky, R. L., Loomis, J. M., Beall, A. C., Chance, S. S., & Golledge, R. G. (1998). Spatial updating of self-position and orientation during real, imagined, and virtual locomotion. *Psychological Science, 9*(4), 293–298.

实际前后移动无益于想象前后移动

Rieser, J. J. (1989). Access to knowledge of spatial structure at novel points of observation. *Journal of Experimental Psychology: Learning, Memory, and Cognition, 15*(6), 1157.

其他心理转换：心理扫描、心理形状比较、心理尺寸转换

Bundesen, C., Larsen, A., & Farrell, J. E. (1981). Mental transformations of size and orientation. *Attention and Performance, 9,* 279–294.

Denis, M., & Kosslyn, S. M. (1999). Scanning visual mental images: A window on the mind. *Cahiers de Psychologie Cognitive/Current Psychology of Cog-nition, 18,* 409–465.

Shepard, R. N., & Chipman, S. (1970). Second-order isomorphism of internal representations: Shapes of states. *Cognitive Psychology, 1*(1), 1–17.

按部就班构建心理形象

Finke, R. A., Pinker, S., & Farah, M. J. (1989). Reinterpreting visual patterns in mental imagery. *Cognitive Science, 13*(1), 51–78.

Kosslyn, S. M. (1980). *Image and mind.* Cambridge, MA: Harvard University Press.

心理绘画是创造形象的基础

Novick, L. R., & Tversky, B. (1987). Cognitive constraints on ordering operations: The case of geometric analogies. *Journal of Experimental Psychology: General, 116*(1), 50–67.

运动速度想象的失败：行人死伤统计

Guo, H., Wang, W., Guo, W., Jiang, X., & Bubb, H. (2012). Reliability analysis of pedestrian safety crossing in urban traffic environment. *Safety Science, 50*(4), 968–973.

Wierwille, W. W., Hanowski, R. J., Hankey, J. M., Kieliszewski, C. A., Lee, S. E., Medina, A., . . Dingus, T. A. (2002). *Identification and evaluation of driver errors: Overview and recommendations* (No. FHWA-RD-02-003). Washington, DC: National Academies of Sciences, Engineering, and Medicine.

人和狗使用运动近似法来接球和飞盘

McBeath, M. K., Shaffer, D. M., & Kaiser, M. K. (1995). How baseball outfielders determine where to run to catch fly balls. *Science, 268*(5210), 569.

Shaffer, D. M., Krauchunas, S. M., Eddy, M., & McBeath, M. K. (2004). How dogs navigate to catch Frisbees. *Psychological Science, 15*(7), 437–441.

Shaffer, D. M., & McBeath, M. K. (2005). Naive beliefs in baseball: Systematic distortion in perceived time of apex for fly balls. *Journal of Experimental Psychology: Learning, Memory, and Cognition, 31*(6), 1492.

心理动画是逐步展开的，不是连续的

Hegarty, M. (1992). Mental animation: Inferring motion from static displays of mechanical systems. *Journal of Experimental Psychology: Learning, Memory, and Cognition, 18*(5), 1084.

Hegarty, M., & Sims, V. K. (1994). Individual differences in mental animation during mechanical reasoning. *Memory & Cognition, 22*(4), 411–430.

空间能力是多种的

Hegarty, M., & Waller, D. (2005). Individual differences in spatial abilities. In P. Shah & A. Miyake (Eds.), *The Cambridge handbook of visuospatial thinking* (pp. 121–169). New York, NY: Cambridge University Press.

遗传和环境都影响空间能力

Tosto, M. G., Hanscombe, K. B., Haworth, C. M. A., Davis, O. S. P., Petrill, S. A., Dale, P. S., . . . Kovas, Y. (2014). Why do spatial abilities predict mathematical performance? *Developmental Science, 17,* 462–470. doi:10.1111/desc.12138

运动员的遗传因素

Epstein, D. (2014). *The sports gene: Inside the science of extraordinary athletic performance*. New York, NY: Penguin.

几项空间能力测试

Wai, J., Lubinski, D., & Benbow, C. P. (2009). Spatial ability for STEM domains: Aligning over 50 years of cumulative psychological knowledge solidifies its importance. *Journal of Educational Psychology, 101*(4), 817.

性别和心理旋转

Halpern, D. F. (2013). *Sex differences in cognitive abilities*. New York, NY: Psychology Press.

Linn, M. C., & Petersen, A. C. (1985). Emergence and characterization of sex differences in spatial ability: A meta-analysis. *Child Development, 56*(6), 1479–1498.

Voyer, D. (2011). Time limits and gender differences on paper-and-pencil tests of mental rotation: A meta-analysis. *Psychonomic Bulletin and Review, 18*(2), 267–277.

Voyer, D., Voyer, S., & Bryden, M. P. (1995). Magnitude of sex differences in spatial abilities: A meta-analysis and consideration of critical variables. *Psychological Bulletin, 117,* 250–270.

性别和物体识别

Herlitz, A., & Lovén, J. (2013). Sex differences and the own-gender bias in face recognition: A meta-analytic review. *Visual Cognition, 21*(9–10), 1306–1336.

Lewin, C., & Herlitz, A. (2002). Sex differences in face recognition—women's faces make the difference. *Brain and Cognition, 50*(1), 121–128.

McClure, E. B. (2000). A meta-analytic review of sex differences in facial expression processing and their development in infants, children, and adolescents. *Psychological Bulletin, 126*(3), 424–453.

Voyer, D., Postma, A., Brake, B., & Imperato-McGinley, J. (2007). Gender differences in object location memory: A meta-analysis. *Psychonomic Bulletin & Review, 14*(1), 23–38.

空间能力对 STEM 领域很重要

Tosto, M. G., Hanscombe, K. B., Haworth, C. M. A., Davis, O. S. P., Petrill, S. A., Dale, P. S., Kovas, Y. (2014). Why do spatial abilities predict mathematical performance? *Developmental Science, 17,* 462–470.

Wai, J., Lubinski, D., & Benbow, C. P. (2009). Spatial ability for STEM domains: Aligning over 50 years of cumulative psychological knowledge solidifies its importance. *Journal of Educational Psychology, 101*(4), 817.

空间能力和数学能力有部分共同的神经基础

Dehaene, S., Bossini, S., & Giraux, P. (1993). The mental representation of parity and number magnitude. *Journal of Experimental Psychology: General, 122,* 371–396.

空间能力对解释 STEM 概念很重要

Bobek, E., & Tversky, B. (2016). Creating visual explanations improves learning. *Cognitive Research: Principles and Implications, 1*(1), 27.

Daniel, M. P., & Tversky, B. (2012). How to put things together. *Cognitive Processing, 13*(4), 303–319.

Hegarty, M. (2004). Mechanical reasoning by mental simulation. *Trends in Cognitive Sciences, 8*(6), 280–285.

Hegarty, M., & Kozhevnikov, M. (1999). Types of visual-spatial representations and mathematical problem solving. *Journal of Educational Psychology, 91*(4), 684.

Tversky, B., Heiser, J., & Morrison, J. (2013). Space, time, and story. In B. H. Ross (Ed.), *The psychology of learning and motivation* (pp. 47–76). San Diego, CA: Elsevier Academic Press. https://doi.org/10.1016/B978-0-12-407237-4.12001-8

空间能力因职业而异

Blazhenkova, O., & Kozhevnikov, M. (2009). The new object-spatial-verbal cognitive style model: Theory and measurement. *Applied Cognitive Psychology, 23*(5), 638–663.

Blajenkova, O., Kozhevnikov, M., & Motes, M. A. (2006). Object-spatial imagery: A new self-report imagery questionnaire. *Applied Cognitive Psychology, 20*(2), 239–263.

Kozhevnikov, M., Kosslyn, S., & Shephard, J. (2005). Spatial versus object visualizers: A new characterization of visual cognitive style. *Memory & Cognition, 33*(4), 710–726.

特定空间能力是导航的基础

Hegarty, M., Richardson, A. E., Montello, D. R., Lovelace, K., & Subbiah, I. (2002). Development of a self-report measure of environmental spatial ability. *Intelligence, 30*(5), 425–447.

性别与导航

Dabbs, J. M., Chang, E. L., Strong, R. A., & Milun, R. (1998). Spatial ability, navigation strategy, and geographic knowledge among men and women. *Evolution and Human Behavior, 19*(2), 89–98.

Lawton, C. A. (1994). Gender differences in way-finding strategies: Relationship to spatial ability and spatial anxiety. *Sex Roles, 30*(11–12), 765–779.

美国国家科学院建议教授空间能力

Committee on Support for Thinking Spatially. (2006). *Learning to think spatially*. Washington, DC: National Academies Press.

许多活动可开发空间能力

Dye, M. W., Green, C. S., & Bavelier, D. (2009). The development of attention skills in action video game players. *Neuropsychologia, 47*(8), 1780–1789.

Dye, M. W. G., Green, C. S., & Bavelier, D. (2009). Increasing speed of processing with action video games. *Current Directions in Psychological Science, 18*(6), 321–326.

摔跤开发空间能力

Moreau, D., Clerc, J., Mansy-Dannay, A., & Guerrien, A. (2012). Enhancing spatial ability through sport practice. *Journal of Individual Differences, 33*, 83–88.

运动和空间能力

Voyer, D., & Jansen, P. (2017). Motor expertise and performance in spatial tasks: A meta-analysis. *Human Movement Science, 54*, 110–124.

开发儿童（和成人）的空间能力

Ehrlich, S. B., Levine, S. C., & Goldin-Meadow, S. (2006). The importance of gesture in children's spatial reasoning. *Developmental Psychology, 42*(6), 1259–1268.

Ferrara, K., Golinkoff, R., Hirsh-Pasek, K., Lam, W., & Newcombe, N. (2011). Block talk: Spatial language during block play. *Mind, Brain and Education, 5*(3), 143–151.

Frick, A., & Wang, S. H. (2014). Mental spatial transformations in 14-and 16-month-old infants: Effects of action and observational experience. *Child Development, 85*(1), 278–293.

Joh, A. S., Jaswal, V. K., & Keen, R. (2011). Imagining a way out of the gravity bias: Preschoolers can visualize the solution to a spatial problem. *Child Development, 82*(3), 744–745.

Kastens, K. A., & Liben, L. S. (2007). Eliciting self-explanations improves children's performance on a field-based map skills task. *Cognition and Instruction, 25*, 45–74.

Levine, S. C., Ratliff, K. R., Huttenlocher, J., & Cannon, J. (2011). Early puzzle play: A predictor of preschoolers' spatial transformation skill. *Develop-mental Psychology, 48,* 530–542.

Liben, L. S., & Downs, R. M. (1989). Understanding maps as symbols: The development of map concepts in children. In H. W. Reese (Ed.), *Advances in child development and behavior* (Vol. 22, pp. 145–201). New York, NY: Academic Press.

Newcombe, N. S. (2010). Picture this: Increasing math and science learning by improving spatial thinking. *American Educator, 34*(2), 29.

Newcombe, N. S., & Fricke, A. (2010). Early education for spatial intelligence: Why, what, and how. *Mind, Brain, and Education, 4*(3), 102–111.

Newman, S. D., Mitchell Hansen, T., & Gutierrez, A. (2016). An fMRI study of the impact of block building and board games on spatial ability. *Frontiers in Psychology, 7,* 1278. doi:10.3389/fpsyg.2016.01278

空间能力可以训练

Uttal, D. H., Meadow, N. G., Tipton, E., Hand, L. L., Alden, A. R., Warren, C., & Newcombe, N. S. (2013). The malleability of spatial skills: A meta-analysis of training studies. *Psychological Bulletin, 139,* 352–402. doi:10.1037/a0028446

第 5 章　会思考的身体，空间中的语言

语言的姿势基础

Rizzolatti, G., & Arbib, M. A. (1998). Language within our grasp. *Trends in Neurosciences, 21*(5), 188–194.

猩猩的姿势

Genty, E., & Zuberbühler, K. (2014). Spatial reference in a bonobo gesture. *Current Biology, 24*(14), 1601–1605.

Genty, E., & Zuberbühler, K. (2015). Iconic gesturing in bonobos. *Communicative & Integrative Biology, 8*(1), e992742.

Graham, K. E., Furuichi, T., & Byrne, R. W. (2017). The gestural repertoire of the wild bonobo (*Pan paniscus*): A mutually understood communication system. *Animal Cognition, 20*(2), 171–177.

Hobaiter, C., & Byrne, R. W. (2014). The meanings of chimpanzee gestures. *Current Biology, 24*(14), 1596–1600.

Moore, R. (2014). Ape gestures: Interpreting chimpanzee and bonobo minds. *Current Biology, 24*(14), R645–R647.

Pika, S., Liebal, K., & Tomasello, M. (2005). Gestural communication in sub-adult bonobos (*Pan paniscus*): Repertoire and use. *American Journal of Primatology, 65*(1), 39–61.

猩猩的文化传递

Horner, V., Whiten, A., Flynn, E., & de Waal, F. B. (2006). Faithful replication of foraging techniques along cultural transmission chains by chimpanzees and children. *Proceedings of the National Academy of Sciences, 103*(37), 13878–13883.

Tomasello, M. (1994). Cultural transmission in the tool use and communicatory signaling of chimpanzees? In S. T. Parker & K. R. Gibson (Eds.), "*Language*" *and intelligence in monkeys and apes: Comparative developmental perspectives* (pp. 274–311). New York, NY: Cambridge University Press.

Whiten, A., Horner, V., & De Waal, F. B. (2005). Conformity to cultural norms of tool use in chimpanzees. *Nature, 437*(7059), 737.

内外偶联

Brennan, S. E., & Clark, H. H. (1996). Conceptual pacts and lexical choice in conversation. *Journal of Experimental Psychology: Learning, Memory, and Cognition, 22*(6), 1482.

Holler, J., & Wilkin, K. (2011). Co-speech gesture mimicry in the process of collaborative referring during face-to-face dialogue. *Journal of Nonverbal Behavior, 35*(2), 133–153.

模仿是社会黏合剂

Chartrand, T. L., & Lakin, J. L. (2013). The antecedents and consequences of human behavioral mimicry. *Annual Review of Psychology, 64*, 285–308.

Chartrand, T. L., & Van Baaren, R. (2009). Human mimicry. *Advances in Experimental Social Psychology, 41*, 219–274

情绪感知、模仿和传染

Decety, J., & Jackson, P. L. (2004). The functional architecture of human empathy. *Behavioral and Cognitive Neuroscience Reviews, 3*(2), 71–100.

Gallese, V., Keysers, C., & Rizzolatti, G. (2004). A unifying view of the basis of social cognition. *Trends in Cognitive Sciences, 8*, 396–403.

Gergely, G., & Watson, J. S. (1999). Early socio-emotional development: Contingency perception and the social-biofeedback model. *Early Social Cognition: Understanding Others in the First Months of Life, 60*, 101–136.

Hatfield, E., & Rapson, R. L. (2010). Emotional contagion. In I. B. Weiner & W. E. Craighead (Eds.), *Encyclopedia of psychology* (4th ed.). Hoboken, NJ: Wiley.

Meltzoff, A. N., & Moore, M. K. (1992). Early imitation within a functional framework:

The importance of person identity, movement, and development. *Infant Behavior and Development, 15*(4), 479–505.

Oatley, K., Keltner, D., & Jenkins, J. M. (2006). *Understanding emotions.* Hoboken, NJ: Blackwell.

较早学会用手势沟通的孩子说话较早

Iverson, J. M., & Goldin-Meadow, S. (2005). Gesture paves the way for language development. *Psychological Science, 16*(5), 367–371.

Özçalışkan, S., & Goldin-Meadow, S. (2005). Gesture is at the cutting edge of early language development. *Cognition, 96*(3), B101–B113.

盲人做手势

Goldin-Meadow, S. (2018, December 18). Harper lecture with Susan Goldin-Meadow: Hearing gesture: How our hands help us think [video].

Iverson, J. M., & Goldin-Meadow, S. (1997). What's communication got to do with it? Gesture in children blind from birth. *Developmental Psychology, 33*(3), 453.

Iverson, J. M., & Goldin-Meadow, S. (1998). Why people gesture when they speak. *Nature, 396*(6708), 228–228.

Iverson, J. M., & Goldin-Meadow, S. (2001). The resilience of gesture in talk: Gesture in blind speakers and listeners. *Developmental Science, 4*(4), 416–422.

为什么要做手势

Cartmill, E. A., Goldin-Meadow, S., & Beilock, S. L. (2012). A word in the hand: Human gesture links representations to actions. *Philosophical Transactions of the Royal Society, 367*(1585), 129–143.

Goldin-Meadow, S., & Alibali, M. W. (2013). Gesture's role in speaking, learning, and creating language. *Annual Review of Psychology, 64*, 257.

Hostetter, A. B., & Alibali, M. W. (2008). Visible embodiment: Gestures as simulated action. *Psychonomic Bulletin & Review, 15*(3), 495–514.

手势的种类

Goldin-Meadow, S. (2005). *Hearing gesture: How our hands help us think*. Cambridge, MA: Harvard University Press.

Kendon, A. (2004). *Gesture: Visible action as utterance*. Cambridge, England: Cambridge University Press.

McNeill, D. (1992). *Hand and mind: What gestures reveal about thought*. Chicago, IL: University of Chicago Press.

McNeill, D. (2006). Gesture: A psycholinguistic approach. In K. Brown (Ed.), *The encyclopedia of language and linguistics* (2nd ed., pp. 58–66). New York, NY: Elsevier Science.

指示

Fillmore, C. J. (1982). Towards a descriptive framework for spatial deixis. In R. J. Jarvella & W. Klein (Eds.), *Speech, place and action: Studies in deixis and related topics* (pp. 31–59). London, England: Wiley.

用手比画来沟通

Clark, H. H. (2016). Depicting as a method of communication. *Psychological Review, 123*(3), 324–347.

隐喻

Lakoff, G., & Johnson, M. (2008). *Metaphors we live by*. Chicago, IL: University of Chicago Press.

在解释时手势经常先于言语

Alibali, M.W., & Goldin-Meadow, S. (1993). Gesture-speech mismatch and mechanisms of learning: What the hands reveal about a child's state of mind. *Cognitive Psychology, 25,* 468–523.

Goldin-Meadow, S., Alibali, M. W., & Church, R. B. (1993). Transitions in concept acquisition: Using the hand to read the mind. *Psychological Review, 100*(2), 279.

手势透露孩子已经准备好向老师学习

Goldin-Meadow, S., & Sandhofer, C. M. (1999). Gesture conveys substantive information about a child's thoughts to ordinary listeners. *Developmental Science, 2,* 67–74.

Goldin-Meadow, S., & Singer, M. A. (2003). From children's hands to adults' ears: Gesture's role in the learning process. *Developmental Psychology, 39,* 509–520.

手势揭示言语中没有提及的策略

Broaders, S. C., Cook, S. W., Mitchell, Z., & Goldin-Meadow, S. (2007). Making children gesture brings out implicit knowledge and leads to learning. *Journal of Experimental Psychology: General, 136,* 539–550.

情绪

LeDoux, J. (1998). *The emotional brain: The mysterious underpinnings of emotional life.* New York, NY: Simon & Schuster.

Lewis, M., Haviland-Jones, J. M., & Barrett, L. F. (Eds.). (2010). *Handbook of emotions.* New York, NY: Guilford Press.

Oatley, K., Keltner, D., & Jenkins, J. M. (2006). *Understanding emotions.* Hoboken, NJ: Blackwell Publishing.

情绪镜像

Gallese, V., Keysers, C., & Rizzolattl, G. (2004). A unifying view of the basis of social cognition. *Trends in Cognitive Science, 8*(9), 396–403.

用空间描绘空间

Emmorey, K., Tversky, B., & Taylor, H. A. (2000). Using space to describe space: Perspective in speech, sign, and gesture. *Spatial Cognition and Com-putation, 2*(3), 157–180.

用空间排列时间顺序

Bender, A., & Beller, S. (2014) Mapping spatial frames of reference onto time: A review of theoretical accounts and empirical findings. *Cognition, 132,* 342–382.

Boroditsky, L., Fuhrman, O., & McCormick, K. (2011). Do English and Man-darin speakers think about time differently? *Cognition, 118*(1), 123–129.

Marghetis, T., & Núñez, R. (2013). The motion behind the symbols: A vital role for dynamism in the conceptualization of limits and continuity in expert mathematics. *Topics in Cognitive Science, 5*(2), 299–316.

Núñez, R., & Cooperrider, K. (2013). The tangle of space and time in human cognition. *Trends in Cognitive Sciences, 17*(5), 220–229.

Tversky, B., Kugelmass, S., & Winter, A. (1991). Cross-cultural and developmental trends in graphic productions. *Cognitive Psychology, 23*(4), 515–557.

手势帮助解释行为和因果关系

Engle, R. A. (1998). Not channels but composite signals: Speech, gesture, diagrams and object demonstrations are integrated in multimodal explanations. In *Proceedings of the Twentieth Annual Conference of the Cognitive Science Society* (pp. 321–326). New York, NY: Psychology Press.

Kang, S., Tversky, B., & Black, J. B. (2015). Coordinating gesture, word, and diagram: Explanations for experts and novices. *Spatial Cognition & Computation, 15*(1), 1–26.

坐在手上会干扰说话

Krauss, R. M. (1998). Why do we gesture when we speak? *Current Directions in Psychological Science, 7*(2), 54–60.

Krauss, R. M., Chen, Y., & Gottesman, R. F. (2000). Lexical gestures and lexical access: A process model. *Language and Gesture, 2,* 261.

手势帮助思考

Carlson, R. A., Avraamides, M. N., Cary, M., & Strasberg, S. (2007). What do the hands externalize in simple arithmetic? *Journal of Experimental Psychology: Learning, Memory, and Cognition, 33*(4), 747.

Chu, M., & Kita, S. (2008). Spontaneous gestures during mental rotation tasks: Insights into the microdevelopment of the motor strategy. *Journal of Experimental Psychology: General, 137*(4), 706.

Schwartz, D. L. (1999). Physical imagery: Kinematic versus dynamic models. *Cognitive Psychology, 38*(3), 433–464.

Schwartz, D. L., & Black, J. B. (1996). Shuttling between depictive models and abstract rules: Induction and fallback. *Cognitive Science, 20*(4), 457–497.

为自己做手势，帮助解决空间问题

Jamalian, A., Giardino, V., & Tversky, B. (2013). Gestures for thinking. *Proceedings of the Annual Meeting of the Cognitive Science Society, 35*. Retrieved from https://escholarship.org/uc/item/0zk7z5h9

Tversky, B., & Kessell, A. (2014). Thinking in action. *Pragmatics & Cognition, 22*(2), 206–223.

手势能减少认知负荷

Cook, S.W., Yip, T., & Goldin-Meadow, S. (2012). Gestures, but not meaningless movements, lighten working memory load when explaining math. *Language and Cognitive Processing, 27*, 594–610.

Goldin-Meadow, S., Nusbaum, H., Kelly, S. D., & Wagner, S. M. (2001). Explaining math: Gesturing lightens the load. *Psychological Science, 12*, 516–522.

Ping, R., & Goldin-Meadow, S. (2010). Gesturing saves cognitive resources when talking about nonpresent objects. *Cognitive Science, 34*, 602–619.

手势有助于机械系统性问题的解决

Schwartz, D. L., & Black, J. B. (1996). Shuttling between depictive models and abstract rules: Induction and fallback. *Cognitive Science, 20*(4), 457–497.

手势比想象更有助于动态问题的解决

Schwartz, D. L. (1999). Physical imagery: Kinematic versus dynamic models. *Cognitive Psychology, 38*(3), 433–464.

手势帮助心理旋转

Chu, M., & Kita, S. (2008). Spontaneous gestures during mental rotation tasks: Insights into the microdevelopment of the motor strategy. *Journal of Experimental Psychology:*

General, 137(4), 706.

Wexler, M., Kosslyn, S. M., & Berthoz, A. (1998). Motor processes in mental rotation. *Cognition, 68*(1), 77–94.

为自己做手势，有助于复杂系统的理解和记忆

Liu, Y., Bradley, M., & Tversky, B. (2018). Gestures for self help learning complex systems. *Proceedings of Embodied and Situated Language Processing.*

为自己做手势，有助于（或有碍于）空间问题的解决

Tversky, B., & Kessell, A. (2014). Thinking in action. *Pragmatics & Cognition, 22*(2), 206–223.

手势有助于数学

Goldin-Meadow, S., Cook, S. W., & Mitchell, Z. A. (2009). Gesturing gives children new ideas about math. *Psychological Science, 20,* 267–272. doi:10.1111/j.1467-9280.2009.02297.x.

平板电脑和手势搭配得当，有助于数学问题的解决

Segal, A., Tversky, B., & Black, J. (2014). Conceptually congruent actions can promote thought. *Journal of Applied Research in Memory and Cognition, 3*(3), 124–130.

婴儿能从手势中受益

Acredolo, L. P., & Goodwyn, S. W. (2002). *Baby signs: How to talk with your baby before your baby can talk.* New York, NY: McGraw-Hill.

手势帮助儿童理解集合和基数

Alibali, M. W., & DiRusso, A. A. (1999). The function of gesture in learning to count: More than keeping track. *Cognitive Development, 14*(1), 37–56.

Gelman, R., & Gallistel, C. R. (1986). *The child's understanding of number.* Cambridge, MA: Harvard University Press.

Jamalian, A. (2014). *Grouping gestures promote children's effective counting strategies by adding a layer of meaning through action* (unpublished doc-toral dissertation). Columbia University, New York, NY.

为别人做手势时，做手势的动作幅度会更大

Bavelas, J. B., Chovil, N., Coates, L., & Roe, L. (1995). Gestures specialized for dialogue. *Personality and Social Psychology Bulletin, 21*(4), 394–405.

Goldin-Meadow, S. (2005). *Hearing gesture: How our hands help us think.* Cambridge, MA: Harvard University Press.

McNeill, D. (1992). *Hand and mind: What gestures reveal about thought.* Chicago, IL:

University of Chicago Press.

复杂系统的行为比结构更难掌握

Hmelo-Silver, C. E., & Pfeffer, M. G. (2004). Comparing expert and novice understanding of a complex system from the perspective of structures, behaviors, and functions. *Cognitive Science, 28*(1), 127–138.

Tversky, B., Heiser, J., & Morrison, J. (2013). Space, time, and story. In B. H. Ross (Ed.), *The psychology of learning and motivation* (pp. 47–76). San Diego, CA: Elsevier Academic Press. https://doi.org/10.1016/B978-0-12-407237-4.12001-8.

教学者的动作手势有助于加深学生对复杂系统行为的理解

Kang, S., & Tversky, B. (2016). From hands to minds: Gestures promote under-standing. *Cognitive Research: Principles and Implications, 1*(1), 4.

图示有助于理解同时性

Glenberg, A. M., & Langston, W. E. (1992). Comprehension of illustrated text: Pictures help to build mental models. *Journal of Memory and Language, 31,* 129–151.

手势改变对时间的认知：同时性、周期性和视角

Jamalian, A., & Tversky, B. (2012). Gestures alter thinking about time. In N. Miyake, D. Peebles, & R. P. Cooper (Eds.), *Proceedings of the 34th annual conference of the Cognitive Science Society* (pp. 551–557). Austin, TX: Cognitive Science Society.

数学符号史

Ifrah, G., (2000). *The universal history of computing: From the abacus to quantum computing.* Translated by E. F. Harding, D. Bellos, & S. Wood. New York, NY: Wiley.

手势有助于协作对话

Clark, H. H. (1992). *Arenas of language use.* Chicago, IL: University of Chicago Press.

Clark, H. H. (1996). *Using language.* Cambridge, England: Cambridge University Press.

Garrod, S., & Pickering, M. J. (2009). Joint action, interactive alignment and dialogue. *Topics in Cognitive Science, 1*(2), 292–304.

Goodwin, C. (1981). *Conversational organization: Interaction between speakers and hearers.* New York, NY: Academic Press.

McNeill, D. (1992). *Hand and mind: What gestures reveal about thought.* Chicago, IL: University of Chicago Press.

手势可以配合图示发挥作用

Engle, R. A. (1998). Not channels but composite signals: Speech, gesture, diagrams and object demonstrations are integrated in multimodal explanations. In *Proceedings of the Twentieth Annual Conference of the Cognitive Science Society* (pp. 321–326). New York, NY: Psychology Press.

Heiser, J., Tversky, B., & Silverman, M. (2004). Sketches for and from collaboration. *Visual and Spatial Reasoning in Design III, 3*, 69–78.

设计师获得新想法时伴随大量的手势

Edelman, J. A. (2011). *Understanding radical breaks: Media and behavior in small teams engaged in redesign scenarios* (Unpublished doctoral dissertation). Stanford University, Stanford, CA.

Edelman, J., Agarwal, A., Paterson, C., Mark, S., & Leifer, L. (2012). Understanding radical breaks. In H. Plattner, C. Meinel, & L. Leifer (Eds.), *Design Thinking Research* (pp. 31–51). Berlin, Germany: Springer, Berlin, Heidelberg.

Edelman, J. A., & Leifer, L. (2012). Qualitative methods and metrics for assessing wayfinding and navigation in engineering design. In H. Plattner, C. Meinel, & L. Leifer (Eds.), *Design Thinking Research* (pp. 151–181). Berlin, Germany: Springer, Berlin, Heidelberg.

手势标记舞蹈

Kirsh, D. (2010). *Thinking with the body*. Paper presented at the 32nd Annual Conference of the Cognitive Science Society, Austin, TX.

Kirsh, D. (2011). How marking in dance constitutes thinking with the body. *Versus: Quaderni di Studi Semiotici,* 113–115, 179–210.

指挥音乐

Kumar, A. B., & Morrison, S. J. (2016). The conductor as visual guide: Gesture and perception of musical content. *Frontiers in Psychology, 7*, 1049.

在评判音乐时，视觉比听觉更重要

Tsay, C. J. (2013). Sight over sound in the judgment of music performance. *Proceedings of the National Academy of Sciences, 110*(36), 14580–14585.

空间思维的创意成果

Biello, D. (2006, December 8). Fact or fiction?: Archimedes coined the term "Eureka!" in the bath. *Scientific American.* Retrieved from https://www.scientificamerican.com/article/fact-or-fiction-archimede/.

Shepard, R. N. (1978). Externalization of mental images and the act of creation. *Visual Learning, Thinking, and Communication,* 133–189.

第 6 章 关于空间的思考 1：点、线、视角

《老子》引文

Le but n'est pas seulement le but, mais le chemin qui y conduit. (n.d.). Paul Andreu. Retrieved from http://www.paul-andreu.com/ [Note: This quote has been attributed to Lao-Tzu but may be from Confucius. In French, it is beautiful partly because of the multiple meanings of *but*: end, goal, destination.]

路线描述的结构

Denis, M. (1997). The description of routes: A cognitive approach to the production of spatial discourse. *Cahiers de psychologie cognitive, 16*(4), 409–458.

Levelt, W. J. M. (1989). *Speaking: From intention to articulation.* Cambridge, MA: MIT Press.

路线地图的结构

Tversky, B., & Lee, P. (1999). Pictorial and verbal tools for conveying routes. In C. Freksa & D. M. Mark (Eds.), *Spatial information theory. Cognitive and computational foundations of geographic information science. Lecture Notes in Computer Science* (Vol. 1661). Berlin, Germany: Springer, Berlin, Heidelberg.

采用他人的视角

Mainwaring, S. D., Tversky, B., Ohgishi, M., & Schiano, D. J. (2003). Descriptions of simple spatial scenes in English and Japanese. *Spatial Cognition and Computation, 3*(1), 3–42.

Schober, M. F. (1993). Spatial perspective-taking in conversation. *Cognition, 47*(1), 1–24.

奇怪地址的成功投递

Abed, F. (2017, August 11). Delivering a package in a city short on street names. *New York Times*.

混用多种视角

Taylor, H. A., & Tversky, B. (1992). Descriptions and depictions of environments. *Memory & Cognition, 20*(5), 483–496.

混合视角的使用延长了理解时间，但很短暂

Lee, P. U., & Tversky, B. (2005). Interplay between visual and spatial: The effect of landmark descriptions on comprehension of route/survey spatial descriptions. *Spatial Cognition & Computation, 5*(2–3), 163–185.

描述环境时人们会使用混合视角

Taylor, H. A., & Tversky, B. (1992). Descriptions and depictions of environments. *Memory and Cognition, 20*(5), 483–496.

人们能理解混合视角的描述

Lee, P. U., & Tversky, B. (2005). Interplay between visual and spatial: The effect of landmark descriptions on comprehension of route/survey spatial descriptions. *Spatial Cognition & Computation, 5*(2–3), 163–185.

Taylor, H. A., & Tversky, B. (1992). Spatial mental models derived from survey and route descriptions. *Journal of Memory and Language, 31*(2), 261–292.

不同的语言以不同的方式描述空间

Levinson, S. C. (2003). *Space in language and cognition: Explorations in cognitive diversity* (Vol. 5). Cambridge, England: Cambridge University Press.

新几内亚人的简易地图

Harley, J. B. and Woodward, D. (Eds.). (1992). *The history of cartography. Vol. 2. Book One: Cartography in the traditional Islamic and South Asian societies*. Chicago, IL: University of Chicago Press.

俯瞰的简要地图是网络

Fontaine, S., Edwards, G., Tversky, B., & Denis, M. (2005). Expert and non-expert knowledge of loosely structured environments. In D. Mark & T. Cohn (Eds.), *Spatial information theory: Cognitive and computational foundations*. Berlin, Germany: Springer.

第 7 章 关于空间的思考 2：框、线、树状图

苏珊·桑塔格论中心与中间

Cott, J. (2013). *Susan Sontag: The complete* Rolling Stone *interview*. New Haven, CT: Yale University Press.

语言如何描述空间

Talmy, L. (1983). How language structures space. In H. L. Pick & L. P. Acredolo (Eds.), *Spatial orientation* (pp. 225–282). Boston, MA: Springer.

艺术与建筑的形式

Arnheim, R. (1969). *Visual thinking*. Berkeley: University of California Press.

Arnheim, R. (1982). *The Power of the center: A study of composition in the visual arts*.

Berkeley: University of California Press.

Kandinsky, W. (1947). *Point and line to plane*. New York, NY: Guggenheim Foundation.

Klee, P. (1953). *Pedagogical Notebook.* New York, NY: Praeger.

树状图是历史悠久的知识呈现方式

Eco, U. (1984). Metaphor, dictionary, and encyclopedia. *New Literary History, 15*(2), 255–271.

Gontier, N. (2011). Depicting the Tree of Life: The philosophical and historical roots of evolutionary tree diagrams. *Evolution: Education and Outreach, 4*(3), 515–538.

Lima, M. (2014). *The book of trees: Visualizing branches of knowledge*. Princeton, NJ: Princeton Architectural Press.

神经元分支

Cajal, S. R. (1995). *Histology of the nervous system of man and vertebrates* (Vol. 1). Translated by N. Swanson & L. Swanson. New York, NY: Oxford University Press.

Galbis-Reig, D. (2004). Sigmund Freud, MD: Forgotten contributions to neurology, neuropathology, and anesthesia. *Internet Journal of Neurology, 3,* (1).

Triarhou, L. C. (2009). Exploring the mind with a microscope: Freud's beginnings in neurobiology. *Hellenic Journal of Psychology, 6,* 1–13.

树状图作为可视化图像

Lima, M. (2014). *The book of trees: Visualizing branches of knowledge*. Princeton, NJ: Princeton Architectural Press.

六度分隔

Dodds, P. S., Muhamad, R., & Watts, D. J. (2003). An experimental study of search in global social networks. *Science, 301*(5634), 827–829.

Travers, J., & Milgram, S. (1967). The small world problem. *Psychology Today, 1*(1), 61–67.

社交网络

Henderson, M. D., Fujita, K., Trope, Y., & Liberman, N. (2006). Transcending the "here": The effect of spatial distance on social judgment. *Journal of Personality and Social Psychology, 91*(5), 845.

Yu, L., Nickerson, J. V., & Tversky, B. (2010, August 9–11). Discovering perceptions of personal social networks through diagrams. In A. K. Goel, M. Jamnik, & N. H. Narayanan (Eds.), *Diagrammatic representation and inference: 6th International Conference, Diagrams 2010, Portland, OR, USA, August 9-11, 2010, Proceedings* (pp. 352–354). Berlin, Germany: Springer-Verlag Berlin Heidelberg. doi:10.1007/978-3-642-14600-8.

创造树状图

Munzner, T. (2014). *Visualization analysis and design*. Boca Raton, FL: CRC Press.

Shneiderman, B. (1992). Tree visualization with tree-maps: 2-d space-filling approach. *ACM Transactions on Graphics (TOG), 11*(1), 92–99.

古人将时间描绘成线形

Hassig, R. (2001). *Time, history, and belief in Aztec and colonial Mexico*. Austin: University of Texas Press.

Sharer, R. J., & Traxler, L. P. (2006). *The ancient Maya*. Stanford, CA: Stanford University Press.

Smith, W. S., & Simpson, W. K. (1998). *The art and architecture of ancient Egypt*. New Haven, CT: Yale University Press.

混合的时间隐喻

New York Times. (2017, November 26). Weekend briefing newsletter.

"移动的自我" 与 "移动的时间" 之隐喻

Boroditsky, L. (2000). Metaphoric structuring: Understanding time through spatial metaphors. *Cognition, 75*(1), 1–28.

Clark, H. H. (1973). Time, space, semantics, and the child. In T. E. Moore (Ed.), *Cognitive development and the acquisition of language* (pp. 27–63). New York, NY: Academic Press.

McGlone, M. S., & Harding, J. I. (1998). Back (or forward?) to the future: The role of perspective in temporal language comprehension. *Journal of Experimental Psychology: Learning, Memory, and Cognition, 24*, 1211–1223.

空间赋予时间结构（反之则不然）

Boroditsky, L. (2000). Metaphoric structuring: Understanding time through spatial metaphors. *Cognition, 75*(1), 1–28.

语言与空间

Clark, H. H. (1973). Space, time, semantics, and the child. In T. E. Moore (Ed.), *Cognitive development and the acquisition of language* (pp. 27–63). New York, NY: Academic Press.

Talmy, L. (1983). How language structures space. In H. L. Pick Jr. & L. P. Acredolo (Eds.), *Spatial orientation: Theory, research and application* (pp. 225–282). New York, NY: Plenum.

手势改变对时间的思考

Jamalian, A., & Tversky, B. (2012). Gestures alter thinking about time. In N. Miyake, D. Peebles, & R. P. Cooper (Eds.), *Proceedings of the Cognitive Science Society, 34,* 551–557.

对时间事件的记忆扭曲

Huttenlocher, J., Hedges, L. V., & Prohaska, V. (1988). Hierarchical organization in ordered domains: Estimating the dates of events. *Psychological Review, 95,* 471–484.

Loftus, E. F., & Marburger, W. (1983). Since the eruption of Mt. St. Helens, has anyone beaten you up? Improving the accuracy of retrospective reports with landmark events. *Memory and Cognition, 11,* 114–120.

稳态

Bernard, C. (1927). *An introduction to the study of experimental medicine.* Translated by H. C. Greene. New York, NY: Macmillan. (Original work published 1865)

Cannon, W. B. (1963). *The wisdom of the body.* New York, NY: Norton Library. (Original work published 1932)

计算机的反馈

Wiener, N. (1961). *Cybernetics or control and communication in the animal and the machine* (Vol. 25). Cambridge, MA: MIT Press.

在艾马拉语里，过去在前面

Núñez, R., & Cooperrider, K. (2013). The tangle of space and time in human cognition. *Trends in Cognitive Sciences, 17*(5), 220–229.

Núñez, R. E., & Sweetser, E. (2006). With the future behind them: Convergent evidence from Aymara language and gesture in the crosslinguistic comparison of spatial construals of time. *Cognitive Science, 30*(3), 401–450.

在中文的普通话（和日历）里，未来有时在下方

Boroditsky, L. (2001). Does language shape thought? Mandarin and English speakers' conceptions of time. *Cognitive Psychology, 43*(1), 1–22.

Fuhrman, O., McCormick, K., Chen, E., Jiang, H., Shu, D., Mao, S., & Boroditsky, L. (2011). How linguistic and cultural forces shape conceptions of time: English and Mandarin time in 3D. *Cognitive Science, 35*(7), 1305–1328.

时间的方向是书写方向

Tversky, B., Kugelmass, S., & Winter, A. (1991). Cross-cultural and developmental trends in graphic productions. *Cognitive Psychology, 23*(4), 515–557.

用手从左往右比画时间

Santiago, J., Lupáñez, J., Pérez, E., & Funes, M. J. (2007). Time (also) flies from left to right. *Psychonomic Bulletin & Review, 14*(3), 512–516.

手语和口语的视角

Emmorey, K., Tversky, B., & Taylor, H. A. (2000). Using space to describe space: Perspective in speech, sign, and gesture. *Spatial Cognition and Computation, 2*(3), 157–180.

象征性距离

Banks, W. P., & Flora, J. (1977). Semantic and perceptual processes in symbolic comparisons. *Journal of Experimental Psychology: Human Perception and Performance, 3*, 278–290.

Holyoak, K. J., & Mah, W. A. (1981). Semantic congruity in symbolic comparisons: Evidence against an expectancy hypothesis. *Memory and Cognition, 9*, 197–204.

Moyer, R. S. (1973). Comparing objects in memory: Evidence suggesting an internal psychophysics. *Perception and Psychophysics, 1*, 180–184.

Paivio, A. (1978). Mental comparisons involving abstract attributes. *Memory and Cognition, 6*, 199–208.

其他物种的象征性距离

D'Amato, M. R., & Colombo, M. (1990). The symbolic distance effect in monkeys (*Cebus paella*). *Animal Learning & Behavior, 18*, 133–140.

Gelman, R., & Gallistel, C. R. (2004). Language and the origin of numerical concepts. *Science, 306*(5695), 441–443.

其他物种的传递性推理

Bond, A. B, Kamil, A. C, & Balda, R. P. (2003). Social complexity and transitive inference in corvids. *Animal Behavior, 65*, 479–487.

Byrne, R. W., & Bates, L. A. (2007). Sociality, evolution and cognition. *Current Biology, 17*, 714–723.

Byrne, R. W. & Whiten, A. (1988). *Machiavellian intelligence: Social expertise and the evolution of intellect in monkeys, apes, and humans.* Oxford, England: Clarendon Press.

Davis, H. (1992). Transitive inference in rats (*Rattus norvegicus*). *Journal of Comparative Psychology, 106*, 342–349.

Grosenick, L., Clement, T. S., & Fernald, R. D. (2007). Fish can infer social rank by observation alone. *Nature, 445*, 429–432.

MacLean, E. L., Merritt, D. J., & Brannon, E. M. (2008). Social complexity predicts transitive reasoning in Prosimian primates. *Animal Behavior, 76,* 479–486.

Von Fersen, L., Wynee, C. D. L., Delius, J. D., & Staddon, J. E. R. (1991). Transitive inference formation in pigeons. *Journal of Experimental Psychology: Animal Behavior Processes, 17,* 334–341.

儿童与其他物种的近似数字系统

Brannon, E. M., & Terrace, H. S. (1998). Ordering of the numerosities 1 to 9 by monkeys. *Science, 282*(5389), 746–749.

Brannon, E. M., Wusthoff, C. J., Gallistel, C. R., & Gibbon, J. (2001). Numerical subtraction in the pigeon: Evidence for a linear subjective number scale. *Psychological Science, 12*(3), 238–243.

Cantlon, J. F., Platt, M. L., & Brannon, E. M. (2009). Beyond the number domain. *Trends in Cognitive Sciences, 13*(2), 83–91.

Gallistel, C. R., Gelman, R., & Cordes, S. (2006). The cultural and evolutionary history of the real numbers. *Evolution and Culture, 247.*

Henik, A., Leibovich, T., Naparstek, S., Diesendruck, L., & Rubinsten, O. (2012). Quantities, amounts, and the numerical core system. *Frontiers in Human Neuroscience, 5,* 186.

McCrink, K., & Spelke, E. S. (2010). Core multiplication in childhood. *Cognition, 116*(2), 204–216.

McCrink, K., & Spelke, E. S. (2016). Non-symbolic division in childhood. *Journal of Experimental Child Psychology, 142,* 66–82.

McCrink, K., Spelke, E. S., Dehaene, S., & Pica, P. (2013). Non-symbolic halving in an Amazonian indigene group. *Developmental Science, 16*(3), 451–462.

Scarf, D., Hayne, H., & Colombo, M. (2011). Pigeons on par with primates in numerical competence. *Science, 334*(6063), 1664–1664.

近似数字系统与精确数字系统的大脑基础

Cohen Kadosh, R., Henik, A., Rubinsten, O., Mohr, H., Dori, H., van de ven, V., ... Linden, D. E. J. (2005). Are numbers special? The comparison systems of the human brain investigated by fMRI. *Neuropsychologia, 43,* 1238–1248.

空间－数字联合反应

Dehaene, S., Bossini, S., & Giraux, P. (1993). The mental representation of parity and number magnitude. *Journal of Experimental Psychology: General, 122*(3), 371–396.

Tversky, B., Kugelmass, S., & Winter, A. (1991). Cross-cultural and developmental trends in graphic productions. *Cognitive Psychology, 23*(4), 515–557.

对价值更小者敏感度更高（韦伯－费希纳定律）

Cantlon, J. F., Platt, M. L., & Brannon, E. M. (2009). Beyond the number domain. *Trends in Cognitive Sciences, 13*(2), 83–91.

语言中对价值更小者敏感度更高的现象

Talmy, L. (1983). How language structures space. In *Spatial orientation* (pp. 225–282). Boston, MA: Springer.

缺乏三以上数字名称的文化中的数字推理

Frank, M. C., Everett, D. L., Fedorenko, E., & Gibson, E. (2008). Number as a cognitive technology: Evidence from Pirahã language and cognition. *Cognition, 108*(3), 819–824.

Gordon, P. (2004). Numerical cognition without words: Evidence from Amazonia. *Science, 306*(5695), 496–499.

Pica, P., Lemer, C., Izard, V., & Dehaene, S. (2004). Exact and approximate arithmetic in an Amazonian indigene group. *Science, 306*(5695), 499–503.

脑部创伤可能会选择性阻碍精确数字系统和近似数字系统

Dehaene, S. (2011). *The number sense: How the mind creates mathematics*. New York, NY: Oxford University Press.

Lemer, C., Dehaene, S., Spelke, E., & Cohen, L. (2003). Approximate quantities and exact number words: Dissociable systems. *Neuropsychologia, 41*(14), 1942–1958.

精确数字系统和近似数字系统在健全大脑中互动

Gallistel, C. R., & Gelman, R. (1992). Preverbal and verbal counting and computation. *Cognition, 44,* 43–74.

Holloway, I. D., & Ansari, D. (2009). Mapping numerical magnitudes onto symbols: The numerical distance effect and individual differences in children's mathematics achievement. *Journal of Experimental Child Psychology, 103*(1), 17–29.

Lonnemann, J., Linkersdörfer, J., Hasselhorn, M., & Lindberg, S. (2011). Symbolic and non-symbolic distance effects in children and their connection with arithmetic skills. *Journal of Neurolinguistics, 24*(5), 583–591.

Mazzocco, M. M., Feigenson, L., & Halberda, J. (2011). Preschoolers' precision of the approximate number system predicts later school mathematics performance. *PLoS One, 6*(9), e23749.

训练近似数字系统有助于精确数字系统

Libertus, M. E., Feigenson, L., & Halberda, J. (2013). Is approximate number precision a stable predictor of math ability? *Learning and Individual Differences, 25,* 126–133.

Lyons, I. M., & Beilock, S. L. (2011). Numerical ordering ability mediates the relation between number-sense and arithmetic competence. *Cognition, 121*(2), 256–261.

Park, J., Bermudez, V., Roberts, R. C., & Brannon, E. M. (2016). Non-symbolic approximate arithmetic training improves math performance in preschoolers. *Journal of Experimental Child Psychology, 152*, 278–293.

Wang, J. J., Odic, D., Halberda, J., & Feigenson, L. (2016). Changing the precision of preschoolers' approximate number system representations changes their symbolic math performance. *Journal of Experimental Child Psychology, 147*, 82–99.

计数的历史

Aczel, A. D. (2016) *Finding zero*. New York, NY: St. Martin's Griffin.

Cajori, F. (1928). *A history of mathematical notations. Vol. I, Notations in elementary mathematics.* North Chelmsford, MA: Courier Corporation.

Cajori, F. (1928). *A history of mathematical notations. Vol. II, Notations mainly in higher mathematics.* Chicago, IL: Open Court Publishing.

Ifrah, G. (2000). *The universal history of numbers: From prehistory to the invention of the computer.* Translated by D. Vellos, E. F. Harding, S. Wood, & I. Monk. Toronto, Canada: Wiley.

Mazur, J. (2014). *Enlightening symbols: A short history of mathematical notation and its hidden powers*. Princeton, NJ: Princeton University Press.

在西方，计数、书写和会计一起出现

Schmandt-Besserat, D. (1992). *Before writing, Vol. I: From counting to cuneiform.* Austin: University of Texas Press.

空间对数学计数符号很重要

Dehaene, S. (2011). *The number sense: How the mind creates mathematics*. New York, NY: Oxford University Press.

Gelman, R., & Gallistel, C. R. (1978). *The child's understanding of number.* Cambridge, MA: Harvard University Press.

Lakoff, G., & Núñez, R. (2000). *Where mathematics comes from: How the embodied mind brings mathematics into being.* New York, NY: Basic Books.

视线追踪已经不在眼前的东西

Kahneman, D. (1973). *Attention and effort*. Englewood Cliffs, NJ: Prentice Hall.

想象的空间距离影响阅读时间

Bar-Anan, Y., Liberman, N., Trope, Y., & Algom, D. (2007). Automatic processing of psychological distance: Evidence from a Stroop task. *Journal of Experimental Psychology: General, 136*(4), 610.

想象的空间距离影响对人的判断

Liberman, N., Trope, Y., & Stephan, E. (2007). Psychological distance. In A. W. Kruglanski & E. T. Higgins (Eds.), *Social psychology: Handbook of basic principles* (2nd ed., pp. 353–383). New York, NY: Guilford Press.

Ross, L. (1977). The intuitive psychologist and his shortcomings: Distortions in the attribution process. In L. Berkowitz (Ed.), *Advances in experimental social psychology* (Vol. 10, pp. 173–220). New York, NY: Academic Press.

Trope, Y., & Liberman, N. (2010). Construal-level theory of psychological distance. *Psychological Review, 117*(2), 440.

距离越远，语言越抽象，思考也越抽象

Förster, J., Friedman, R. S., & Liberman, N. (2004). Temporal construal effects on abstract and concrete thinking: consequences for insight and creative cognition. *Journal of Personality and Social Psychology, 87*(2), 177.

Jia, L., Hirt, E. R., & Karpen, S. C. (2009). Lessons from a faraway land: The effect of spatial distance on creative cognition. *Journal of Experimental Social Psychology, 45*(5), 1127–1131.

Liberman, N., Polack, O., Hameiri, B., & Blumenfeld, M. (2012). Priming of spatial distance enhances children's creative performance. *Journal of Experimental Child Psychology, 111*(4), 663–670.

Semin, G. R., & Smith, E. R. (1999). Revisiting the past and back to the future: Memory systems and the linguistic representation of social events. *Journal of Personality and Social Psychology, 76*(6), 877.

认知参照点放大近的东西之间的距离，缩小远的东西之间的距离（韦伯－费希纳定律）

Holyoak, K. J., & Mah, W. A. (1982). Cognitive reference points in judgements of symbolic magnitude. *Cognitive Psychology, 14,* 328–352.

社会视角：内窥或俯视

Keltner, D., Gruenfeld, D. H., & Anderson, C. (2003). Power, approach, and inhibition. *Psychological Review, 110*(2), 265.

Keltner, D., Van Kleef, G. A., Chen, S., & Kraus, M. W. (2008). A reciprocal influence model of social power: Emerging principles and lines of inquiry. *Advances in Experimental Social Psychology, 40,* 151–192.

Van Kleef, G. A., Oveis, C., Van Der Löwe, I., Luo Kogan, A., Goetz, J., & Keltner, D. (2008). Power, distress, and compassion: Turning a blind eye to the suffering of others. *Psychological Science, 19*(12), 1315–1322.

语言指向感知

Arnheim, R. (1974). *Art and visual perception*. Berkeley: University of California Press.

失明儿童的空间语言

Landau, B., Gleitman, L. R., & Landau, B. (2009). *Language and experience: Evidence from the blind child* (Vol. 8). Cambridge, MA: Harvard University Press.

Landau, B., Spelke, E., & Gleitman, H. (1984). Spatial knowledge in a young blind child. *Cognition, 16*(3), 225–260.

命题作为思维的最小单位

Anderson, J. R. (2013). *The architecture of cognition*. New York, NY: Psychology Press.

Pylyshyn, Z. W. (1973). What the mind's eye tells the mind's brain: A critique of mental imagery. *Psychological Bulletin, 80*(1), 1.

空间思维作为语言的基础

Fauconnier, G. (1994). *Mental spaces: Aspects of meaning construction in natural language*. Cambridge, England: Cambridge University Press.

Fauconnier, G., & Sweetser, E. (Eds.). (1996). *Spaces, worlds, and grammar*. Chicago, IL: University of Chicago Press.

Lakoff, G., & Johnson, M. (2008). *Metaphors we live by*. Chicago, IL: University of Chicago Press.

Talmy, L. (1983). How language structures space. In H. L. Pick & L. P. Acredolo (Eds.), *Spatial orientation* (pp. 225–282). Boston, MA: Springer.

第 8 章　我们创造的空间：地图、图示、草图、说明、漫画

费尔南多·佩索阿引文

Art proves that life is not enough. (n.d.). AZ Quotes.

西班牙洞穴里的尼安德特人岩石画

Hoffmann, D. L., Standish, C. D., García-Diez, M., Pettitt, P. B., Milton, J. A., Zilhão, J., Lorblanchet, M. (2018). U-Th dating of carbonate crusts reveals Neanderthal origin of Iberian cave art. *Science, 359*(6378), 912–915.

认知设计原则

Tversky, B., Morrison, J. B., & Betrancourt, M. (2002). Animation: Can it facilitate? *International Journal of Human-Computer Studies, 57*(4), 247–262.

Norman, D. (2013). *The design of everyday things: Revised and expanded edition*. New York, NY: Basic Books.

书写的历史

Gelb, I. J. (1952). *A study of writing*. Chicago, IL: University of Chicago Press.

（目前已知）最古老的地图

Utrilla, P., Mazo, C., Sopena, M. C., Martínez-Bea, M., & Domingo, R. (2009). A Paleolithic map from 13,660 calBP: Engraved stone blocks from the Late Magdalenian in Abauntz Cave (Navarra, Spain). *Journal of Human Evolution, 57*(2), 99–111.

历法的历史

Boorstin, D. J. (1985). *The discoverers: A history of man's search to know his world and himself*. New York, NY: Vintage.

古代洞穴里的星座图

Rappenglück, M. (1997). The Pleiades in the "Salle des Taureaux," grotte de Lascaux. Does a rock picture in the cave of Lascaux show the open star cluster of the Pleiades at the Magdalénien era (ca 15.300 BC)? In C. Jaschek & F. Atrio Barendela (Eds.), *Proceedings of the IVth SEAC Meeting "Astronomy and Culture"* (pp. 217–225). Salamanca, Spain: University of Salamanca.

Wikipedia. (n.d.). Star chart.

北美原住民以手为地图，用手势说明

Finney, B. (1998). Nautical cartography and traditional navigation in Oceania. In D. Woodward & G. M. Lewis (Eds.), *The history of cartography. Vol. 2, Book Three: Cartography in the traditional African, American, Arctic, Australian, and Pacific societies* (pp. 443–492). Chicago, IL: University of Chicago Press.

Lewis, G. M. (1998). Maps, mapmaking, and map use by native North Americans. In D. Woodward & G. M. Lewis (Eds.), *The history of cartography. Vol. 2, Book Three: Cartography in the traditional African, American, Arctic, Australian, and Pacific societies* (pp. 51–182). Chicago, IL: University of Chicago Press.

Smethurst, G. (1905). *A narrative of an extraordinary escape out of the hands of the Indians, in the gulph of St. Lawrence*. Edited by W. F. Ganong. Whitefish, MT: Kessinger Publishing. (Original work published London, 1774).

阿兹特克手抄本里描绘历史的地图

Boone, E. H. (2010). *Stories in red and black: Pictorial histories of the Aztecs and Mixtecs*. Austin: University of Texas Press.

简要地图的句法和语义

Denis, M. (1997). The description of routes: A cognitive approach to the production of spatial discourse. *Cahiers de Psychologie, 16*, 409–458.

Tversky, B., & Lee, P. U. (1998). How space structures language. In C. Freksa, W. Brauer, C. Habel, & K. F. Wender (Eds.), *Spatial cognition III* [Lecture Notes in Computer Science] (Vol. 1404, pp. 157–175). Berlin, Germany: Springer, Berlin, Heidelberg.

Tversky, B., & Lee, P. U. (1999). Pictorial and verbal tools for conveying routes. In *International Conference on Spatial Information Theory* (pp. 51–64). Berlin, Germany: Springer, Berlin, Heidelberg.

以经验方法为地图设计建立认知指引

Agrawala, M., & Stolte, C. (2001, August). Rendering effective route maps: Improving usability through generalization. *Proceedings of the 28th Annual Conference on Computer Graphics and Interactive Techniques,* 241–249.

Tversky, B., Agrawala, M., Heiser, J., Lee, P., Hanrahan, P., Phan, D., Daniel, M.-P. (2006). Cognitive design principles for automated generation of visualizations. In G. L. Allen (Ed.), *Applied spatial cognition: From research to cognitive technology* (pp. 53–75). New York, NY: Psychology Press.

3P 认知设计原则

Kessell, A., & Tversky, B. (2011). Visualizing space, time, and agents: Production, performance, and preference. *Cognitive Processing, 12*(1), 43–52.

解读伊尚戈骨

Pletser, V., & Huylebrouck, D. (1999). The Ishango artefact: The missing base 12 link. *FORMA-TOKYO, 14*(4), 339–346.

Pletser, V., & Huylebrouck, D. (2008, January). An interpretation of the Ishango rods. In *Proceedings of the Conference Ishango, 22 000 and 50 Years Later: The Cradle of Mathematics* (pp. 139–170). Brussels, Belgium: Royal Flemish Academy of Belgium, KVAB.

理解数字的发展

Gelman, R., & Gallistel, C. R. (1986). *The child's understanding of number*. Cambridge, MA: Harvard University Press.

形式符号是图示

Landy, D., & Goldstone, R. L. (2007). Formal notations are diagrams: Evidence from a production task. *Memory & Cognition, 35*(8), 2033–2040.

人们用空间解决数学问题；数学证明是说故事

Landy, D., & Goldstone, R. L. (2007). How abstract is symbolic thought? *Journal of*

Experimental Psychology: Learning, Memory, and Cognition, 33(4), 720.

东方人和西方人都认为东方的环境更复杂

Miyamoto, Y., Nisbett, R. E., & Masuda, T. (2006). Culture and the physical environment: Holistic versus analytic perceptual affordances. *Psychological Science, 17*(2), 113–119.

中国算术图表比美国算术图表更复杂

Wang, E. (2011). *Culture and math visualization: Comparing American and Chinese math images* (Unpublished master's thesis). Columbia Teachers College, New York, NY.

Zheng, F. (2015). *Math visualizations across cultures: Comparing Chinese and American math images.* (Unpublished master's thesis). Columbia Teachers College, New York, NY.

测量和计算都能减少偏差和错误

Kahneman, D., & Tversky, A. (2013). Choices, values, and frames. In W. Ziemba & L. C. MacLean (Eds.), *Handbook of the fundamentals of financial decision making: Part I* (pp. 269–278). Hackensack, NJ: World Scientific Publishing Co.

Tversky, A., & Kahneman, D. (1974). Judgment under uncertainty: Heuristics and biases. *Science, 185*(4157), 1124–1131.

Tversky, A., & Kahneman, D. (1981). The framing of decisions and the psychology of choice. *Science, 211*(4481), 453–458.

Tversky, A., & Kahneman, D. (1983). Extensional versus intuitive reasoning: The conjunction fallacy in probability judgment. *Psychological Review, 90*(4), 293.

在古代几何学里，文字为图示注解，反之则不然

Netz, R. (2003). *The shaping of deduction in Greek mathematics: A study in cognitive history* (Vol. 51). Cambridge, England: Cambridge University Press.

空间心理模型

Johnson-Laird, P. N. (1980). Mental models in cognitive science. *Cognitive Science, 4*(1), 71–115.

Tversky, B. (1991). Spatial mental models. *Psychology of Learning and Motivation, 27,* 109–145.

以欧拉图推理

Chapman, P., Stapleton, G., Rodgers, P., Micallef, L., & Blake, A. (2014). Visualizing sets: An empirical comparison of diagram types. In T. Dwyer, H. Purchase, & A. Delaney (Eds.), *Diagrammatic representation and inference. Diagrams 2014, Lecture Notes in Computer Science* (Vol. 8578, pp. 146–160). Berlin, Germany: Springer, Berlin, Heidelberg.

Sato, Y., Mineshima, K., & Takemura, R. (2010). The efficacy of Euler and Venn diagrams in deductive reasoning: Empirical findings. In A. K. Goel, M. Jamnik, & N. H. Narayanan (Eds.), *Diagrammatic representation and inference: 6th International Conference, Diagrams 2010, Portland, OR, USA, August 9–11, 2010, Proceedings* (pp. 6–22). Berlin, Germany: Springer-Verlag Berlin Heidelberg. doi:10.1007/978-3-642-14600-8

用图示做三段论推理

Barwise, J., & Etchemendy, J. (1994). *Hyperproof: For Macintosh.* Center for the Study of Language and Inf.

Giardino, V. (2017). Diagrammatic reasoning in mathematics. In L. Magnani & T. Bertolotti (Eds.), *Springer handbook of model-based science* (pp. 499–522). New York, NY: Springer.

Green, T. R. G., & Petre, M. (1996). Usability analysis of visual programming environments: A "cognitive dimensions" framework. *Journal of Visual Languages & Computing, 7*(2), 131–174.

Shin, S. J. (1994). *The logical status of diagrams*. Cambridge, England: Cambridge University Press.

Stenning, K., & Lemon, O. (2001). Aligning logical and psychological perspectives on diagrammatic reasoning. *Artificial Intelligence Review, 15*(1–2), 29–62.

Wexler, M. (1993). Matrix models on large graphs. *Nuclear Physics, B410,* 377–394.

音乐符号

Wikipedia. (n.d.). Musical notation.

舞蹈符号

Encyclopaedia Britannica. (n.d.). Dance notation.

计时装置的历史

Bruxton, E. (1979). *The history of clocks and watches*. New York, NY: Crescent.

中国古代历法

Calendars Through the Ages. (n.d.). The Chinese calendar.

超新星岩石画

Sule, A., Bandey, A., Vahia, M., Iqbal, N., & Tabasum, M. (2011). Indian record for Kepler's supernova: Evidence from Kashmir Valley. *Astronomische Nachrichten, 332*(6), 655–657.

古典艺术对事件的描绘

Small, J. P. (1999). Time in space: Narrative in classical art. *Art Bulletin, 81*(4), 562–575.

Small, J. P. (2003). *Wax tablets of the mind: Cognitive studies of memory and literacy in classical antiquity*. New York, NY: Routledge.

事件感知与认知

Daniel, M. P., & Tversky, B. (2012). How to put things together. *Cognitive Processing, 13*(4), 303–319.

Hard, B. M., Recchia, G., & Tversky, B. (2011). The shape of action. *Journal of Experimental Psychology: General, 140*(4), 586.

Tversky, B., & Zacks, J. M. (2013). Event perception. In D. Riesberg (Ed.), *Oxford handbook of cognitive psychology* (pp. 83–94). Oxford, England: Oxford University Press.

Zacks, J. M., & Radvansky, G. A. (2014). *Event cognition*. Oxford, England: Oxford University Press.

Zacks, J. M., & Swallow, K. M. (2007). Event segmentation. *Current Directions in Psychological Science, 16*(2), 80–84.

Zacks, J. M., & Tversky, B. (2001). Event structure in perception and conception. *Psychological Bulletin, 127*(1), 3.

以经验方法为行为顺序建立认知设计原则

Agrawala, M., Phan, D., Heiser, J., Haymaker, J., Klingner, J., Hanrahan, P., & Tversky, B. (2003, July). Designing effective step-by-step assembly instructions. *ACM Transactions on Graphics (TOG), 22*(3), 828–837.

Daniel, M. P., & Tversky, B. (2012). How to put things together. *Cognitive Processing, 13*(4), 303–319.

Tversky, B., Agrawala, M., Heiser, J., Lee, P., Hanrahan, P., Phan, D., . . . Daniel, M. P. (2006). Cognitive design principles for automated generation of visualizations. In G. L. Allen (Ed.), *Applied spatial cognition: From research to cognitive technology* (pp. 53–75). Mahwah, NJ: Erlbaum.

机器人用宜家说明书组装椅子

Suárez-Ruiz, F., Zhou, X., & Pham, Q. C. (2018). Can robots assemble an IKEA chair? *Science Robotics, 3*(17), eaat6385.

Warren, M. (2018, April 18). Can this robot build an IKEA chair faster than you? *Science*.

信息图的经典作品

Bertin, J. (1983). *Semiology of graphics: Diagrams, networks, maps*. Madison: University of Wisconsin.

Card, S. K., Mackinlay, J. D., & Shneiderman, B. (1999). *Readings in information visualization: Using vision to think*. San Francisco, CA: Morgan Kaufman.

启蒙价值

Pinker, S. (2018). *Enlightenment now: The case for reason, science, humanism, and progress*. New York, NY: Penguin.

图示和图示学的历史

Bender, J., & Marrinan, M. (2010). *The culture of diagram*. Stanford, CA: Stanford University Press.

Stjernfelt, F. (2007). *Diagrammatology: An investigation on the borderlines of phenomenology, ontology, and semiotics* (Vol. 336). New York, NY: Springer Science & Business Media.

人自然而然地会用空间表达时间、数量和偏好，不分儿童和成人，也不分文化

Tversky, B., Kugelmass, S., & Winter, A. (1991). Cross-cultural and developmental trends in graphic productions. *Cognitive Psychology, 23*(4), 515–557.

"上—下" 在语言中的隐喻性用法

Clark, H. H. (1973). Space, time, semantics, and the child. In T. E. Moore (Ed.), *Cognitive development and acquisition of language* (pp. 27–63). New York, NY: Academic Press.

Lakoff, G., & Johnson, M. (2008). *Metaphors we live by*. Chicago, IL: University of Chicago Press.

Talmy, L. (2000). *Toward a cognitive semantics*. Cambridge, MA: MIT Press.

你是你的社交网络的中心

Yu, L., Nickerson, J. V., & Tversky, B. (2010). Discovering perceptions of personal social networks through diagrams. In A. K. Goel, M. Jamnik, & N. H. Narayanan (Eds.), *Diagrammatic representation and inference: 6th International Conference, Diagrams 2010, Portland, OR, USA, August 9-11, 2010, Proceedings* (pp. 352–354). Berlin, Germany: Springer-Verlag Berlin Heidelberg. doi:10.1007/978-3-642-14600-8

在没有线的地方看出线：卡尼莎图形

Kanizsa, G. (1976). Subjective contours. *Scientific American, 234*(4), 48–53.

为线着迷

Tversky, B. (2011). Obsessed by lines. In A. Kantrowitz, A. Brew, & M. Fava (Eds.), *Thinking through Drawing: Practice into Knowledge: Proceedings of an Interdisciplinary Symposium on Drawing, Cognition and Education* (p. 15). New York, NY: Teachers College Columbia University Art and Art Education.

Tversky, B. (2013). Lines of thought. In H. D. Christensen, T. Kristensen, & A. Michelsen (Eds.), *Transvisuality: The cultural dimension of visuality: Vol. 1: Boundaries and creative openings* (pp. 142–156). Liverpool, England: Liverpool University Press.

Tversky, B. (2016). Lines: Orderly and messy. In Y. Portugali & E. Stolk (Eds.), *Complexity, cognition, urban planning and design* (pp. 237–250). Dordrecht, the Netherlands: Springer.

克利：线是去散了会儿步的点

Klee, P. (n.d.). A line is a dot that went for a walk. Paul Klee: Paintings, Biography and Quotes. Retrieved from http://www.paulklee.net/paul-klee-quotes.jsp

点、线、面

Kandinsky, W. (1947). *Point and line to plane.* Translated by H. Dearstyne & H. Rebay. New York, NY: Guggenheim. (Original work published 1926)

Klee, P., & Moholy-Nagy, S. (1953). *Pedagogical sketchbook.* New York, NY: Praeger.

解读和制作线形图和条形图

Zacks, J., & Tversky, B. (1999). Bars and lines: A study of graphic communication. *Memory & Cognition, 27*(6), 1073–1079.

不同的数据可视化形式带来不同的推论

Kessell, A., & Tversky, B. (2011). Visualizing space, time, and agents: Production, performance, and preference. *Cognitive Processing, 12*(1), 43–52.

Nickerson, J. V., Corter, J. E., Tversky, B., Rho, Y. J., Zahner, D., & Yu, L. (2013). Cognitive tools shape thought: Diagrams in design. *Cognitive Processing, 14*(3), 255–272.

Nickerson, J. V., Tversky, B., Corter, J. E., Yu, L., Rho, Y. J., & Mason, D. (2010). Thinking with networks. In *Proceedings of the Annual Meeting of the Cognitive Science Society, 32*(32).

Tversky, B. (2011). Visualizing thought. *Topics in Cognitive Science, 3*(3), 499–535.

Tversky, B., Corter, J. E., Yu, L., Mason, D. L., & Nickerson, J. V. (2012, July). Representing category and continuum: Visualizing thought. In *International Conference on Theory and Application of Diagrams* (pp. 23–34). Berlin, Germany: Springer, Berlin, Heidelberg.

Tversky, B., Gao, J., Corter, J. E., Tanaka, Y., & Nickerson, J. V. (2016). People, place, and time: Inferences from diagrams. In M. Jamnik, Y. Uesaka, & S. Elzer Schwartz (Eds.), *Diagrammatic representation and inference. Diagrams 2016. Lecture Notes in Computer Science* (Vol. 9781, pp. 258–264). Switzerland: Springer, Cham.

箭头

Denis, M. (2018). Arrow in diagrammatic and navigational spaces. In J. M. Zacks & H. A.

Taylor (Eds.), *Representations in mind and world: Essays inspired by Barbara Tversky* (pp. 63–84). New York, NY: Routledge.

Heiser, J., & Tversky, B. (2006). Arrows in comprehending and producing mechanical diagrams. *Cognitive Science, 30*(3), 581–592.

Horn, R. E. (1998). Visual language. Bainbridge Island, WA: Macrovu.

MacKenzie, R. (n.d.). *Diagrammatic narratives: Telling scientific stories effectively with diagrams* (Honors thesis in psychology). Stanford University, Stanford, CA.

Mayon, C. (2010). *A child's conception of the multiple meanings of arrow.* (Unpublished master's thesis). Columbia Teachers College, New York, NY.

Tversky, B., Heiser, J., MacKenzie, R., Lozano, S., & Morrison, J. B. (2007). Enriching animations. In R. Lowe & W. Schnotz (Eds.), *Learning with animation: Research implications for design* (pp. 263–285). New York, NY: Cambridge University Press.

Tversky, B., Zacks, J., Lee, P., & Heiser, J. (2000). Lines, blobs, crosses and arrows: Diagrammatic communication with schematic figures. In M. Anderson, P. Cheng, & V. Haarslev (Eds.), *Theory and application of diagrams. Diagrams 2000. Lecture notes in computer science* (Vol. 1889, pp. 221–230). Berlin, Germany: Springer, Berlin, Heidelberg.

动画可视化

Mayer, R. E., & Anderson, R. B. (1991). Animations need narrations: An experimental test of a dual-coding hypothesis. *Journal of Educational Psychology, 83*(4), 484.

Mayer, R. E., & Moreno, R. (2002). Animation as an aid to multimedia learning. *Educational Psychology Review, 14*(1), 87–99.

Tversky, B., Heiser, J., Mackenzie, R., Lozano, S., & Morrison, J. (2008). Enriching animations. In R. Lowe & W. Schnotz (Eds.), *Learning with animation: Research implications for design* (pp. 263–285). New York, NY: Cambridge University Press.

Tversky, B., Heiser, J., & Morrison, J. (2013). Space, time, and story. In B. H. Ross (Ed.), *The psychology of learning and motivation* (pp. 47–76). San Diego, CA: Elsevier Academic Press. https://doi.org/10.1016/B978-0-12-407237-4.12001-8.

Tversky, B., Morrison, J. B., & Betrancourt, M. (2002). Animation: Can it facilitate? *International Journal of Human-Computer Studies, 57*(4), 247–262.

Zacks, J. M., & Tversky, B. (2003). Structuring information interfaces for procedural learning. *Journal of Experimental Psychology: Applied, 9*(2), 88.

平板电脑和手势搭配得当，有助于思考和计算

Segal, A., Tversky, B., & Black, J. (2014). Conceptually congruent actions can promote thought. *Journal of Applied Research in Memory and Cognition, 3*(3), 124–130.

国际文字图像教育系统和通用图像语言

Neurath, O. (1936). *International Picture Language. The first rules of Isotype*. London, England: Kegan Paul.

Neurath, O., & Ogden, C. K. (1937). *BASIC by Isotype*. London, England: K. Paul, Trench, Trubner.

图示有助于协调意见

Horn, R. E. (1999). Information design: Emergence of a new profession. In R. E. Jacobson (Ed.), *Information design* (pp. 15–33). Cambridge, MA: MIT Press.

图示有助于学习

Carney, R. N., & Levin, J. R. (2002). Pictorial illustrations still improve students' learning from text. *Educational Psychology Review, 14*(1), 5–26.

Levie, W. H., & Lentz, R. (1982). Effects of text illustrations: A review of research. *ECTJ, 30*(4), 195–232.

Mayer, R. E. (2002). Multimedia learning. In B. H. Ross (Ed.), *The Psychology of learning and motivation* (Vol. 41, pp. 85–139). New York, NY: Academic Press.

Mayer, R. E., & Gallini, J. K. (1990). When is an illustration worth ten thousand words? *Journal of Educational Psychology, 82*(4), 715.

Tversky, B., Heiser, J., & Morrison, J. (2013). Space, time, and story. In B. H. Ross (Ed.), *The psychology of learning and motivation* (pp. 47–76). San Diego, CA: Elsevier Academic Press. https://doi.org/10.1016/B978-0-12-407237-4.12001-8.

一张简单的图示让比尔·盖茨将基金投入促进世界卫生的改善

感谢埃莉诺·福克斯（Eleanor Fox）提供这个例子。

Duenes, S. (2008, February 25). Talk to the newsroom: Graphics director Steve Duenes. *New York Times*.

Kristof, N. D. (1997, January 9). For third world, water is still a deadly drink. *New York Times*.

讲故事

对论述形式的精彩阐述有很多，以下只是其中一小部分。

Bordwell, D. (1985). *Narration in the fiction film*. Madison: University of Wisconsin Press.

Bordwell, D., & Thompson, K. (2003). *Film art: An introduction*. New York, NY: McGraw-Hill.

Branigan, E. (1992). *Narrative comprehension and film*. New York, NY: Routledge.

Bruner, J. (1987). *Actual minds, possible worlds*. Cambridge, MA: Harvard University Press.

Bruner, J. (2004). Life as narrative. *Social Research, 71,* 691–710.

Gee, J. P. (2014). *An introduction to discourse analysis: Theory and method.* New York, NY: Routledge.

Lupton, E. (2017). *Design is story-telling.* New York, NY: Cooper Hewitt Design Museum.

McPhee, J. (2013, January 14). Structure. *The New Yorker*, pp. 46–55.

McPhee, J. (2015, September 14). Omission. *The New Yorker.*

Prince, G. (2003). *A dictionary of narratology* (Rev. ed.). Lincoln: University of Nebraska Press.

Rumelhart, D. E. (1975). Notes on a schema for stories. In D. G. Bobrow & A. Collins (Eds.), *Representation and understanding: Studies in cognitive science* (pp. 211–237). New York, NY: Academic Press.

Schiffrin, D., Tannen, D., & Hamilton, H. E. (Eds.). (2008). *The handbook of discourse analysis.* New York, NY: Wiley.

Tversky, B. (2018). Story-telling in the wild: Implications for data storytelling. In S. Carpendale, N. Diakopoulos, N. Henri-Riche, & C. Hurter (Eds.), *Data-driven storytelling.* New York, NY: CRC Press.

Tversky, B., Heiser, J., & Morrison, J. (2013). Space, time, and story. In B. H. Ross (Ed.), *The psychology of learning and motivation* (pp. 47–76). San Diego, CA: Elsevier Academic Press. https://doi.org/10.1016/B978-0-12-407237-4.12001-8

漫画对学习有益

Aleixo, P. A., & Sumner, K. (2017). Memory for biopsychology material presented in comic book format. *Journal of Graphic Novels and Comics, 8*(1), 79–88.

Caldwell, J. (2012, October). Information comics: An overview. *2012 IEEE International Professional Communication Conference* (pp. 1–7). doi:10.1109/IPCC.2012.6408645

Short, J. C., Randolph-Seng, B., & McKenny, A. F. (2013). Graphic presentation: An empirical examination of the graphic novel approach to communicate business concepts. *Business Communication Quarterly, 76*(3), 273–303.

漫画媒介的理论与分析

　　我深深感谢乔纳森·布雷斯曼在这个主题上的慷慨相助。他对漫画既有百科全书般的记性，又有学者般的知性。每次我问他："有……漫画书吗？"他总能为我举好几个例子，并讲出更多我没有想到的细节。他让我看到漫画这个媒介是那么丰富、有趣、智慧、美丽。

Cartoon guides: Larry Gonick: http://www.larrygonick.com

Comics for kids: Toon Books

Journalism: Archcomix; Palestine (comics) in Wikipedia; *The Influencing Machine: Brooke Gladstone on the Media*

Compendium of excellent examples of comics art: Carlin, J., Karasik, P., & Walker, B. (2005). *Masters of American comics*. Los Angeles, CA: Hammer Museum and the Museum of Contemporary Art, Los Angeles, in association with Yale University Press.

在尼克·索萨尼斯（Nick Sousanis）的《非平面》（*Unflattening*）里，可以找到几首表达这些概念的视觉诗。我有幸在他创作这本书之前教过他，我在那门课上讲了很多这几页提到的概念。

Cohn, N. (2013). *The visual language of comics.* London, England: Bloomsbury.

Eisner, W. (2008). *Graphic storytelling and visual narrative*. New York, NY: W. W. Norton.

Eisner, W. (2008). *Comics and sequential art: Principles and practices from the legendary cartoonist*. New York, NY: W. W. Norton.

Groensteen, T. (2007). *The system of comics*. Translated by B. Beaty & N. Nguyen. Jackson: University Press of Mississippi.

McCloud, S. (1993). *Understanding comics*. New York, NY: William Morrow Paperbacks.

Spiegelman, A. (2011). *MetaMaus*. New York, NY: Pantheon.

Spiegelman, A. (2013). *Co-Mix: A retrospective of comics, graphics, and scraps*. Montreal, Canada: Drawn and Quarterly.

图片比文字更容易记忆

Paivio, A. (1991). Dual coding theory: Retrospect and current status. *Canadian Journal of Psychology/Revue canadienne de psychologie, 45*(3), 255.

表情图和动图的爆发

感谢奥伦·特沃斯基（Oren Tversky）提供这个例子。

Clarke, T. (2018, October 5). 24+ Instagram statistics that matter to marketers in 2019. Hootsuite.

Dua, T. (2015). Emojis by the numbers: A Digiday data dump. Retrieved from https://digiday.com/marketing/digiday-guide-things-emoji/

Konrad, A. (2016). Giphy passes 100 million daily users who send 1 billion GIFs each day, reveals GV as investor. *Forbes.*

弗莱塔格—亚里士多德叙事弧

Freytag, G. (1863). *Die Technik des Dramas*.

漫画视框的结构和聊天气泡

Groensteen, T. (2007). *The system of comics*. Translated by B. Beaty & N. Nguyen. Jackson: University Press of Mississippi.

给文字和图片添加信息

Clark, H. H. (1975). Bridging. In *Proceedings of the 1975 Workshop on Theoretical Issues in Natural Language Processing* (pp. 169–174). Cambridge, MA: Association for Computational Linguistics.

Intraub, H., Bender, R. S., & Mangels, J. A. (1992). Looking at pictures but remembering scenes. *Journal of Experimental Psychology: Learning, Memory, and Cognition*, 18(1), 180.

分割事件和故事

McCloud, S. (1993). *Understanding comics*. New York, NY: William Morrow Paperbacks.

Tversky, B. and Zacks, J. M. (2013). Event perception. In D. Riesberg (Ed.), *Oxford handbook of cognitive psychology* (pp. 83–94). Oxford, England: Oxford University Press.

Zacks, J. M. (2014). *Flicker: Your brain on movies*. New York, NY: Oxford University Press.

文化和语言影响漫画创作

Tversky, B. & Chow, T. (2017). Language and culture in visual narratives. *Cognitive Semiotics, 10*(2), 77–89.

第9章 纸上空间的对话：设计、科学与艺术

毕加索和布拉克的引文

Georges Braque. (n.d.). Retrieved from https://en.wikiquote.org/wiki/Georges_Braque

Interview with Gaston Diehl. (1945). Les Problèmes de la Peinture. Paris, France.

Picasso, P., & Fraisse, G. (1999). *Conversations with Picasso*. Chicago, IL: University of Chicago Press.

达·芬奇的人生和作品

Kemp, M. (2005). *Leonardo*. Oxford, England: Oxford University Press.

抽象的优点

Tversky, B. (2015). On abstraction and ambiguity. In J. Gero (Ed.), *Studying visual and spatial reasoning for design* (pp. 215–223). New York, NY: Springer.

达·芬奇的设计

Gopnik, A. (2005, January 17). Renaissance man: The life of Leonardo. *The New Yorker*.

Isaacson, W. (2017). *Leonardo da Vinci*. New York, NY: Simon & Schuster.

Kemp, M. (2005). *Leonardo*. Oxford, England: Oxford University Press.

Kemp, M. (2006). *Seen/unseen: Art, science, and intuition from Leonardo to the Hubble telescope*. Oxford, England: Oxford University Press.

Rosand, D. (2002). *Drawing acts: Studies in graphic expression and representation*. Cambridge, England: Cambridge University Press.

Wikipedia. (n.d.). Vebjørn Sand Da Vinci Project.

杰玛·安德森与科学家团队的合作

Anderson, G. (2017). *Drawing as a way of knowing in art and science*. Bristol, England: Intellect Limited.

创作视觉解释有助于理解 STEM

Bobek, E., & Tversky, B. (2016). Creating visual explanations improves learning. *Cognitive Research: Principles and Implications, 1*(1), 27.

在 STEM 实验室里运用图示

Burnston, D. C., Sheredos, B., Abrahamsen, A., & Bechtel, W. (2014). Scientists' use of diagrams in developing mechanistic explanations: A case study from chronobiology. *Pragmatics & Cognition, 22*(2), 224–243.

WORGODS: WORking Group on Diagrams in Science. (n.d.). Diagrams in science. Retrieved from http://mechanism.ucsd.edu/WORGODS/index.html

建筑师从自己的草图中获得新发现

Goldschmidt, G. (1991). The dialectics of sketching. *Creativity Research Journal, 4*(2), 123–143.

Goldschmidt, G. (2014). *Linkography: Unfolding the design process*. Cambridge, MA: MIT Press.

Schön, D. A. (1987). *Educating the reflective practitioner: Toward a new design for teaching and learning in the professions*. San Francisco, CA: Jossey-Bass.

Suwa, M., & Tversky, B. (1997). What do architects and students perceive in their design sketches? A protocol analysis. *Design Studies*, *18*(4), 385–403.

从草图中寻找新想法是一种专业技能

Ericsson, K. A., Hoffman, R. R., Kozbelt, A., & Williams, A. M. (Eds.). (2018). *The Cambridge handbook of expertise and expert performance*. Cambridge, England: Cambridge University Press.

Ericsson, K. A., & Smith, J. (Eds.). (1991). *Toward a general theory of expertise: Prospects and limits*. Cambridge, England: Cambridge University Press.

Suwa, M., & Tversky, B. (1997). What do architects and students perceive in their design sketches? A protocol analysis. *Design Studies, 18*(4), 385–403.

设计师和一般人如何在草图中寻找新想法

Suwa, M., & Tversky, B. (1996). What architects see in their sketches: Implications for design tools. *Conference Companion on Human Factors in Computing Systems* (pp. 191–192). Vancouver, BC, Canada: ACM. doi:10.1145/257089.257255

Suwa, M., & Tversky, B. (1997). What do architects and students perceive in their design sketches? A protocol analysis. *Design Studies, 18*(4), 385–403.

Suwa, M., & Tversky, B. (2002). How do designers shift their focus of attention in their own sketches? In M. Anderson, B. Meyer, & P. Olivier (Eds.), *Diagrammatic representation and reasoning* (pp. 241–254). London, England: Springer.

Tversky, B., & Suwa, M. (2009). Thinking with sketches. In A. B. Markman & K. L. Wood (Eds.), *Tools for innovation: The science behind the practical methods that drive new ideas.* New York, NY: Oxford University Press.

有效的策略：重组零件

Suwa, M., Tversky, B., Gero, J., & Purcell, T. (2001). Seeing into sketches: Regrouping parts encourages new interpretations. In J. S. Gero, B. Tversky, & T. Purcell (Eds.), *Visual and spatial reasoning in design* (pp. 207–219). Sydney, Australia: Key Centre of Design Computing and Cognition.

建构性知觉

Suwa, M., & Tversky, B. (2003). Constructive perception: A metacognitive skill for coordinating perception and conception. *Proceedings of the Annual Meeting of the Cognitive Science Society, 25*(25).

Tversky, B., & Suwa, M. (2009). Thinking with sketches. In A. B. Markman & K. L. Wood (Eds.), *Tools for innovation: The science behind the practical methods that drive new ideas.* New York, NY: Oxford University Press.

创造力寻找新想法

Chou, J. Y., & Tversky, B. (n.d.). *Top-down strategies outperform bottom-up strategies for finding new interpretations.* Unpublished manuscript.

Tversky, B. (2015). On abstraction and ambiguity. In J. Gero (Ed.), *Studying Visual and Spatial Reasoning for Design Creativity* (pp. 215–223). Dordrecht, the Netherlands: Springer.

Tversky, B., & Chou, J. Y. (2011). Creativity: Depth and breadth. In T. Taura & Y. Nagai (Eds.), *Design Creativity 2010* (pp. 209–214). London, England: Springer.

Zahner, D., Nickerson, J. V., Tversky, B., Corter, J. E., & Ma, J. (2010). A fix for fixation?

Rerepresenting and abstracting as creative processes in the design of information systems. *AI EDAM, 24*(2), 231–244.

心智游移

Baird, B., Smallwood, J., Mrazek, M. D., Kam, J. W., Franklin, M. S., & Schooler, J. W. (2012). Inspired by distraction: Mind wandering facilitates creative incubation. *Psychological Science, 23*(10), 1117–1122.

Christoff, K., Gordon, A. M., Smallwood, J., Smith, R., & Schooler, J. W. (2009). Experience sampling during fMRI reveals default network and executive system contributions to mind wandering. *Proceedings of the National Academy of Sciences, 106*(21), 8719–8724.

Mrazek, M. D., Smallwood, J., & Schooler, J. W. (2012). Mindfulness and mind-wandering: Finding convergence through opposing constructs. *Emotion, 12*(3), 442.

建筑师变糕点师

A new school of pastry chefs got its start in architecture. (2018, January 24). *New York Times.*

范式的改变

Kuhn, T. S. (2012). *The structure of scientific revolutions*. Chicago, IL: University of Chicago Press.

切换视角带来新发现

Mukherjee, S. (2017, September 11). Cancer's invasion equation. *The New Yorker*.

切换视角提高预测能力

Mellers, B., Stone, E., Murray, T., Minster, A., Rohrbaugh, N., Bishop, M., . . .Ungar, L. (2015). Identifying and cultivating superforecasters as a method of improving probabilistic predictions. *Perspectives on Psychological Science, 10*(3), 267–281.

Tetlock, P. E. (2017). *Expert political judgment: How good is it? How can we know?* Princeton, NJ: Princeton University Press.

Tetlock, P. E., & Gardner, D. (2016). *Superforecasting: The art and science of prediction*. New York, NY: Random House.

提高预测能力

Schwartz, T. (2018, May 9). What it takes to think deeply about complex problems. *Harvard Business Review.* Retrieved from https://hbr.org/2018/05/what-it-takes-to-think-deeply-about-complex-problems

经验丰富的艺术家如何创作

Kantrowitz, A. (2018). What artists do (and say) when they draw. In J. M. Zacks & H. A. Taylor (Eds.), *Representations in mind and world: Essays inspired by Barbara Tversky* (pp. 209–220). New York, NY: Routledge.

第 10 章　用空间思维图解世界

走到更远的地方可以提升经济水平

Rosling, H., Rönnlund, A. R., & Rosling, O. (2018). *Factfulness: Ten reasons we're wrong about the world—and why things are better than you think.* New York, NY: Flatiron Books.

猩猩传递文化是依靠模仿而非教学

Whiten, A., Horner, V., & De Waal, F. B. (2005). Conformity to cultural norms of tool use in chimpanzees. *Nature, 437*(7059), 737.

手势对人类文化的传递很重要

Legare, C. H. (2017). Cumulative cultural learning: Development and diversity. *Proceedings of the National Academy of Sciences, 114*(30), 7877–7883.

Little, E. E., Carver, L. J., & Legare, C. H. (2016). Cultural variation in triadic infant–caregiver object exploration. *Child Development, 87*(4), 1130–1145.

在街道上的法律（规范）

Moroni, S., & Lorini, G. (2017). Graphic rules in planning: A critical exploration of normative drawings starting from zoning maps and form-based codes. *Planning Theory, 16*(3), 318–338.

未来，属于终身学习者

我这辈子遇到的聪明人（来自各行各业的聪明人）没有不每天阅读的——没有，一个都没有。巴菲特读书之多，我读书之多，可能会让你感到吃惊。孩子们都笑话我。他们觉得我是一本长了两条腿的书。

——查理·芒格

互联网改变了信息连接的方式；指数型技术在迅速颠覆着现有的商业世界；人工智能已经开始抢占人类的工作岗位……

未来，到底需要什么样的人才？

改变命运唯一的策略是你要变成终身学习者。未来世界将不再需要单一的技能型人才，而是需要具备完善的知识结构、极强逻辑思考力和高感知力的复合型人才。优秀的人往往通过阅读建立足够强大的抽象思维能力，获得异于众人的思考和整合能力。未来，将属于终身学习者！而阅读必定和终身学习形影不离。

很多人读书，追求的是干货，寻求的是立刻行之有效的解决方案。其实这是一种留在舒适区的阅读方法。在这个充满不确定性的年代，答案不会简单地出现在书里，因为生活根本就没有标准确切的答案，你也不能期望过去的经验能解决未来的问题。

而真正的阅读，应该在书中与智者同行思考，借他们的视角看到世界的多元性，提出比答案更重要的好问题，在不确定的时代中领先起跑。

湛庐阅读App：与最聪明的人共同进化

有人常常把成本支出的焦点放在书价上，把读完一本书当作阅读的终结。其实不然。

时间是读者付出的最大阅读成本

怎么读是读者面临的最大阅读障碍

"读书破万卷"不仅仅在"万"，更重要的是在"破"！

现在，我们构建了全新的"湛庐阅读"App。它将成为你"破万卷"的新居所。在这里：

● 不用考虑读什么，你可以便捷找到纸书、电子书、有声书和各种声音产品；

● 你可以学会怎么读，你将发现集泛读、通读、精读于一体的阅读解决方案；

● 你会与作者、译者、专家、推荐人和阅读教练相遇，他们是优质思想的发源地；

● 你会与优秀的读者和终身学习者为伍，他们对阅读和学习有着持久的热情和源源不绝的内驱力。

下载湛庐阅读App，
坚持亲自阅读，
有声书、电子书、阅读服务，
一站获得。

本书阅读资料包

给你便捷、高效、全面的阅读体验

本书参考资料
湛庐独家策划

☑ **参考文献**
为了环保、节约纸张, 部分图书的参考文献以电子版方式提供

☑ **主题书单**
编辑精心推荐的延伸阅读书单, 助你开启主题式阅读

☑ **图片资料**
提供部分图片的高清彩色原版大图, 方便保存和分享

相关阅读服务
终身学习者必备

☑ **电子书**
便捷、高效, 方便检索, 易于携带, 随时更新

☑ **有声书**
保护视力, 随时随地, 有温度、有情感地听本书

☑ **精读班**
2~4周, 最懂这本书的人带你读完、读懂、读透这本好书

☑ **课 程**
课程权威专家给你开书单, 带你快速浏览一个领域的知识概貌

☑ **讲 书**
30分钟, 大咖给你讲本书, 让你挑书不费劲

湛庐编辑为你独家呈现
助你更好获得书里和书外的思想和智慧, **请扫码查收!**

(阅读资料包的内容因书而异, 最终以湛庐阅读App页面为准)

图书在版编目（CIP）数据

行为改造大脑 / (美) 芭芭拉·特沃斯基著；刘杨，
郑琛译 . -- 成都：四川科学技术出版社，2022.5（2024.1重印）
书名原文：Mind in Motion
ISBN 978-7-5727-0498-7

Ⅰ. ①行… Ⅱ. ①芭… ②刘… ③郑… Ⅲ. ①思维科
学—研究 Ⅳ. ①B80

中国版本图书馆CIP数据核字（2022）第061880号

著作权合同登记图进字21-2022-86号

行为改造大脑
XINGWEI GAIZAO DANAO

著　　者　[美] 芭芭拉·特沃斯基
译　　者　刘 杨　郑 琛

出 品 人　程佳月
责任编辑　江红丽
助理编辑　潘　甜
封面设计　ablackcover.com
责任出版　欧晓春
出版发行　四川科学技术出版社
　　　　　四川省成都市锦江区三色路238号 邮政编码610023
　　　　　官方微博：http://e.weibo.com/sckjcbs
　　　　　官方微信公众号：sckjcbs
　　　　　传真：028-86361756
成品尺寸　170 mm×230 mm
印　　张　26
字　　数　366千
印　　刷　石家庄继文印刷有限公司
版　　次　2022年5月第1版
印　　次　2024年1月第2次印刷
定　　价　129.90元

ISBN 978-7-5727-0498-7

邮　　购：四川省成都市锦江区三色路238号新华之星A座25层　邮政编码：610023
电　　话：028-86361758